Dhyan Purnima & Deva Raj

DER STEIN DER WEISEN

1. Auflage April 1998

2. Auflage Juni 1998

© Licht-Quell-Verlag

c/o SATORI-Verlag

Postfach 20 04 54

93063 Regensburg

Tel. 09 41 / 79 38 42

Fax. 09 41 / 79 49 10

eMail info@satori-verlag.de

ISBN 3-926563-80-X

Dhyan Purnima & Deva Raj

DER STEIN DER WEISEN

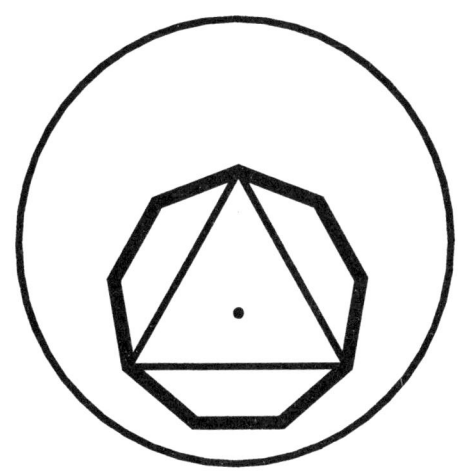

Reiki-Selbsteinweihung

Die Kunst des Besprechens

Der Christus Generator - Spirituelle Orgonomie

Der Brennende Busch

Im Garten des Meisters

Dieses Buch ist **Osho, Serge Goldberg, Marietta Schönfeldt und Wilhelm Reich** gewidmet.

All unsere Herzensliebe ist bei Rosi, George, Gila und Jochen, schon allein dafür, daß sie uns auf die Welt geholfen und begleitet haben.

Zeitweise war es für alle nicht leicht, aber letztendlich siegt immer die Liebe

Aufgeschrieben von
Dhyan Purnima & Deva Raj

Titelaquarell „Berg Kailash" von Stine

Die in diesem Buch aufgeführten Hinweise und Ratschläge ersetzen keine ärztliche Behandlung, noch kann eine Garantie oder Haftung vom Autor oder vom Verlag übernommen werden.

Inhaltsverzeichnis

Einleitung 8
Wieso wir alles veröffentlichen 10
Gesundheit 11

Teil 1 Reiki, Selbsteinweihung und Praxis 18

Dai Komio 21
Die große Einweihung 26
Handauflegen bei uns selbst 51
Handauflegen bei anderen 62
Die Helfer des Dai Komio 74

Teil 2 Die Kunst des Besprechens 81

Die Anwendung der Gebete 85
Das erste Gebet 86
Das zweite Gebet 88
Das dritte Gebet 90
Das vierte Gebet 92
Das fünfte Gebet 94
Das sechste Gebet 96
Das siebente Gebet 98
Das achte Gebet 100
Das neunte Gebet 102
Das zehnte Gebet 104
Das elfte Gebet 106
Das zwölfte Gebet 108
Das dreizehnte Gebet 110
Das vierzehnte Gebet 112
Das fünfzehnte Gebet 114
Das Amulett des Atisha 116
Sorgfaltsfreude 118

Teil 3 Der Christus Generator 121

Die Entstehungsgeschichte des Christus Generators 122
Bauanleitung für den Christus Generator
   und die Hilfsmittel der Spirituellen Orgonomie 131
Das Wesen der Spirituellen Orgonomie 134
Die Aufgabe und Stellung des Therapeuten
   in der Spirituellen Orgonomie 140
Lebensbejahende Sexualität 142
Der sexuelle und emotionale Notstand 145
Bestandaufnahme und Auflösung an Hand
   von Patientengeschichten
Die Polung der Lebensenergie 163
Orgasmus 165
Chakren- und Farbenlehre in der Spirituellen Orgonomie 167
Der Regenbogenmensch 171
Der Mythos von Karma, Erbsünde und Vererbung 172
Stolpersteine auf dem Weg 175
Spirituell orgonomische Hilfsmittel 180
Zu Risiken und Nebenwirkungen 183
Spirituell orgonomische Ökologie 185
Die Christus Meditationen 189
Allgemeine Praxis 209

Teil 4 Der Brennende Busch 212

Der Diptam 214
Das Buschwindröschen 216
Die Sternwinde 217
Aufzucht, Ernte, Anwendung 218

Teil 5 Im Garten des Meisters 219

Die lieben Vorfahren 221
Die schöne Kindheit 225
Die freche Jugend 227
Der Ruf der Buddhas 238
Im Garten des Meisters 247
Osho's Freunde 269
Das amerikanische und andere Abenteuer 276
Die Karawane zieht weiter 292
Lieben, Lernen, Leiden 302
Die Blaue Blume 311
Die Heimkehr 328

Der Stein der Weisen 332

Einleitung

Liebe Freunde,

der „Stein der Weisen" ist die revolutionäre ganzheitliche Anleitung zur Selbsthilfe. Er ist die Medizin der Zukunft. Zugleich eine vorbeugende energetische und ursprünglich auflösende Medizin. Erkennen und verstehen wir die Wurzeln von Krankheit und Unwohlsein, ist der Weg zur Gesundheit ganz einfach, braucht es gar nicht erst zum Leiden zu kommen.

Gesundheit stellt sich dar als lebendiges Fließen, als freudiges Erlebnis des Wunders Mensch zu sein, entspannt, kreativ, hingebungsvoll, mit dem Ziel All-Eins zu werden, sich aufzulösen in die Augen der Buddhas.

Am Anfang des Buches wird Euch dieses Verständnis vermittelt.

Um wieder in Fluß zu kommen offenbaren wir Euch zuerst das bisher geheimgehaltene Ritual der Großen Einweihung des Reiki. Ihr braucht keine teuren Kurse zu belegen, um diese wohl populärste und effektivste Entspannungsmethode zu erlernen. Weiht Euch einfach gegenseitig ein und genießt die Wohltat der täglichen Reiki-Praxis!

Dann enthüllen wir Euch die geheimen Gebete der uralten „Kunst des Besprechens". Diese Gebete sind die Heilversprechen längst verstorbener Buddhas. Es sind ewig wirksame Anrufungen, durch die Gürtelrosen geheilt werden, Warzen verschwinden, Schmerzen vergehen, mannigfaltige Krankheitssymptome sich auflösen.

Traut Euch, seid Euch gegenseitig Freund und Helfer!

Damit die Reiki-Praxis und die „Kunst des Besprechens" voll greifen können, hat sich uns der „Christus Generator" offenbart, dieser wunderbare Lebensenergiespender. Mit dem „Christus Generator", wird Eure Wohnung zu einem Platz der Kraft, einem heiligen Ort. Und nur ein heiliger Ort ist ein Ort der Heilung, ein Ort der Andacht und Meditation.

Zusätzlich stellen wir Euch im „Brennenden Busch" die drei wichtigsten Blütenessenzen der Welt vor.

Der abschließende fünfte Teil „Im Garten des Meisters" ist eine autobiographische Erzählung der magischen und unmöglichen Abenteuer des Pater Ruppig, dessen Leben ihn zum „Stein der Weisen" führten.

Wir freuen uns sehr, dies alles mit Euch teilen zu dürfen!

Wieso wir alles veröffentlichen

Viele von Euch werden sich fragen, was unsere Beweggründe sind, die bislang geheime Reiki-Einweihung, die Kunst des Besprechens und die Bauanleitung des Christus Generators zu veröffentlichen. Wir leben in einer Zeit, in der alle Traditionen ihre Geheimnisse aufdecken. Sie decken ihre Geheimnisse auf, weil wir alle mündig und erwachsen genug geworden sind. Ein mündiger und erwachsener Mensch hat das An-Recht darauf, zu wissen, was mit ihm gemacht wird, denn man kann ihm nicht mehr sagen: das verstehst du noch nicht, dafür bist du noch zu klein ...

In unserer aufregenden Zeit, die sich von kleinlicher Macht und Mystizismus fortbewegt, hin zum freudig miteinander Teilen und zur Selbsthilfe, ist es unerläßlich alles offenzulegen. Diese Veröffentlichungen entspringen also gerade aus dem tiefen Respekt vor Reiki, der Kunst des Besprechens und den Wissenschaften der Lebensenergieforschung und aus dem Verständnis, wie immens wichtig diese für die Menschheit sind.

Die energetischen, esoterischen Wissenschaften können nur dann ihren Platz als Medizin der Zukunft einnehmen, wenn sie für jedermann nachvollziehbar sind.

Dann erst können wir uns bedenkenlos Reiki-Lehrern, Energiegeräten und der Kunst des Besprechens anvertrauen, sei es untereinander im Familien- und Freundeskreis, sei es dem, diese Wissenschaften praktizierenden, Therapeuten gegenüber.

Reiki, die Kunst des Besprechens und der Christus Generator können erst dann erblühen und Früchte tragen, wenn sie bedingungslos offenbart sind.

Gesundheit

Stell Dir vor:

„Der Herr ist mein Hirte,
mir wird nichts mangeln"
(Psalm 23)

Ein Paar. Beide arbeiten Halbtags.

Ein Auto ist unnötig. Es fehlt auch der Fernseher in der Wohnung. Wieviel schöner ist es doch, abends Hand in Hand auf dem Balkon zu sitzen.

Die Räume der Wohnung sind hell. Vielleicht ist sie Christin und ein Marienbild strahlt von der Wand. Er praktizierender Buddhist, und ein Foto des Dalai Lama verbreitet Frieden in der Küche.

Sie praktiziert Reiki und er Tai Chi.

Sexualität genießen sie am liebsten nachmittags. In wohligem Beisammenliegen nach dem Orgasmus ist sie der Mutter Maria ganz nahe und er den Buddhas.

Sie ißt gerne Fleisch, er ist Vegetarier, und er raucht so gern. Beide trinken gerne Bier.

Die Verteilung der Hausarbeit ergibt sich von alleine.

Vielleicht hören sie Musik von Beethoven, Mozart, tuvinische oder tibetische Volksmusik oder ein Requiem.

Er pinkelt im Sitzen, weil er ein richtiger Mann ist. Als fließende Menschen haben sie warme Hände und Füße.

Er ist wirklich Mann, sie wirklich Frau, mit der ganzen Liebe für ihre Körper.

Es wird viel gelacht. Wenn es angesagt ist, kann auch er weinen. Sie haben Freunde in allen Altersstufen.

Irgendwann verspüren beide, daß sie einem neuen Wesen auf die Welt helfen sollen.

Vielleicht stellen sie Blumen ins Schlafzimmer, machen das Bett besonders schön zurecht. Vielleicht betet sie vorher, er meditiert.

Dann lieben sie sich. Im Moment der Verschmelzung von Ei und Samenzelle oder an einem späteren Zeitpunkt, während der nächsten neun Monate, in der Regel während beide sich lieben, kommt es zur Empfängnis.

Das empfangene Wesen schwebt unter himmlischen Tönen und Gerüchen in den Mutterleib.

Der Genuß Frau zu sein, schwanger zu sein, immer sanfter und runder zu werden, erfüllt sie und auch ihn.

Jeder Tag ist erfüllt mit Freude über das wachsende Wesen.

Vielleicht redet sie mit ihm, wie mit einem vollständig erwachsenen Wesen.

Er verehrt sie, wie das sich manifestierende weibliche Prinzip.

Die Geburt wird zu Hause gefeiert. Das Licht ist gedämpft, vielleicht sind ein paar Freunde anwesend.

Im Hintergrund hört man gedämpfte Musik oder Vogelgezwitscher, durch das im Sommer geöffnete, Fenster.

Das Bettzeug ist orange.

In einem riesigen Orgasmus fließt das Wesen in die Welt, wiederum begleitet von himmlischen Tönen.

Das Kind wird nicht „gestillt", es wird geliebt. Es trinkt an der Mutterbrust, wann immer es mag. Mutter und Kind genießen diesen orgastischen Kreislauf. Er schaut zu und ist völlig berauscht von dieser Glückseligkeit.

Es entwickelt sich ein geliebter, fließender Mensch, der seine Grenzen kennt, respektvoll kreativ seine Umwelt erforscht und seine kindliche Sexualität voll genießt, mit seinen Eltern über alle Fragen des Lebens offen und unschuldig redet. Von Anfang an wird er wissen, wie schön Sexualität, Liebe und Leben sind.

Im Jugendalter werden all die notwendigen, spielerisch-erfüllenden sexuellen Erfahrungen gemacht, um zu wissen, wer die späteren passenden Lebensabschnittspartner sind.

Kreativität, Wissensdurst und Talente entwickeln sich von alleine.

Das Erwachsenenalter wird aussehen, wie bei den Eltern, bloß eben noch glücklicher, denn nur dies ist Evolution.

Am Ende eines erfüllten Lebens wird das Wesen den Tod nahen fühlen.

Es wird all das, was vielleicht nicht bereinigt ist, bereinigen. Mit ein paar Freunden weinen und lachen und seine Bindungen an die Erdenwelt lösen.

Im Hintergrund hört man Musik oder Vogelgezwitscher durch das offene Fenster.

Das Bettzeug ist gelb und vielleicht fällt der Blick des Weiterreisenden auf Stines Aquarellbild „Wege zum Licht".

Er verabschiedet sich, wiederum unter himmlischen Tönen von diesem vergänglichen Leben.

So kann unser aller Leben aussehen!

In der Vergangenheit aber verloren die meisten von uns ihre Unschuld, Kreativität und Lebenslust schon in der Kindheit oder im Mutterleib.

Dies äußert sich in der Regel in einer Art Erkalten oder Schrumpfen des Lebensgefühls und drückt sich aus in kalten Händen, kalten Füßen und Angst.

Die Seele war im Schock, der Körper folgte.

Die Energie wurde aus dem vollen Fließen auf Notaggregat zurückgeschaltet, wie nach einem Verkehrsunfall oder Schrecken.

Nur wurde dies jetzt zu einem Dauerzustand und gipfelte bis zu 60 Jahre später in Krebs, Aids oder Herzinfarkt.

Als Zwischenstufen ergaben sich zunächst Neurodermitis, Stottern, Heuschnupfen, Bettnässen, Bauchweh, Verdauungsstörungen, häufige Infektionen der Atemwege, Nägelkauen, Angina und Hyperaktivität.

Langsam wurden wir zum „Gürteltier".

Immer leidender, resignierender und unbeweglicher entfernten wir uns weiter und weiter von unserer Delphin-Natur, unserer spielerischen Beweglichkeit.

Die nächste Stufe der Panzerung brachte Magersucht, juvenilen Diabetes, Morbus Crohn, Asthma, Akne, Schuppenflechte, Menstruationsbeschwerden, Tabletten-, Alkohol- oder Drogenmißbrauch.

Wurde diese Stufe wiederum „erfolgreich" unterdrückt, allopathiert oder totgeschwiegen, kamen wir ach so unglücklicherweise in die nächste Phase des Absterbens: Migräne, Krampfadern, Bandscheibenvorfälle, Magengeschwüre, Schilddrüsenerkrankungen, Hysterie, Depressionen.

So wurden in uns, durch lieblose, sexualverneinende Erziehung die Grundlagen zum sogenannten „Todestrieb" gelegt.

Diesen vorzeitigen und unnötigen Tod ohne gelebt zu haben, erreichten wir in der Regel auf mehrere Arten: Krebs, Herzinfarkt, Aids, Tod im Krieg oder Selbstmord.

Mildere Varianten waren Multiple Sklerose, Parkinson, Alzheimer, Polyarthritis ...

Das Diagramm der „Vergangenheit":

ungewollte, nicht lustvoll erlebte Schwangerschaft
I
verkrampfte, schmerzhafte Geburt
I
lustloses Stillen, an den Bedürfnissen des Säuglings vorbei,
zu frühe Entwöhnung
I
lieblose, sexualverneinende Erziehung, Gewalt, Mißbrauch
I
Grunddepression, Angst
I
kalte Hände, kalte Füße, Übersäuerung
I
Stottern, Bettnässen, Fingernägelkauen, Alpträume,
chronischer Schnupfen, Bronchitis, Angina
I
Bauchweh, Neurodermitis, Kurzsichtigkeit, Hypermotorik,
Aggression, Tierquälerei
I
Drogenmißbrauch, Askese, Macho-Tum, Haß auf Weiblichkeit, Menstruationsbeschwerden, Anämie, Asthma, juveniler Diabetes, Anorexia, Bulimie, Gewaltbereitschaft, neurotische Zwangshandlungen
I
Zoten, Tratsch, Neid, Mißgunst, Fremdenhaß, Magengeschwüre, Migräne, Schilddrüsenerkrankungen, Hypertonie, Hysterie, Prostataleiden, Impotenz, Frigidität, Multiple Sklerose, Parkinson, Alzheimer, Macht, Geldgier, Prostitution
I
Umweltzerstörung, Herzinfarkt, Suizid, Krebs, Aids, Krieg

Fast jeder von uns wird sich irgendwo im „Diagramm der 'Vergangenheit'" entdecken.

Verstand, Emotionen und Körper waren im Schock. Wir verloren den liebevollen Kontakt zur Mutter Erde, unserer Weiblichkeit. Unser Verstand wurde umnebelt und stumpf, das Leben auf unserem wunderschönen Planeten uns zum Jammertal.

Der Weg raus ist ganz einfach, wenn wir uns vergegenwärtigen, daß der erste körperliche Ausdruck unserer Grunddepression und somit gestohlenen Unschuld, kalte Füße, kalte Hände sind.

Wir sagen ja nicht umsonst: da habe ich kalte Füße bekommen, oder, dieser Mensch ist sehr kalt, denn Furcht und Erkaltung äußern sich nunmal zu allererst in kalten Füßen und kalten Händen. Erst später läuft uns eine Laus über die Leber, oder die Galle über, bleibt uns das Herz stehen, fressen wir den Ärger in uns rein, schlägt uns etwas auf den Magen, geht uns etwas an die Nieren, haben wir eine Wut im Bauch, bekommen wir einen dicken Hals, verlieren wir den Boden unter den Füßen oder uns trifft der Schlag.

In der Kombinationstherapie „Spirituelle Orgonomie" gibt uns der Christus Generator das unschuldige Vertrauen zu Mutter Erde, sprich: warme Füße zurück, erwärmt Reiki Hände und Herz.

Haben wir durch die Praxis von Reiki, und die konsequente Anwendung des Christus Generators erst einmal wieder ausgeglichen warme Hände und Füße, lockern und lösen sich nach und nach alle späteren Panzerungen und Blockaden. Häufig in der Reihenfolge, wie sie aufgetreten sind.

Da schmerzhafte und lästige Symptome natürlich auf der Stelle gelindert werden müssen, wendet Ihr die Kunst des Besprechens an und trinkt reichlich aufgeladenes Wasser, wie im „Christus Generator" beschrieben.

Durch die Praxis von Reiki, der Kunst des Besprechens, sowie der konsequenten Anwendung des Christus Generators wird das „Diagramm der 'Vergangenheit'" wirklich zur Vergangenheit.

Sterben müssen wir alle, aber bitte nach einem langen ausgeglichenen, fließenden Leben, das tief in die Augen der Buddhas geschaut hat.

Teil 1

REIKI
Selbsteinweihung und Praxis

„Der Herr segne Dich und behüte Dich..."

(aus dem Aaronitischen Segen)

Liebe Mitreisende,

Reiki hat eine lange Geschichte hinter sich. Mit Bodhidharma, dem ersten Patriarchen des Zen gelangte es über Tibet nach China. Wanderte über Generationen nach Japan, um schließlich in diesem Jahrhundert sich auf der ganzen Welt auszubreiten.

Gab es Anfang des Jahrhunderts erst wenige Reiki-Praktizierende, sind es jetzt schon Abertausende und zur Zeitenwende wünschen wir jedem Menschen dieses göttlich einfache Vergnügen.

Reiki ist schon jetzt neben Yoga und Tai Chi, die wohl populärste Entspannungsmethode. Leider wurden bis jetzt die Einweihungsrituale streng geheim gehalten und die Methode teuer verkauft.

Wir eröffnen Euch die Möglichkeit Euch ohne kostspielige Kurse gegenseitig einzuweihen, wie es uns Serge Goldberg in Dharmsala, der malerischen Residenz des Dalai Lama in Nordindien, beibrachte. Der fast achtzigjährige, weißhaarige Serge hatte das ursprüngliche Reiki schon in den vierziger Jahren von seinem Zen-Meister gezeigt bekommen und enthüllte uns die Kunst der Selbsteinweihung und der gesamten Reiki-Praxis, unter der Bedingung, dies zu veröffentlichen.

Die Einweihung und die Mantren waren identisch mit dem, was in der heutigen Reiki-Szene von sogenannten Reiki-"Meistern" für teures Geld verkauft wird. Einige der Reiki-Vereine benutzen absurd komplizierte Rituale, die mittlerweile in einigen Büchern veröffentlicht sind, aber durch eben ihre aberwitzige Kompliziertheit für die Wenigsten nachvollziehbar sind.

Im „Stein der Weisen" hingegen wird das ursprüngliche, von jedem praktizierbare, ganz einfache Zen-Einweihungsritual des Reiki zum ersten Mal veröffentlicht.

Sich des Flusses der Lebensenergie wieder zu erinnern, bedarf es nur, daß Ihr Euch traut und Euch gegenseitig einweiht! Kein Brimborium, kein krampfhaftes Visualisieren von Bedeutungslosigkeiten. Zenmäßig einfach laßt Ihr das Meister-Mantra „Dai Komio" seine Arbeit tun.

DAI KOMIO

DAI KOMIO, das stärkste Mantra dieser Welt zu Anrufung des göttlichen Lichts, ist das Meister-Mantra des Reiki. Es verbindet uns wieder mit unserem göttlichem Ursprung, es berührt unsere Herzen, macht uns fließend und frei. DAI KOMIO ist das Herz des Reiki.

Im eher meditationsorientierten China und Japan gruppierte sich die Reiki-Praxis viele Jahrhunderte lang um das Meistermantra DAI KOMIO; um Meditation, Frieden im Herzen, unbeschwertes Fließen zu fördern. Handauflegen ergab sich daraus von selbst. Danach wurden die Helfermantren gelehrt, um Defizite, wie unvollständige Erdung, Stauungen und Disharmonien in den Chakren auszugleichen und sich wieder mit der Umwelt zu verbinden.

In Europa und Amerika wurde seit Mitte der 70er Jahre alles umgedreht. Die Zentralität des DAI KOMIO wurde verschwiegen, es degenerierte zum geheimen Einweihungsmantra einer kleinen New-Age Priesterkaste. Willkürlich wurden die Reiki-Grade gebildet. Aus der wunderschönen Meditationspraxis entwickelte sich eine recht fragwürdige Angelegenheit und ein Multi Million Dollar Business. In den Vordergrund wurde das Handauflegen gestellt, die Kraft dazu sollte durch „Meister" übertragen werden. Die Kraft liegt aber immer und ganz allein beim DAI KOMIO und einem kleinen einfachen Ritual, das von jedermann ausgeführt werden kann.

Jetzt ist es Zeit, das Pferd wieder am richtigen Ende aufzuzäumen!

Es gibt im Zen-Reiki keine Reiki-Grade!

Zuerst kommt die Meditation mit DAI KOMIO. Dann das miteinander Erleben dieser Freude und schließlich der Gebrauch der drei Helfermantren.

Reiki sollte an Volkshochschulen und Schulen praktiziert werden, im Familien- und Freundeskreis. Nur wenn Ihr unbedingt meint es zu brauchen, kann es auch von einem demütigen Reiki-Lehrer gelehrt werden.

Das DAI KOMIO aktiviert sich, wenn wir es in Gedanken lautlos mindestens drei mal dreimal sagen und uns dabei auf unser Herzchakra konzentrieren. „DAI KOMIO" wird Dai-Koh-Mie-Oh ausgesprochen.

DAI KOMIO; DAI KOMIO; DAI KOMIO
DAI KOMIO; DAI KOMIO; DAI KOMIO
DAI KOMIO; DAI KOMIO; DAI KOMIO

Also setz Dich entsprechend hin, die Füße parallel zueinander auf den Boden,

öffne die Hände nach oben hin

und sprich in Gedanken das Mantra, so wie Du es gerade gelesen hast.

Wiederhole das Rezitieren des Mantras mehrere Male.

Ist es nicht wunderbar, wieder in der Liebe zu sein ...

Dai-Komio - Kalligraphie

Praktiziere dieses Gebet, denn nichts anderes ist ja das Rezitieren von DAI KOMIO, die nächsten drei Tage jeweils morgens und abends.

Dies ist die erste Stufe der Einweihung.

Einer Deiner Freunde hat ebenfalls, so wie Du drei Tage praktiziert und Ihr werdet Euch treffen, um Euch gegenseitig die vollständige Einweihung zu geben.

Die große Einweihung

Du hast vielleicht die Kalligraphie des DAI KOMIO schon kopiert und vergrößert.

Dann hast Du die Vergrößerung zwischen die Hände genommen, in Gedanken neunmal DAI KOMIO gesagt und sie so aktiviert.

Wenn Du sie einrahmst und aufhängst, strahlen Licht und Liebe durch Deine Wohnung.

Jetzt kommt der Freund und Ihr könnt beginnen.

Setzt Euch in ca. 2 Meter Abstand gegenüber und praktiziert für ca. 5 Minuten DAI KOMIO.

Dann stehst Du auf, stellst Dich hinter Deinen Freund, der entspannt auf dem Stuhl sitzt, die nach oben geöffneten Hände locker auf den Knien ruhen läßt und die Augen geschlossen hat.

Du verneigst Dich mit gefalteten Händen hinter ihm, wobei Du neunmal in Gedanken DAI KOMIO rezitierst.

Gehe jetzt näher an Deinen Reiki-Freund heran, lege behutsam und liebevoll Deine rechte Hand auf seinen Scheitel und halte Deine linke Hand in etwa 10 cm Entfernung darüber.

Rezitiere neunmal DAI KOMIO und fühle, wie es durch Dich in ihn hinein fließt.

Dieser Schritt der Großen Einweihung, wie auch alle folgenden dauert ca. 30 Sekunden bis 1 Minute, ganz nach Deinem Gefühl.

Falls Deine Hände ein paar Zentimeter vorher anhalten, bevor sie Deinen Freund berühren, so hat das seine Richtigkeit. Vertrau Deinem Gefühl!

Langsam und liebevoll löst sich Deine Hand vom Scheitel des Freundes und ebenso langsam gehst Du in die nächste Position der Einweihung, wobei Deine Daumen sich am Rücken in Höhe des 4./5. Brustwirbels berühren und die übrigen Finger im Bereich der Schulterblätter ruhen. Wiederum rezitierst Du neunmal DAI KOMIO und fühlst, wie es durch Dich in ihn hineinfließt.

Jetzt gehst Du an die linke Seite des Freundes und legst Deine linke Hand auf seine Stirn und die Rechte sanft auf seinen Hinterkopf. Und gibst, wie auch bei allen folgenden Positionen neunmal DAI KOMIO ein.

Als nächstes kniest Du vor ihm und legst Deine Handflächen auf seine Fußrücken.

Dann erhebst Du Dich und hältst Deine Handflächen in kleinem Abstand über seine Handflächen, den Fluß und die Wohltat der Lebensenergie genießend.

Im nächsten Schritt hauchst Du der Einweihung das Leben ein, indem Du unserem Freund sanft auf Hara, Herzchakra und über den Scheitel pustest.

Darauf trittst Du, weiterhin im Uhrzeigersinn fortschreitend hinter ihn. Aus etwa einem Meter Abstand richtest Du Deine Handflächen auf ihn, verbunden mit dem Rezitieren des DAI KOMIO und verneigst Dich zum Abschluß hinter ihm mit den Worten: „Im Namen des Vaters, des Sohnes und des heiligen Geistes. Amen." Oder falls es Dir mehr zusagt:" Im Namen der Liebe. Amen.", oder: "Im Namen des Lichtes. Amen."

Jetzt gibst Du das Schlußzeichen mit einem Glöckchen, einer Klangschale oder ähnlichem und genießt Reiki, bis der Freund die Augen aufmacht und aufsteht.

Jetzt bist Du an der Reihe eingeweiht und verwöhnt zu werden.

Die Große Einweihung wiederholt ihr wechselseitig in den nächsten Stunden, so daß jeder von Euch dreimal empfangen und dreimal gegeben hat.

Von nun an steht Euch die Welt des Reiki offen und die Reiki-Kraft wird Euch Euer ganzes Leben hindurch begleiten!

Das Reiki-Ritual bewirkt auf unerklärlicher Weise, daß wir zu Lebensenergie"wasserhähnen" werden. Das heißt, wann immer Du Dich jetzt selbst oder einen anderen Menschen berührst, die Hände auflegst, fließt nie versiegende Lebensenergie durch Dich hindurch und erfrischt und entspannt Dich selbst und den anderen.

Auf den folgenden Seiten sind die einzelnen Schritte der Großen Einweihung abgebildet.

Du verneigst Dich mit gefalteten Händen hinter Deinem Freund, wobei Du neunmal in Gedanken DAI KOMIO rezitierst.

Gehe jetzt näher an Deinen Freund heran, lege behutsam und liebevoll Deine rechte Hand auf seinen Scheitel und halte Deine linke Hand in etwa 10 cm Entfernung darüber.

Rezitiere neunmal DAI KOMIO und fühle, wie es durch Dich in ihn hineinfließt.

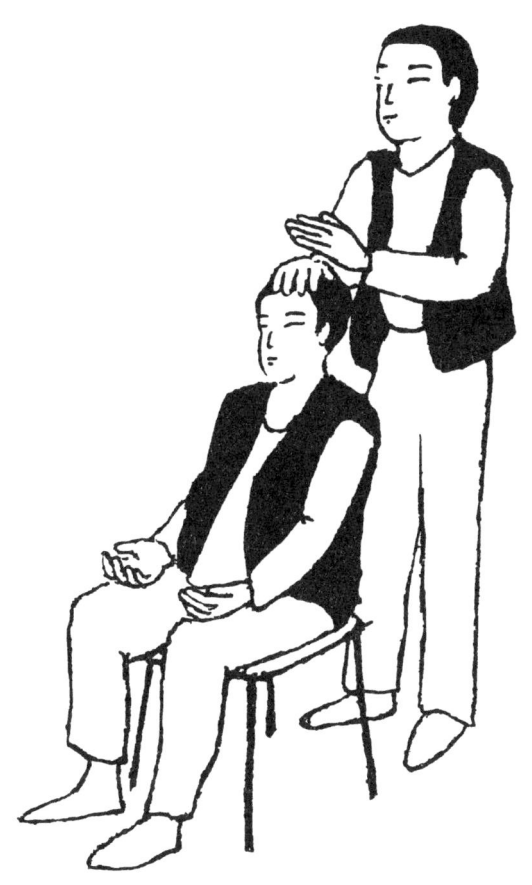

Bei der nächsten Position der Einweihung berühren Deine Daumen den Rücken in Höhe des 4./5. Brustwirbels und die übrigen Finger ruhen im Bereich der Schulterblätter.

Wiederum rezitierst Du neunmal DAI KOMIO und fühlst, wie es durch Dich in ihn hineinfließt.

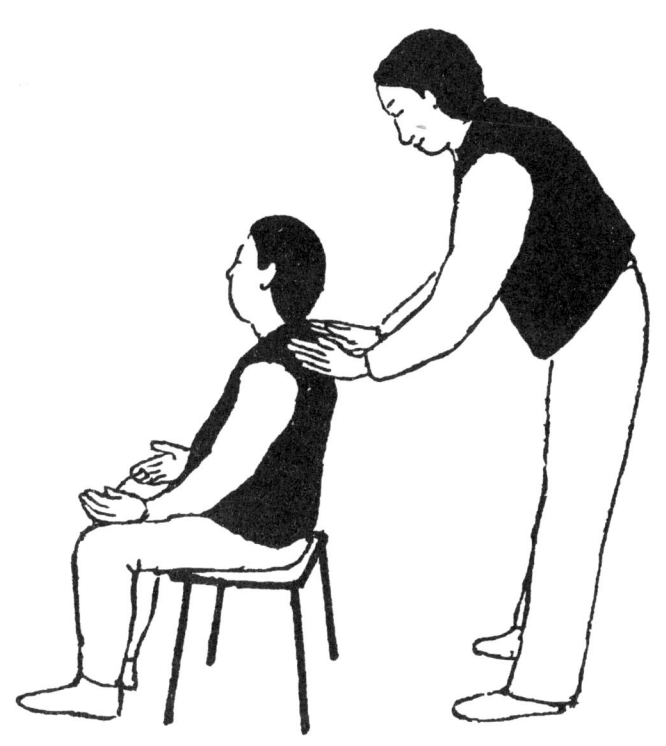

Jetzt gehst Du an die linke Seite des Freundes und legst Deine linke Hand auf seine Stirn und die Rechte sanft auf seinen Hinterkopf.

Und gibst wiederum neunmal DAI KOMIO ein.

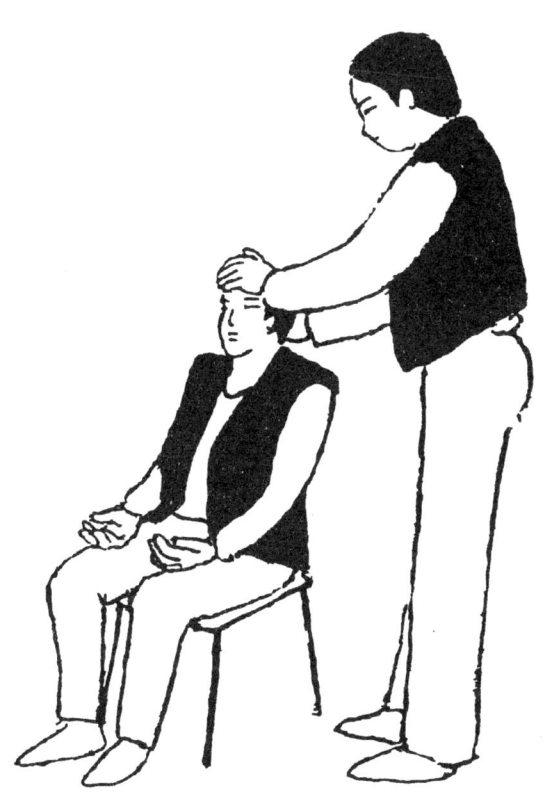

Als nächstes kniest Du vor ihm und legst Deine Handflächen auf seine Füße.

Dann rezitierst Du in Gedanken wiederum neunmal DAI KOMIO und spürst, wie es durch Dich in ihn hineinfließt.

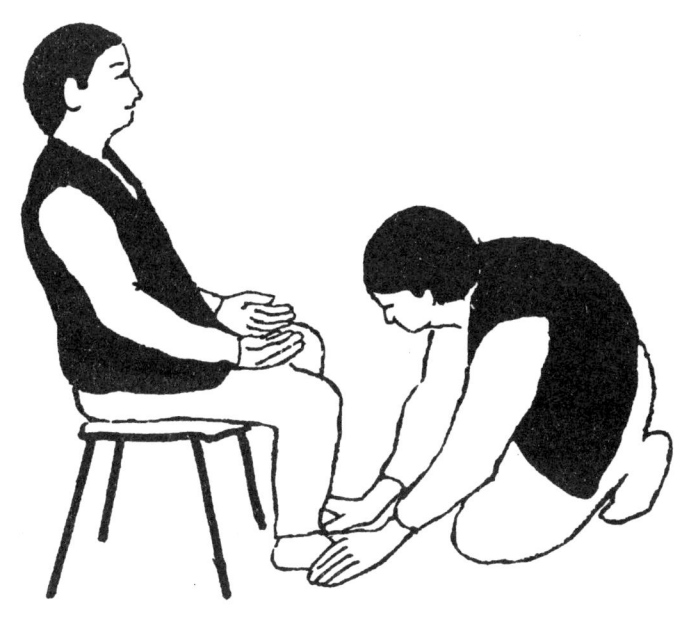

Dann erhebst Du Dich und hältst Deine Handflächen in kleinem Abstand über seine Handflächen.

Rezitiere in Gedanken neunmal DAI KOMIO und genieße den Fluß und die Wohltat der Lebensenergie, die durch Dich in ihn hineinfließt.

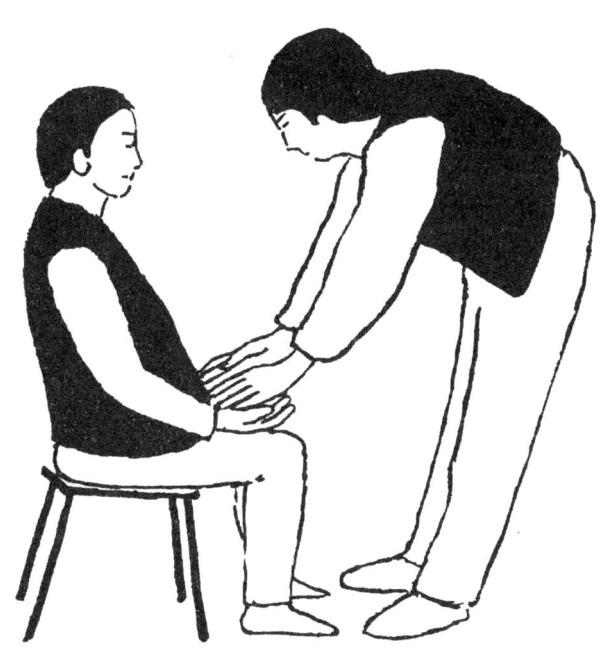

Im nächsten Schritt hauchst Du der Einweihung das Leben ein, indem Du Deinem Freund sanft auf

das Hara

pustest,

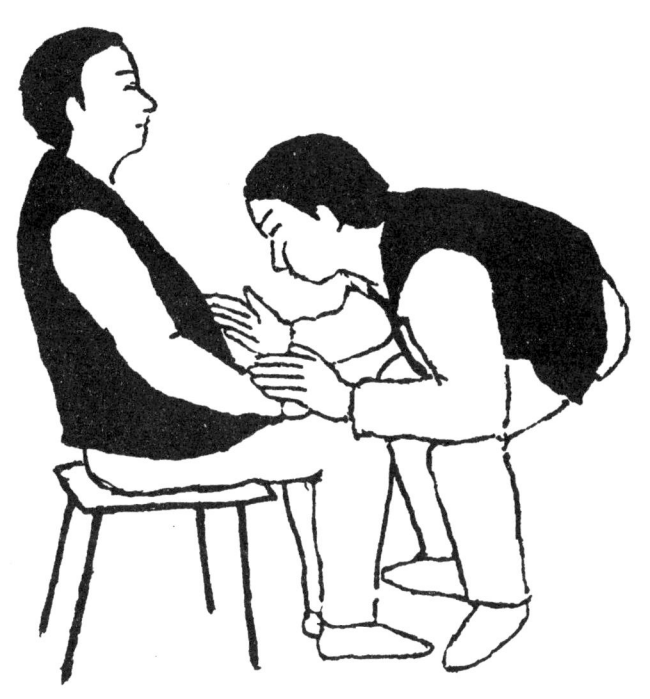

sanft auf

das Herzchakra

pustest,

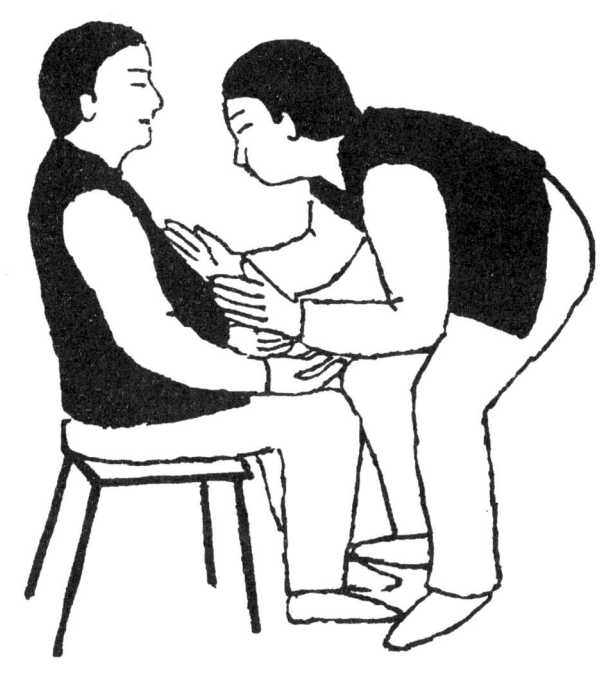

und sanft über

den Scheitel

pustest.

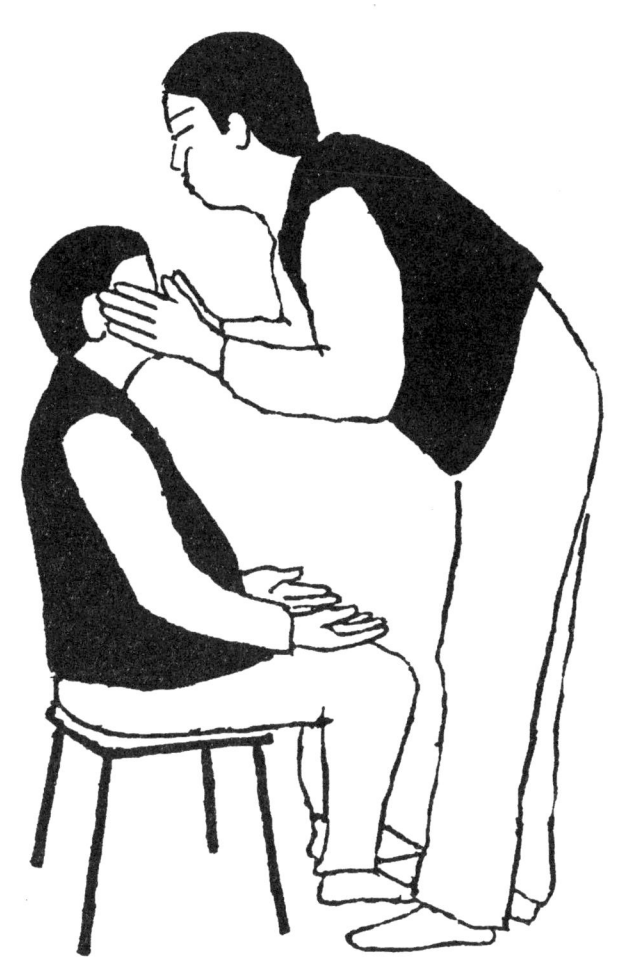

Daraufhin trittst Du, weiterhin im Urzeigersinn fortschreitend hinter ihn. Aus etwa einem Meter Entfernung richtest Du Deine Handflächen auf ihn, und rezitierst in Gedanken neunmal DAI KOMIO.

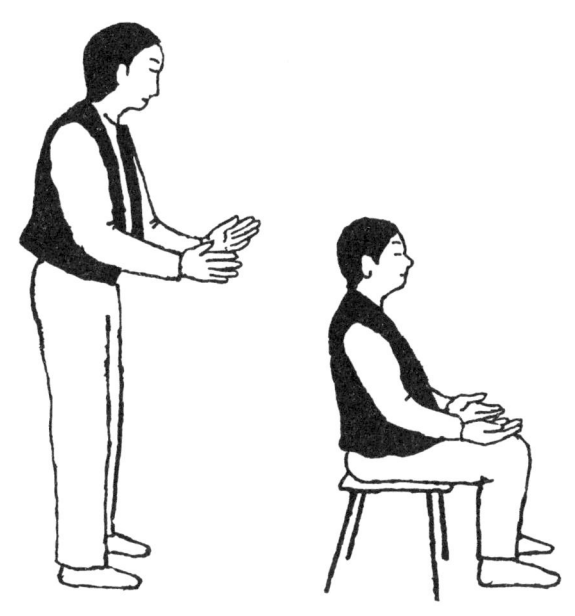

Zum Abschluß verneigst Du Dich hinter ihm mit den Worten:
„Im Namen des Vaters, des Sohnes und des Heiligen Geistes. Amen"

Handauflegen bei uns selbst

Reiki fühlen und leben heißt sich berühren und sich verbinden. Dies tun wir, indem wir uns oder anderen die Hände auflegen. Laß uns, lieber Reiki-Freund, zuerst bei uns selbst beginnen. Und das täglich zweimal 10 Minuten, und gerade dann, wenn es Dir besonders gut geht.

Setz Dich bequem hin, mit den Füßen auf den Boden, hebe Deine Arme, öffne die Hände nach oben und rezitiere neunmal in Gedanken DAI KOMIO.

Jetzt legst Du Deine Handflächen entweder in kleinem Abstand oder direkt auf Dein Gesicht.

Dann nebeneinander auf Deine Brust, so daß sich Deine Mittelfinger berühren.

Dann auf dieselbe Art in Höhe des Bauchnabels.

Zum Abschluß legst Du Deine Hände mit den Handflächen nach oben auf die Knie, indem Du entweder DAI KOMIO rezitierst oder „Dein Wille geschehe".

Auf den folgenden Seiten sind die einzelnen Positionen des Handauflegens bei Dir selbst abgebildet.

Wende pro Position eine Minute oder länger auf.

Vertrau auf Dich und verändere kreativ die Positionen, so wie es Dir wohltut!

Falls Deine Hände vor der Berührung Deines Körpers von allein anhalten, vertraue Deinen Händen, denn sie wissen was sie tun!

Lieber Freund, genieße bitte die Wohltat der Eigenbehandlung und lasse sie in Deinen Alltag einfließen und sich ausbreiten, so daß jede Deiner Bewegungen ein Strömen und Fließen wird.

Setz Dich bequem hin, mit den Füßen auf den Boden, hebe Deine Arme, öffne die Hände und rezitiere in Gedanken neunmal DAI KOMIO.

Jetzt legst Du Deine Hände in kleinem Abstand oder direkt auf Dein Gesicht.

Dann nebeneinander auf Deine Brust, so daß sich Deine Mittelfinger berühren.

Dann auf dieselbe Art in Höhe Deines Bauchnabels.

Zum Abschluß legst Du Deine Hände mit den Handflächen nach oben auf die Knie und rezitierst in Gedanken DAI KOMIO.

Handauflegen bei anderen

Was dich erfüllt, teilst Du selbstverständlich auch mit Deinen Freunden, sofern sie den Wunsch danach verspüren.

Indem Du Reiki gibst, empfängst Du, indem Du absichtslos empfängst, gibst Du.

Du sitzt auf der linken, der rezeptiven Seite Deines Reiki-Freundes. Eure Füße stehen fest auf dem Boden.

Die Hände des Empfangenden ruhen mit den Handflächen nach oben auf seinen Knien. Ihr schließt die Augen und genießt die Stille.

Dann hebst Du Deine Hände mit den Handflächen nach oben und betest DAI KOMIO.

Als nächstes stehst Du auf, stellst Dich vor Deinen Freund und hältst Deine Hände in kleinem Abstand über seinen Scheitel, bewegst sie dann langsam über die Ohren zur Kehle und zurück zum Scheitel. Dies wiederholst Du ein paarmal und läßt Dich im Bewegen und Verweilen ganz von Deinen Händen leiten. Gib Dich dem Entzücken der Kehle und der Majestät des Scheitels hin.

Wir nennen dies den „Heiligenschein" machen.

Dann setzt Du Dich wieder an seine linke Seite und legst Deine rechte Hand auf den Bereich seiner Lendenwirbel. Deine linke Hand legt sich ganz von selbst im Fluß des Lebens auf Scheitel, Stirn, Herz, Bauch oder Knie des Empfangenden.

Vielleicht geht Deine rechte Hand nach einer Weile hoch in den Brust- und Nackenwirbelbereich.

Vertrau Deinen Händen, wie ein Kind!

Auf den folgenden Seiten sind Positionsvorschläge abgebildet.

Je nach Euer Vorliebe kann eine Behandlung zwischen 10 und 30 Minuten dauern.

Du kannst Dir selbst und anderen, falls erforderlich, auch im Liegen die Hände auflegen.

Du sitzt auf der linken, der rezeptiven Seite Deines Reiki-Freundes.

Eure Füße stehen fest auf dem Boden.

Die Hände des Empfängers ruhen mit den Handflächen nach oben auf seinen Knien.

Eure Augen sind geschlossen.

Dann hebst Du Deine Hände, mit den Handflächen nach oben und betest DAI KOMIO.

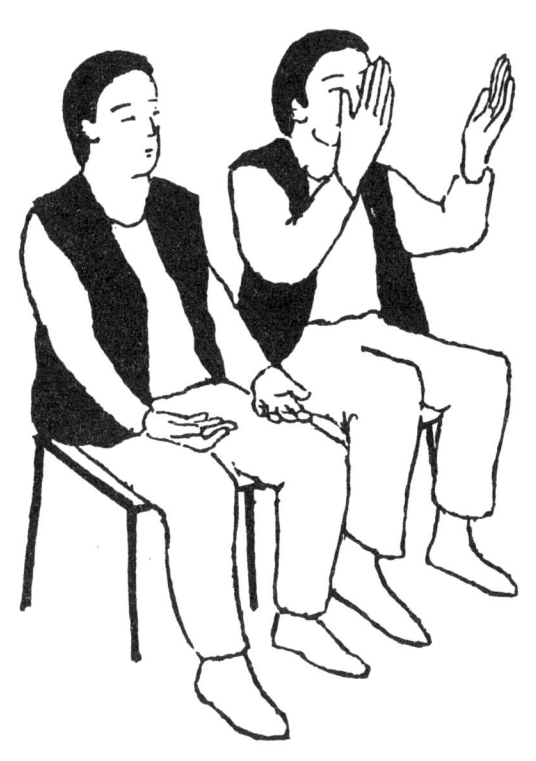

Dann stehst Du auf, stellst Dich vor Deinen Freund und hältst Deine Hände in kleinem Abstand über seinen Scheitel, bewegst sie langsam an den Ohren vorbei zur Kehle und wieder zurück zum Scheitel. Dies wiederholst Du mehrmals.

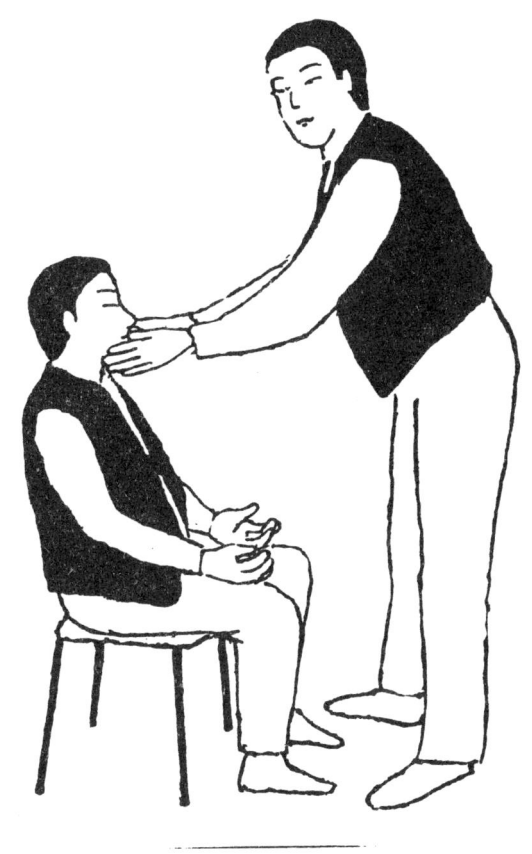

Jetzt setzt Du Dich wieder an seine linke Seite und legst die rechte Hand auf den Bereich seiner Lendenwirbel.

Deine linke Hand legt sich sanft auf seine Stirn.

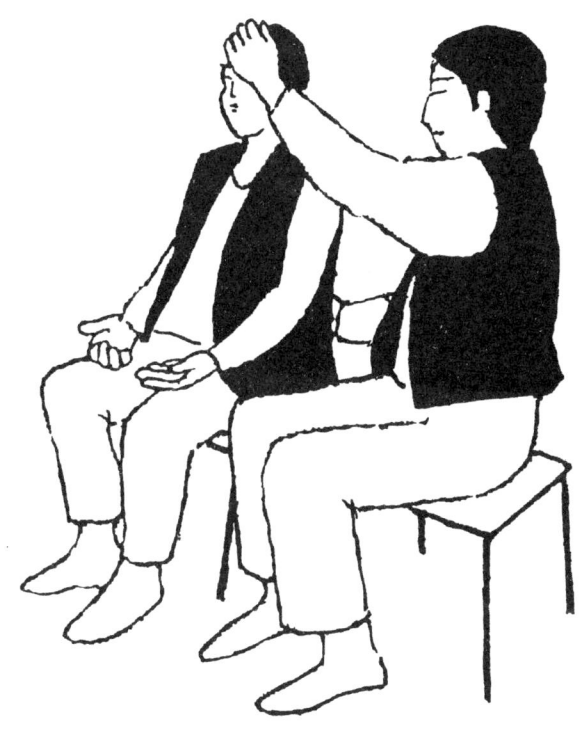

Deine rechte Hand ruht auf seinen Lendenwirbeln, die linke Hand auf seinem Bauchnabel.

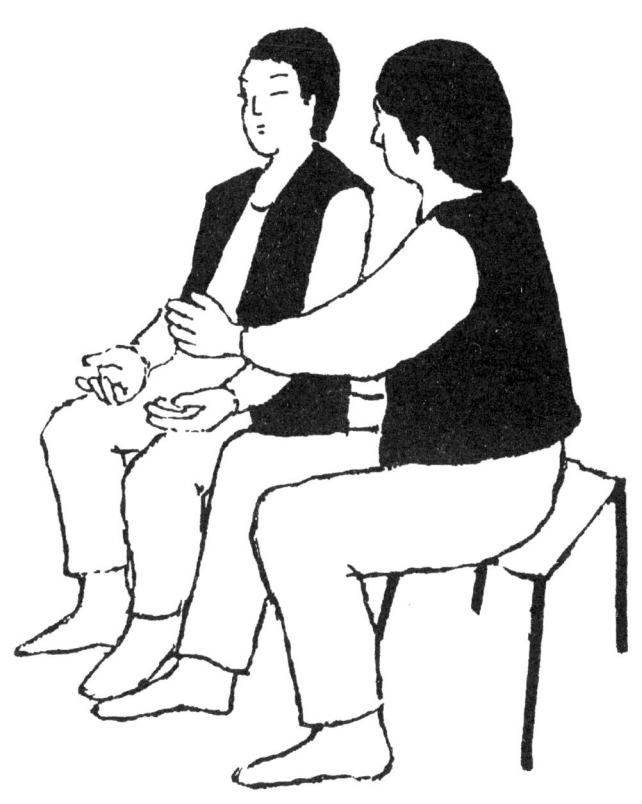

Deine rechte Hand ruht nun auf den Nackenwirbeln und Deine linke Hand sanft auf dem Bauch.

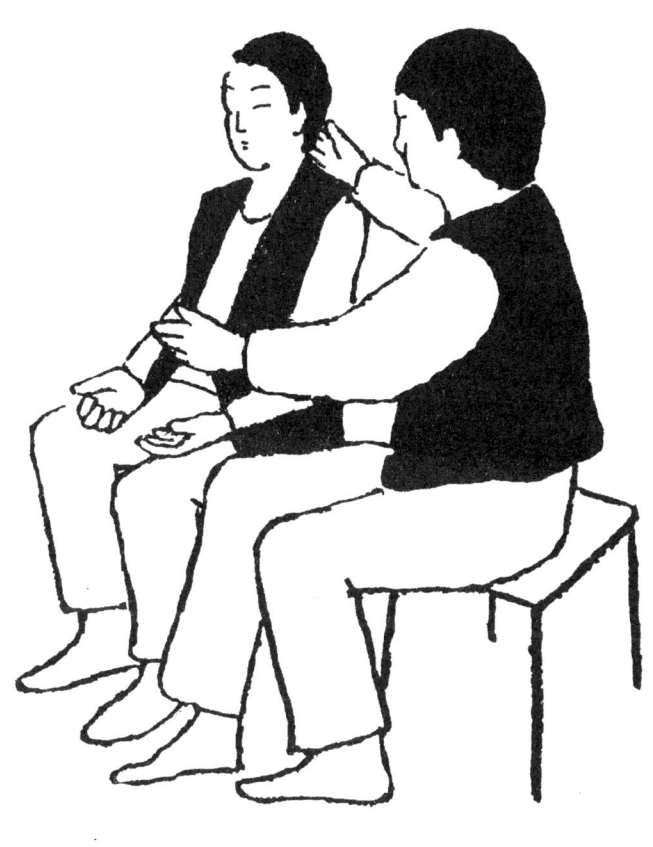

„Am Anfang war das Wort"

(Genesis)

Die Helfer des DAI KOMIO

Ist es nicht wunderbar, lebendig und fließend unseren blauen Erdenplaneten zu genießen, lieber Freund?

Um diesen Genuß noch zu erhöhen, möchten wir Dir jetzt die drei anderen Reiki-Mantren vorstellen, die Helfer des DAI KOMIO. Sie werden genauso angewandt, wie alle anderen Mantren, indem man sie neunmal in Gedanken wiederholt.

Das erste Mantra „CHOKU REI" dient zur Erdung, also zur Verbindung mit Mutter Erde. CHOKU REI wird Schokuh Reh ausgesprochen.

Gehe mit Deiner Vorstellungskraft in Deine Füße, fühle Deine Füße und rezitiere in Gedanken mindestens neunmal CHOKU REI. Dann fühlst Du Dich in Dein Hara hinein und rezitierst wiederum in Gedanken mindestens neunmal CHOKU REI. Fühle nun Deine Hände und rezitiere nochmals in Gedanken mindestens neunmal CHOKU REI. Das hilft Dir mit beiden Beinen auf der Erde zu stehen.

Du kannst das Mantra CHOKU REI überall dort anwenden, wo Du Energie verstärken willst. Also auch bei der Eigen- und Fremdbehandlung. Sobald Du die Hände bei Dir oder bei einem Freund auflegst, fließt das Mantra und damit seine Kraft beim Rezitieren über Deine Hände in Dich bzw. in ihn hinein.

CHOKU REI - Kalligraphie

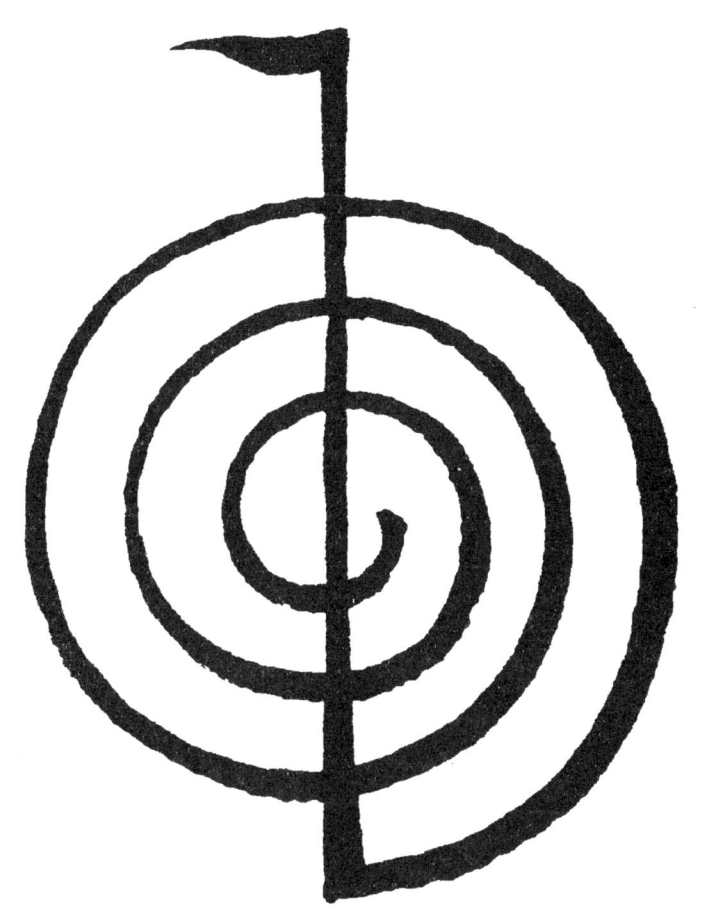

Das zweite Helfermantra des DAI KOMIO ist „SEI HEKI", die Harmonie. „SEI HEKI" wird Seh Heh Kieh ausgesprochen.

Hast Du Deine Wurzeln mit CHOKU REI in der Erde, kannst Du mit SEI HEKI harmonisch auf unserem blauen Planeten leben, da die Kraft des SEI HEKI zur Harmonisierung, zur Beruhigung dient.

Laß die Harmonie, laß SEI HEKI in Deine Knie, in Deinen Bauch, Solarplex, Herz, Hals und Stirn hineinfließen und genieße die Wohltat der Harmonie. Hineinfließen heißt, wie Du es schon vom CHOKU REI weißt, es an jeder Stelle in Gedanken mindestens neunmal zu rezitieren.

Du kannst das Mantra SEI HEKI auch bei jeder Behandlung anwenden. Immer dort, wo Du das Gefühl hast, daß dort harmonisiert werden möchte.

SEI HEKI - Kalligraphie

Erfüllt durch das DAI KOMIO, geerdet durch das CHOKU REI, in Harmonie mit Hilfe von SEI HEKI, fällt es Dir jetzt so einfach die dritte Hilfe zu genießen: „HON SHA ZE SHO NEN".

„HON SHA ZE SHO NEN" wird Honn Schah Seh Schoh Nenn ausgesprochen.

Das Mantra HON SHA ZE SHO NEN ist eine Brücke durch Raum und Zeit. Es kann Dich mit allem verbinden, was Du liebst: mit Dir selbst als Kind, mit Ameisen, Atomen, Bäumen, Mitmenschen, Delphinen, Adlern, Bergen, den Elementen, den Sternen, Deinen Plätzen der Kraft, Deinem spirituellen Lehrer ...

Stell Dir einfach vor, mit was auch immer Wohltuendem Du Dich verbinden möchtest, rezitiere in Gedanken mindestens neunmal HON SHA ZE SHO NEN, so daß seine Kraft Dich mit dem Objekt Deiner Vorstellung verbinden kann. Verweile jetzt in dieser wohltuenden Verbindung so lange Du magst.

Ein sehr schönes Beispiel ist, ein Kinderfoto von sich selbst in der Hand zu halten, HON SHA ZE SHO NEN zu rezitieren und dann das Foto mit beiden Händen auf das Herzchakra zu legen. Wir nennen diese Übung „Frieden mit dem inneren Kind".

Wenn Du eine Fernbehandlung machen möchtest, stellst Du Dir einfach die zu behandelnde Person vor und rezitierst HON SHA ZE SHO NEN wie gehabt. Jetzt ist die Brücke zum anderen gebaut, der Kontakt ist hergestellt und Du kannst ihn mit Reiki und der „Kunst des Besprechens" behandeln, als ob er neben Dir sitzt oder liegt. Du kannst Dir auch vorstellen, daß Du ihn ganz zart und klein in Deinen Händen hälst oder er in Babygröße auf Deinen Knien ruht.

Fernbehandlungen sind in erster Linie dazu da, einem Mitmenschen Liebe und Lebensenergie zu schicken und das ist eine wunderbare Sache.

Die Kalligraphien, also die Schriftzeichen der vier Reiki-Mantren, haben keinerlei Bedeutung für die Reiki-Praxis. Dieser bildliche Ausdruck der Mantren hat aber, wenn Ihr sie Euch vergrößert zu Hause an die Wand hängt und sie vorher mit dem dazugehörigen Mantra aktiviert, eine wohltuende und herzerfreuende Wirkung. Die Kraft liegt immer und einzig allein im Mantra, denn „am Anfang war das Wort".

Die Schriftzeichen von SEI HEKI und HON SHA ZE SHO NEN werden in der Reiki-Szene höchst unterschiedlich gezeichnet. Uns liegen jeweils über zwei Dutzend Varianten vor.

HON SHA ZE SHO NEN - Kalligraphie

Teil 2

DIE KUNST DES BESPRECHENS

„Dein Wille geschehe,
Dein Königreich komme."
(Jesus von Nazareth)

Liebe Freunde und Weggefährten, da Ihr jetzt Reiki praktiziert, können wir den nächsten Schritt auf der Reise beginnen.

Denn die Praxis von Reiki ist eine gute Voraussetzung die Kunst des Besprechens zu erlernen. Reiki legt den Grundstock an Demut und Herzlichkeit.

Seit Jahrtausenden haben weise Frauen und auch einige Medizinmänner in allen Kulturen Krankheiten durch heilige Gebete geheilt.

Das uns, von unserer verehrten Lehrerin übertragene vollständige System aus 15 Gebeten und einem Heilamulett wurde im 12. Jahrhundert von weisen Frauen in Spanien zusammengefügt.

Im Spanien des 12. Jahrhundert kam das Beste aus allen Kulturen zusammen, aus Tibet, Indien, Arabien, Juden- und Christentum und den weiblichen Urreligionen.

Von Generation zu Generation, von Mutter zu Tochter vererbt und geheimgehalten, kam das Wissen zu Beginn des 18. Jahrhundert in die Familie unserer verstorbenen Lehrerin, der ich erstmals 1982 begegnete. Ich litt zu dieser Zeit an sehr lästigen Feigwarzen, die mir alle paar Wochen vom Hautarzt weggeätzt wurden und immer wiederkehrten. Schon völlig entnervt von dieser fruchtlosen Prozedur bekam ich die Adresse von Marietta Schönfeldt, der großen alten Dame des Besprechens. Aufgeregt und unsicher ging ich zur ersten Behandlung, fühlte mich dann aber sogleich von ihrer liebevollen Gegenwart wunderbar aufgehoben und war obendrein die lästigen Warzen nach drei Sitzungen los. Zum Abschied forderte mich Marietta auf, wann immer ich in Berlin sei, sie zu besuchen. Woraus sich im Laufe der Jahre eine tiefe Freundschaft entwickelte und sie für mich zu meiner wahren Mutter wurde.

Kurz nachdem ich meine Heilpraktikerprüfung bestanden hatte, saßen wir, wie so oft, beim Kaffee zusammen, als sie mir plötzlich verkündete: „ich werde in einem Jahr sterben, jetzt können wir endlich anfangen. Setz dich hin und schreib dir auf!" Ich weinte Tränen der Dankbarkeit. Nie hätte ich mir träumen lassen, daß sie mir die „Kunst des Besprechens" vererben würde. Im Verlauf des nächsten Jahres gab sie mir alles weiter und verstarb kurz darauf am 7. Dezember.

Sie hatte immer wieder betont, jeder Mensch könne die „Kunst des Besprechens" ausüben.

Die Gebete lassen sich in alle Sprachen übersetzen ohne ihre Wirkung zu verlieren.

Selbstverständlich können auch Tiere behandelt werden.

Jetzt ist die Zeit des großen Teilens gekommen.

Wir freuen uns, Euch die geheimen, heilenden Gebete weitergeben zu dürfen.

Die Anwendung der Gebete

Jedes Gebet aktiviert sich, indem Du es lautlos in Gedanken drei mal dreimal rezitierst und nach jedem drittenmal mit: „Im Namen des Vaters, des Sohnes und des Heiligen Geistes. Amen." oder : „Im Namen der Liebe", „Im Namen des Lichtes" versiegelst.

Die Heilkraft der Gebete fließt dann durch Deine Hände in den bedürftigen Mitmenschen.

Du behandelst so, wie es im Kapitel 'Handauflegen bei anderen' (siehe erster Teil -Reiki) geschrieben steht.

Je nach Art der Beschwerden wendest Du mehrere der heilenden Gebete bei der Behandlung an.

Das erste Gebet „Heiliger Atisha" benutzt Du grundsätzlich bei jeder Behandlung, da es die tiefen seelischen Ursachen transformiert.

Im Laufe der Praxis, lernen sich die Gebete wie von selbst. Zu Beginn kannst Du sie beim Behandeln auch ablesen.

Wie oft und an welchen Tagen behandelt werden muß, erklären wir später.

Unsere Lehrerin übertrug uns das Wissen, indem sie einfach sagte: „Setz Dich hin und schreib Dir auf!"
So wollen auch wir es halten.

Schreibe also alle Gebete mit der Hand ab, so daß sie zu Deinem Eigen-Tum werden.

Das erste Gebet

Setz Dich hin und schreib Dir auf!

> Heiliger Atisha
> heilt Wunden und Schmerz
> das Böse zur Hölle
> das Gute ins Herz

> Heiliger Atisha
> heilt Wunden und Schmerz
> das Böse zur Hölle
> das Gute ins Herz.

> Heiliger Atisha
> heilt Wunden und Schmerz
> das Böse zur Hölle
> das Gute ins Herz.

Im Namen des Vaters, des Sohnes und des Heiligen Geistes. Amen

Atisha ist einer der bedeutendsten erleuchteten Meister des tibetischen Buddhismus und lebte im 11. Jahrhundert.

Im reinigenden Fegefeuer der Hölle wird das Unbewußte und Dunkle geläutert und transformiert, so daß Liebe und Leichtigkeit ins Herz fließen können.

Deshalb wird das Gebet bei jeder Behandlung angewandt.

„Der Heilige Atisha" ist das Herz der „Kunst des Besprechens".

Das zweite Gebet

Setz Dich hin und schreib Dir auf!

      Ich, der große Manjushri
      alle stehen hinter mir
      ich streichel mit milder Hand die Wunde
      mit nasser Hand das Herz
      mit kalter Hand den Schmerz.

      Ich, der große Manjushri
      alle stehen hinter mir
      ich streichel mit milder Hand die Wunde
      mit nasser Hand das Herz
      mit kalter Hand den Schmerz.

      Ich, der große Manjushri
      alle stehen hinter mir
      ich streichel mit milder Hand die Wunde
      mit nasser Hand das Herz
      mit kalter Hand den Schmerz.

Im Namen des Vater, des Sohnes und des Heiligen Geistes. Amen

Manjushri (ausgesprochen Mandschuschrieh) war einer der Lieblingsschüler Gautam Buddhas und schon zu dessen Lebzeiten erleuchtet.

„Alle stehen hinter mir" bedeutet, alle Buddhas helfen mir.

Anwendunsgebiete:

- akute und chronische Schmerzzustände, auch Migräne
- Herzrasen, Herzangst, Herzinsuffiziens, Angina pectoris
- Wundschmerz

Das dritte Gebet

Setz Dich hin und schreib Dir auf!

    Schmerz, Entzündung, Juckreiz
        geh ein
    werde nicht hart wie ein Stein
        nimm ab
    wie der Tod im Grab.

    Schmerz, Entzündung, Juckreiz
        geh ein
    werde nicht hart wie ein Stein
        nimm ab
    wie der Tod im Grab.

    Schmerz, Entzündung, Juckreiz
        geh ein
    werde nicht hart wie ein Stein
        nimm ab
    wie der Tod im Grab.

Im Namen des Vaters, des Sohnes und des Heiligen Geistes. Amen

Anwendungsgebiete:

- Schmerzen, Entzündungen im Bereich der Haut und der Gelenke, z.B. Neurodermitis, Arthritis, Nebenhöhlenentzündungen
- Juckreiz

Das vierte Gebet

Setz Dich hin und schreib Dir auf!

> Jesu Wunden stehen offen
> unverbunden
> sie bluten nicht
> sie schwellen nicht
> sie tuen auch nicht weh.

> Jesu Wunden stehen offen
> unverbunden
> sie bluten nicht
> sie schwellen nicht
> sie tuen auch nicht weh.

> Jesu Wunden stehen offen
> unverbunden
> sie bluten nicht
> sie schwellen nicht
> sie tuen auch nicht weh.

Im Namen des Vaters, des Sohnes und des Heiligen Geistes. Amen

Anwendungsgebiete:

- Akne, Furunkel
- Wundheilung
- beschleunigte Heilung von Knochenbrüchen
- Stillen von Blutungen
- Regulierung von Menstruationsbeschwerden

Das fünfte Gebet

Setz Dich hin und schreib Dir auf!

> Die Mutter Gottes zog übers Land
> drei Rosen in der Hand
> die erste weiß
> die zweite rot
> die dritte war der Tod.
>
> Die Mutter Gottes zog übers Land
> drei Rosen in der Hand
> die erste weiß
> die zweite rot
> die dritte war der Tod.
>
> Die Mutter Gottes zog übers Land
> drei Rosen in der Hand
> die erste weiß
> die zweite rot
> die dritte war der Tod.

Im Namen des Vaters, des Sohnes und des Heiligen Geistes. Amen

Dieses Gebet ist der „Großen Mutter" zugeordnet, deren Farben-Dreiheit weiß - rot - schwarz ist.

Anwendungsgebiete:

- die ganze Herpes-Familie, also: Gürtelrose, Gesichtsrose, Lippen- und Genitalherpes, Pfeiffersches Drüsenfieber, Zytomegalie, Windpocken, Kaposi-Sarkom

- sämtliche Frauenleiden von Brustkrebs bis Zyste

Das sechste Gebet

Setz Dich hin und schreib Dir auf!

Das süße und das saure Blut
liefen beide an den Strand
das saure Blut legt sich an den Strand
und ward verbrannt
das süße Blut ging in den See
und lief gesund zurück.

Das süße und das saure Blut
liefen beide an den Strand
das saure Blut legt sich an den Strand
und ward verbrannt
das süße Blut ging in den See
und lief gesund zurück.

Das süße und das saure Blut
liefen beide an den Strand
das saure Blut legt sich an den Strand
und ward verbrannt
das süße Blut ging in den See
und lief gesund zurück.

Im Namen des Vaters, des Sohnes und des Heiligen Geistes. Amen

Anwendungsgebiete:

- Übersäuerung des Blutes

Die Übersäuerung des Blutes verschlimmert den Krankheitsverlauf bei Diabetes, Krebs, Aids, Rheuma, Gicht, Neuralgien, Arthritis etc. und erschwert den Heilungsverlauf bei allen Krankheiten.

Das Gebet reguliert den pH-Wert des Blutes und sollte genau wie „Der Heilige Atisha" bei jeder Behandlung angewendet werden.

- auch bei „Kater" sehr effektiv

Das siebte Gebet

Setz Dich hin und schreib Dir auf!

Der heilige Lorenz lag auf dem Rost
da kam der Herr und gab ihm Frost
er kommt mit seiner heiligen Hand
und bläst ihm den heißen
und den kalten Brand.

Der heilige Lorenz lag auf dem Rost
da kam der Herr und gab ihm Frost
er kommt mit seiner heiligen Hand
und bläst ihm den heißen
und den kalten Brand.

Der heilige Lorenz lag auf dem Rost
das kam der Herr und gab ihm Frost
er kommt mit seiner heiligen Hand
und bläst ihm den heißen
und den kalten Brand.

Im Namen des Vaters, des Sohnes und des Heiligen Geistes. Amen

Der heilige Laurentius war ein frühchristlicher Heiliger.

Anwendungsgebiete:

- Verbrennungen
- Erfrierungen
- Untertemperatur
- zu hohes Fieber

Das achte Gebet

Setz Dich hin und schreib Dir auf!

> Was ich sehe
> das vergehe
> was ich streiche
> das erweiche
> Warzen vergehen.
>
> Was ich sehe
> das vergehe
> was ich streiche
> das erweiche
> Warzen vergehen.
>
> Was ich sehe
> das vergehe
> was ich streiche
> das erweiche
> Warzen vergehen.

Im Namen des Vaters, des Sohnes und des Heiligen Geistes. Amen

Anwendungsgebiete:

- Handwarzen
- Dornwarzen
- Feigwarzen
- Myome
- Zysten (im Gebet „Warzen" durch „Zysten" ersetzen)

Warzen brauchen ein paar Wochen nach der Behandlung bis sie verschwinden.

Das neunte Gebet

Setz Dich hin und schreib Dir auf!

      Die Flugasche und die Flechte
      flogen beide übers Meer
      die Flugasche kam wieder
      die Flechte nimmermehr.

      Die Flugasche und die Flechte
      flogen beide übers Meer
      die Flugasche kam wieder
      die Flechte nimmermehr.

      Die Flugasche und die Flechte
      flogen beide übers Meer
      die Flugasche kam wieder
      die Flechte nimmermehr.

Im Namen des Vaters, des Sohnes und des Heiligen Geistes. Amen

Anwendungsgebiete:

- Schuppenflechte
- sämtliche Flechtenerkrankungen
- Neurodermitis

Das zehnte Gebet

Setz Dich hin und schreib Dir auf!

Antonius Feuer brennt überall
so auch in diesem Stall
ich spreche dich an
und jage dich fort
geh schnell an einen anderen Ort.

Antonius Feuer brennt überall
so auch in diesem Stall
ich spreche dich an
und jage dich fort
geh schnell an einen anderen Ort.

Antonius Feuer brennt überall
so auch in diesem Stall
ich spreche dich an
und jage dich fort
geh schnell an einen anderen Ort.

Im Namen des Vaters, des Sohnes und des Heiligen Geistes. Amen

Dieses Gebet geht auf den heiligen Antonius, einem weiteren frühchristlichen Meister, zurück.

„an einen anderen Ort" bedeutet hier, ins läuternde Fegefeuer.

Anwendungsgebiete:

- Schweinerotlauf
- Wundrose
- Allergien
- Venenentzündung

Das elfte Gebet

Setz Dich hin und schreib Dir auf!

        Brand geh in den Sand
          geh in die See
       tu nimmer, nimmer weh.

        Brand geh in den Sand
          geh in die See
       tu nimmer, nimmer weh.

        Brand geh in den Sand
          geh in die See
       tu nimmer, nimmer weh.

Im Namen des Vaters, des Sohnes und des Heiligen Geistes. Amen

Anwendungsgebiete:

- Wespen- und Bienenstiche
- Bisse von Schlangen und Skorpionen
- Nesselsucht
- Medikamentenunverträglichkeit
- Allergien durch Kontakt mit Quallen
- Allergien allgemein

Das zwölfte Gebet

Setz Dich hin und schreib Dir auf!

    Kreuzweh, oh weh, oh weh
    schmelze dahin wie der Schnee
    werde zum Traum
    und dann zu Schaum.

    Kreuzweh, oh weh, oh weh
    schmelze dahin wie der Schnee
    werde zum Traum
    und dann zu Schaum.

    Kreuzweh, oh weh, oh weh
    schmelze dahin wie der Schnee
    werde zum Traum
    und dann zu Schaum.

Im Namen des Vaters, des Sohnes und des Heiligen Geistes. Amen

Anwendungsgebiete:

- Rückenschmerzen
- Morbus Bechterew
- Scheuermann
- Trichterbrust
- Hexenschuß
- Bandscheibenbeschwerden
- sonstige Beschwerden im Bereich der Wirbelsäule

Das dreizehnte Gebet

Setz Dich hin und schreib Dir auf!

> Der Mond nimmt zu
> das Wasser nimmt ab.
>
> Der Mond nimmt zu
> das Wasser nimmt ab.
>
> Der Mond nimmt zu
> das Wasser nimmt ab.

Im Namen des Vaters, des Sohnes und des Heiligen Geistes. Amen

Die Behandlung muß dreimal innerhalb einer Woche bei zunehmendem Mond erfolgen.

Anwendungsgebiete:

- Bauchwassersucht
- Ödeme
- Lymphstau

Das vierzehnte Gebet

Setz Dich hin und schreib Dir auf!

> Tumor fang die Sonne ein
> und schrumpfe zusammen
> bleibe stehn auf diesem Punkt
> und laß dich nie mehr sehn.

> Tumor fang die Sonne ein
> und schrumpfe zusammen
> bleibe stehn auf diesem Punkt
> und laß dich nie mehr sehn.

> Tumor fang die Sonne ein
> und schrumpfe zusammen
> bleibe stehn auf diesem Punkt
> und laß dich nie mehr sehn.

Im Namen des Vaters, des Sohnes und des Heiligen Geistes. Amen

Anwendungsgebiete:

- raumfordernde Prozesse jeglicher Art, wie Tumore, Hautkrebs, Myome, Zysten, Geschwüre

Das fünfzehnte Gebet

Setz Dich hin und schreib Dir auf!

      Du zitterst wie ein Aal
      das Leben wird zur Qual
      der Schaum vor diesem Mund
      geht weg und bleibt auf dem Grund.

      Du zitterst wie ein Aal
      das Leben wird zur Qual
      der Schaum vor diesem Mund
      geht weg und bleibt auf dem Grund.

      Du zitterst wie ein Aal
      das Leben wird zur Qual
      der Schaum vor diesem Mund
      geht weg und bleibt auf dem Grund.

Im Namen des Vaters, des Sohnes und des Heiligen Geistes. Amen

Anwendungsgebiete:

- Epilepsie
- Parkinson

Das Amulett des Atisha

Zusätzlich zur Behandlung durch die heilenden Gebete wurden von den weisen Frauen und Medizinmännern zur Langzeitwirkung immer Amulette überreicht.

In unserer Tradition wird das Amulett auf die folgende Art und Weise zusammengesetzt und aktiviert:

Vermische liebevoll

einen Teelöffel trockener Erde
einen Teelöffel Asche
einen Teelöffel Salz
einen halben Teelöffel weißen Zucker
eine kleine Knoblauchzehe mit Haut.

Schütte diese Mischung auf Alufolie und forme eine feste Kugel.
Umhülle diese Kugel mit Stoff oder Leder und binde sie fest zu.

Am nächsten Sonntag aktivierst Du die Amulette, indem Du drei mal dreimal das erste Gebet, den „Heiligen Atisha" rezitierst und das Amulett dabei zwischen den Handflächen hältst.

Das Amulett möchte in der Hosentasche oder an einer Schnur um den Hals getragen werden und hat eine ungeheuer beschützende und belebende Wirkung im täglichen Leben, sowie bei allen chronischen Krankheiten.

Von innen über die Wohnungstür gehängt oder an den Rückspiegel des Autos, behütet es „Haus und Hof".

Bitte genießt das Amulett und schenkt es Euren Freunden, sofern sie offen dafür sind.

Sorgfaltsfreude

Liebe Menschenbrüder,

wie schön ist das Leben auf unserem blauen Planeten, wie überflüssig sind Krankheiten und Gebrechen. Sterben dürfen wir alle, aber nach einem langen und erfüllten Leben, einen geruhsamen und erfüllenden Tod.

Auf den letzten Seiten habt Ihr die heilenden Gebete kennen und lieben gelernt. Jetzt ist die Zeit noch etwas zu Sorgfalt, Behandlungsdauer und Anwendung zu sagen.

Selbstverständlich könnt Ihr Euch selbst behandeln, jedoch ist das Handauflegen durch einen Mitmenschen um ein vielfaches stärker.

Gürtelrosen, Warzen, Ekzeme etc. behandelt Ihr natürlich ohne direktes Handauflegen aus etwa 5 cm Abstand zum Körper des Empfangenden.

Jedes unnötige Gebrechen, damit meinen wir alle Krankheiten, möchten in akutem Stadium sofort dreimal, d.h. an drei aufeinanderfolgenden Tagen behandelt werden.

Chronische Disharmonien behandeln wir im Wochenabstand, mindestens dreimal, möglichst dienstags, freitags oder sonntags.

Da Ihr mit Eurem ganzen Herzen gelesen und verstanden habt, wißt Ihr, welche und wie viele Gebete Ihr bei den jeweiligen Leiden anwendet.

Vertraut Euch! Spürt die liebevolle Kraft der erleuchteten Urheber dieses Wissens!

Als erwachsene. liebevoll bewußte Menschen wissen wir natürlicherweise, daß wir nur schulmedizinisch abgeklärte Leiden begleitend behandeln.

Im gegenwärtigen Rechtssystem ist das Behandeln von Krankheiten nur Ärzten und Heilpraktikern gestattet.

Darum bitten wir auch alle Ärzte und Heilpraktiker sich an Ihren Auftrag zu erinnern, sich Zeit zu nehmen und liebevoll mit uns Menschen umzugehen.

Jede Behandlung ist ein Ausdruck von Liebe und Demut.

Teil 3

DER CHRISTUS GENERATOR

Die Entstehungsgeschichte des Christus Generators

„Nur wenn ihr werdet, wie die Kinder,
kommt ihr in das Himmelreich Gottes."
(nach Jesus)

„Wir sitzen alle in einem Boot." Diese Erkenntnis ist die Voraussetzung für die Entwicklung und das Gelingen jedes Gesundungsprozesses. Da steht nicht auf der einen Seite der allwissende starre Therapeut und auf der anderen der hilflos Leidende, sondern es treffen zwei Mitmenschen aufeinander. Mitfühlen und tiefe Sympathie bestimmen die Behandlung. Der Therapeut ist neugierig und spielerisch wie ein Kind, so paßt sich jede Behandlung geschmeidig und ganz von alleine den Bedürfnissen des Patienten an, als ein harmonisches miteinander Fließen, Lernen und Erkennen.

Aus diesem nie endenden Spiel der Energien entwickelten sich der Christus Generator und die Spirituelle Orgonomie und entfalten sich weiter und weiter und weiter ...

Zu Beginn unserer Arbeit schienen wir bestens ausgerüstet zu sein. Wir hatten die „Kunst des Besprechens" vererbt bekommen, hatten Yoga, Chi Gong und Reiki gelernt und waren bewandert in humanistischer Psychologie. Viele Krankheitssymptome wurden gelindert oder verschwanden, aber nach einigen Monaten kamen die Menschen mit anderweitigen Beschwerden wieder zurück. Obwohl wir ihnen zur Praxis für zu Hause, also zur Krankheitsprophylaxe und zum wieder in den Fluß kommen Reiki und Yoga beigebracht hatten.

Es lag nicht am Patienten! Die Therapie ging ganz einfach an seinen Möglichkeiten und Bedürfnissen vorbei.

Was war zu tun?

Das erste war, die eigene Hilflosigkeit anzuerkennen, mitzuleiden und den Patienten wirklich zu fühlen. Daraus kamen anstrengungslos die richtigen Fragen: Gibt es etwas, was alle Patienten gemeinsam haben?

Gibt es eine allgemeine und nahezu immergültige Abfolge von Disharmonie-Symptomen?

Es gab beides. Man mußte nur mit dem Herzen fragen. Das Ganze sah folgendermaßen aus:

In der Vergangenheit verloren die meisten von uns ihre Unschuld, Kreativität und Lebenslust schon in der Kindheit oder im Mutterleib. Dies äußert sich in der Regel in einer Art Erkalten oder Schrumpfen des Lebensgefühls und drückt sich aus in kalten Händen, kalten Füßen und Angst.

Die Seele war im Schock, der Körper folgte.

Die Energie wurde aus dem vollen Fließen auf Notaggregat zurückgeschaltet, wie nach einem Verkehrsunfall oder Schrecken.

Nur wurde dies jetzt zu einem Dauerzustand und gipfelte bis zu 60 Jahre später in Krebs, Aids oder Herzinfarkt.

Als Zwischenstufen ergaben sich zunächst Neurodermitis, Stottern, Heuschnupfen, Bettnässen, Bauchweh, Verdauungsstörungen, häufige Infektionen der Atemwege, Nägelkauen, Angina und Hyperaktivität.

Wir wurden zu einem „menschlichen Gürteltier".

Immer leidender, resignierender und unbeweglicher, entfernten wir uns weiter und weiter von unserer Delphin-Natur, unserer spielerischen Beweglichkeit.

Die nächste Stufe der Panzerung brachte Magersucht, juvenilen Diabetes, Morbus Crohn, Asthma, Akne, Schuppenflechte, Menstruationsbeschwerden, Tabletten-, Alkohol- oder Drogenmißbrauch.

Wurde diese Stufe wiederum „erfolgreich" unterdrückt, allopathiert oder totgeschwiegen, kamen wir, ach so unglücklicherweise, in die nächste Phase des Absterbens: Migräne, Krampfadern, Bandscheibenvorfälle, Magengeschwüre, Schilddrüsenerkrankungen, Hysterie, Depressionen.

So wurden in uns, durch lieblose, sexualverneinende Erziehung die Grundlagen zum sogenannten „Todestrieb" gelegt. Diesen vorzeitigen und unnötigen Tod ohne gelebt zu haben, erreichten wir in der Regel auf mehrere Arten: Krebs, Herzinfarkt, Aids, Tod im Krieg oder Selbstmord.

Mildere Varianten waren Multiple Sklerose, Parkinson, Alzheimer, Polyarthritis ...

Das Diagramm der „Vergangenheit":

ungewollte, nicht lustvoll erlebte Schwangerschaft
I
verkrampfte, schmerzhafte Geburt
I
lustloses Stillen, an den Bedürfnissen des Säuglings vorbei, zu frühe Entwöhnung
I
lieblose, sexualverneinende Erziehung, Gewalt, Mißbrauch
I
Grunddepression, Angst
I
kalte Hände, kalte Füße, Übersäuerung
I
Stottern, Bettnässen, Fingernägelkauen, Alpträume, chronischer Schnupfen, Bronchitis, Angina
I
Bauchweh, Neurodermitis, Kurzsichtigkeit, Hypermotorik, Aggression, Tierquälerei
I
Drogenmißbrauch, Askese, Macho-Tum, Haß auf Weiblichkeit, Menstruationsbeschwerden, Anämie, Asthma, juveniler Diabetes, Anorexie, Bulimie, Gewaltbereitschaft, neurotische Zwangshandlungen
I
Zoten, Tratsch, Neid, Mißgunst, Fremdenhaß, Magengeschwüre, Migräne, Schilddrüsenerkrankungen, Hypertonie, Hysterie, Prostataleiden, Impotenz, Frigidität, Multiple Sklerose, Parkinson, Alzheimer, Macht, Geldgier, Prostitution
I
Umweltzerstörung, Herzinfarkt, Suizid, Krebs, Aids, Krieg

Wo aber und wie konnte der wirkliche Gesundungsprozeß einsetzen? Wo mit der Auflösung der erworbenen, chronischen Disharmonie, an der wir alle leiden, begonnen werden?

Natürlich bei den leblosen, schlecht durchbluteten, kaum wahrgenommenen, kalten Händen und Füßen.

Auch beklagten die Patienten mit Recht, daß sie zu Hause nur sehr schwer meditieren konnten und auch die tägliche Reiki-Praxis nicht richtig greife.

Was war zu tun?

Irgendwie mußte es möglich sein, das Zuhause der Patienten in eine Art Gewächshaus umzuwandeln, ein Klima des Fließens und Gedeihens zu schaffen. Lebensenergie mußte also permanent von Außen zugeführt werden. Die Präsenz eines Buddha, Jesus, Krishnamurti, Osho oder des Dalai Lama, die authentischen Reliquien der Sufi-Heiligen in den Moscheen, die Gebeine der wirklichen christlichen Mystiker in den alten Kirchen sind eben solch ein Gewächshaus. Andacht, Meditation, das wohlige Sich-angenommen-fühlen, die kindliche Unschuld, stellen sich dort von selbst ein. Diese kosmische Liebe, diese zeitlose Ausstrahlung der großen Mutter oder unseres gemeinsamen Vaters im Himmel mußte zurück in jedes Wohnzimmer, denn es war ja völlig unrealistisch, die Patienten auf aufwendige Pilgerreisen zu schicken und außerdem gar nicht Sinn der Sache. Folglich erinnerten wir uns der Arbeit Wilhelm Reichs, des 1957 verstorbenen, genialen Arztes, dem, auf Grund seiner Lebendigkeit und Aufrichtigkeit, die Entwicklung des Orgon-Akkumulators zugefallen war. Orgon ist Wilhelm Reichs Bezeichnung für Chi, Prana, Elan vital, Lebensenergie, Reiki.

Der Akkumulator ist ein schrankgroßer Kasten aus Holz, der innen mit Eisenblech ausgeschlagen ist. Wir wissen nicht, wieso er Lebensenergie in sich speichern kann und wir brauchen es auch nicht zu wissen. Wahrheit ist das, was funktioniert.

Tatsache ist, daß Willis Patienten, wenn sie sich über mehrere Wochen täglich in den Akkumulator gesetzt hatten, anfingen warme Hände und Füße zu bekommen, sich lebendiger und freudiger fühlten. Wir kauften für teures Geld einen Akkumulator und einen sogenannten

Orgonstrahler, sowie eine Menge Schnickschnack von angeblichen Weiterentwicklungen und probierten unvoreingenommen alles aus. Sowohl wir, als auch unsere Patienten, empfanden die Energie im Orgon-Akkumulator zwar in gewissem Maße als wohltuend, aber sie war auch roh und nicht weich und liebend. Orgon-Akkumulatoren waren einfach nicht mehr zeitgemäß, sie waren eben während des kalten Krieges und der Entwicklung der Atombomben entstanden. Der stets innovative Willi hätte mit Sicherheit, auf Grund seiner Lebendigkeit und seines steten inneren Wachstums, immer feinere und liebevollere Geräte entwickelt, den Bedürfnissen der Mitmenschen entsprechend. Die sogenannten Weiterentwicklungen, wie Orgonstrahler, Tachionen, Plocher-System usw. usf. wurden von unseren Patienten rundweg abgelehnt, da die Energie als stechend, hart und dumm empfunden wurde.

Was hätte Willi heutzutage getan?

Die Akkumulatoren waren zu groß und zu teuer und die Energien nicht wirklich ganzheitlich und sanft. Willi würde ja auch heutzutage nicht in dem eher aggressiven und harten Stil schreiben, wie es zur Zeit des Faschismus, Stalinismus und des kalten Krieges angebracht war.

Aus unserem Verständnis der Jahrtausende alten, fernöstlichen Heilmethoden heraus, war uns klar, daß dem Patienten Lebensenergie über die Füße zugeführt werden mußte. Aber wie?

Wie bei allem, was sich uns entdeckt oder als Geistesblitz offenbart, geht diesem eine Phase von intensiver Beschäftigung der Gesamtheit von Körper, Geist und Seele voraus. Wenn wir dann vielleicht im Garten sitzen, dem Krächzen eines Raben zuhören oder in den Armen unseres geliebten Partners liegen, ist plötzlich als ganzes Bild die Problemlösung da. Wie ein sich erinnern, eine Art Quantensprung. Als fließende Menschen folgten wir diesen, scheinbar absurden, Inspirationen. Wir verbanden eine 30x30 cm große Kupferplatte mittels eines einpoligen Kupferkabels mit einer Aluminiumschale und stellten unsere Füße auf die Kupferplatte. Ein Kribbeln in den Füßen stellte sich ein, es funktionierte. Aber es war nur das „alte" Orgon. Wir wußten genau, was fehlte: eine kleine Reliquie, die man in die Aluminiumschale stellen mußte. Aber woher nehmen, wenn nicht stehlen. Es war ja gar nicht möglich an eine authentische Reliquie eines erleuchteten Meisters heranzukommen. Aber dann kam es wie im Märchen. Wir bekamen ein kleines Päckchen von Herrn A. zugeschickt mit 2g Asche des verstorbenen Buddhas Osho, mit der Erklärung, ein Freund von Herrn A. habe diese nach der Verbrennung des Meisters gestohlen und ein permanent schlechtes Gewissen deswegen. Herr A., der unsere Arbeit nicht kannte, meinte, wir wüßten schon, was mit der Asche zu tun sei. Sofort stellten wir das kleine Filmdöschen mit der Asche in die Schale und besaßen das erste spirituelle Orgongerät. Wir hatten jetzt also etwas, was niemand hatte und das erfüllte uns mit tiefer Trauer.

Was tun? Irgendwie mußte es doch möglich sein, die Ausstrahlung der Reliquie auf andere Gegenstände zu übertragen und zu multiplizieren. Wir legten ein Dutzend Bergkristalle für 45 Minuten auf die Kupferplatte und tauschten dann die Reliquie in der Aluschale durch ein so aufgeladenes Bergkristall aus. Wir faßten uns an den Kopf und wollten's nicht glauben, aber es funktionierte und der Spaß konnte weitergehen. Die nächsten hundert Patienten bekamen je so ein Gerät verschrieben. Immer noch waren die Geräte relativ unpraktisch und die Herstellung völlig abhängig von unserer „verdammten" Reliquie. Von der Reliquie kamen wir ja erstmal nicht weg, aber versuchten weiter zu vereinfachen und alles noch preiswerter zu machen. Aber keine Vereinfachung funktionierte, bis hundert Patienten ihre Freude mit den Geräten hatte. Es schien, als ob die Zahl Hundert eine Art kritische Masse sei, bei der sich ein neues morphogenetisches Feld bildete. Das heißt, daß das Gerät sich im Gesamtwissen der Menschheit manifestiert hatte und so eine nächste Stufe möglich war. Genau wie beim Bau einer Treppe. Plötzlich ging, was vorher unmöglich war: Platzierten wir eine Holzschale mit aufgeladenem Bergkristall direkt auf eine Holzplatte, stellte sich bei der Benutzung die gleiche Wirkung ein, wie bei den Kupfer-Alu-Geräten.

Wiederum hundert Geräte weiter reichte es aus, die Holzschale mit dem darin liegenden, energetisierten Bergkristall einfach auf den Fußboden zu stellen. Es wurde immer einfacher, billiger und spaßiger. Wo sollte das alles hinführen?

Auf der anderen Seite belastete es uns stark, daß wir im Besitz der Reliquie waren, denn das bedeutete ja Macht zu haben. Es tauchten arme Menschen bei uns auf, die uns beneideten und verirrte Menschen, die uns in den Himmel hoben, wie Päpste. Die Reliquie, die ja eh geklaut war, mußte zurück, dahin wo sie ursprünglich herkam. Folglich lieferten wir sie in Osho's Ashram in Poona ab, in dem Vertrauen, daß sich bisher immer alles durch loslassen und fließen weiterentwickelt hatte, und der Bau spiritueller Orgongeräte von jedem Menschen, völlig unabhängig von uns, durchgeführt werden müßte.

Urplötzlich war dann, dank der Hilfe Sogyal Rinpoches (eines zeitgenössischen tibetanischen Meisters) das „Füllhorn" da. Das „Füllhorn", ein Einwegglas, in das wir eine Dai Komio-Kalligraphie und das Amulett des Atisha stellten, konnte schon vielmehr, als alle vorherigen Geräte. Auf den Fußboden gestellt, versorgte es uns mit Lebensenergie und schaltete nebenbei noch Erdstrahlen und Wasseradern aus, es konnte Trinkwasser lebendig machen und unsere Lebensmittel energetisieren.

Jedes Geheimnis, das sich einem entdeckt, will geteilt und veröffentlicht werden. Was nicht geteilt wird, erdrückt und verdirbt den Finder. Teilen ist einfach eine Riesenfreude. Freude, Liebe, Lebensenergie teilen bringt wiederum mehr Freude, mehr Lebensenergie und mehr Liebe, macht Körper, Geist und Seele frei für neue, noch wunderbarere Findungen. Und so kam es zur Geburt des Christus Generators.

Wir nahmen einen Schuhkarton, beklebten seine sämtlichen Außenseiten mit schwarzem Papier und sämtliche Innenseiten mit Aluminiumfolie. Obenauf, auf die Mitte des Deckels, legten wir das Christusbild vom Turiner Grabtuch. Dieses Foto hatte uns schon seit Jahren begeistert durch die ungeheur liebevolle Energie, die durch Jesu-Augen zu strömen schienen. Wir wußten, daß das Foto ein authentisches Tor zu Christus ist. Es setzt sich halt zur richten Zeit alles immer ganz von alleine zusammen.

Mit dem Christus Generator können wir jetzt die verschiedensten Materialien und Hilfsgeräte zur Wiederbelebung von Mensch und Natur aufladen.

Ein Riesenspaß, der nie aufhört und sich fortwährend weiterentwikkelt.

Bauanleitungen und Erläuterungen zur Spirituellen Orgonomie folgen Stück für Stück in den folgenden Kapiteln.

Bauanleitung für den Christus Generator und die Hilfsmittel der Spirituellen Orgonomie

Der Christus Generator

Nimm einen Schuhkarton, beklebe seine sämtlichen Außenseiten mit schwarzem Papier und seine sämtlichen Innenseiten, einschließlich des Deckels, mit Alufolie.

Schließe den Karton und lege auf die Mitte des Deckels eine Kopie des Christusbildes in gleicher Größe, wie abgebildet.

Fertig ist der Generator!

Vielleicht hast Du Freude daran, Dich entspannt mit den Füßen parallel auf dem Boden, in den Sessel zu setzen, die Augen zu schließen und den „verrückten" Kasten, der vor dir auf dem Fußboden steht, auszuprobieren und zu genießen.

Wahrscheinlich wirst Du Dir, genau wie wir beim ersten Mal, vor Erstaunen und Freude an den Kopf fassen. Dann wird Dich die Neugier packen. Du beginnst die Hilfsgeräte der Spirituellen Orgonomie zu bauen und wirst sie für 45 Minuten in den Christus Generator legen.

Die Hilfsmittel

Die Christus-Lampe

Du klebst eine normale, klare Glühbirne in die Öffnung eines ca. 8 cm hohen Glases mit ca. 7 cm Durchmesser und lädst sie für 45 Minuten im Christis Generator auf.

Die Funktionen der „Christus-Lampe" sind folgende: Aus unerklärlichen Gründen zieht das Vakuum der Glühbirne in der aufgeladenen „Christus-Lampe" sehr stark Lebensenergie an, transformiert statische Energie und Elektrosmog zu Lebensenergie und gibt haupsächlich über den Boden des Glases die spirituelle Orgon-Energie permanent und unerschöpflich ab.

Auch neutralisiert sie Wasseradern und Erdstrahlen, wenn sie in der Mitte eines ca. 50 cm Durchmesser großen Kreises aus blauer Pappe auf dem Fußboden steht. Diese Wirkung reicht für mehrere Zimmer. Wieso, wissen wir nicht. Falls Ihr möchtet, könnt Ihr das alles mit Wünschelrute, Pendel oder der Kineosologie austesten.

Optimal ist es, eine „Christus-Lampe" auf blauem Kreis permanent auf dem Fußboden Eures Meditations- oder Wohnzimmers zu haben.

Eine weitere „Christus-Lampe" steht auf der Arbeitsfläche in Eurer Küche, um Eure eingekauften Lebensmittel zu energetisieren.

Wie Ihr mit der „Christus-Lampe" sitzt wird später erläutert.

Das Christus-Plättchen

Schneidet einen fünf Zentimeter großen Kreis aus dünnem Plastik zurecht und bohrt ein Loch so hindurch, daß Ihr das Plättchen an einer Lederschnur um den Hals tragen könnt. Legt es nun zum Aufladen, wie bei allen anderen Geräten für 45 Minuten in den geschlossenen Christus Generator.

Das „Christus-Plättchen" wird auf der bloßen Haut auf dem Herzchakra getragen.

Es hat beim wieder in den Fluß kommen eine ungeheuer starke Hilfsfunktion für die Wirkung der „Christus-Lampe" und für die heilsame Entwicklung der Reiki-Kraft.

Ihr fragt Euch jetzt vielleicht, wieso ist das „dumme Ding" aus Plastik, diesem widerlichen unspirituellen Material? Probiert es ganz einfach aus und Ihr werdet den Unterschied spüren. Die aufgeladenen Plastikscheiben funktionieren, aus uns unbekannten Gründen, viel effektiver als irgendwelche Kristalle, Edelsteine oder Schmuckstücke.

Das Wesen der Spirituellen Orgonomie

„Wo viel Licht ist,
ist auch viel Dunkelheit."
(Altes Testament)

Wir alle haben das Glück, das ungeheure Priveleg und das damit einhergehende tiefe Leiden im aufregendsten Jahrhundert seit Menschengedenken zu leben.

Alles ist im Wandel. Die Technik macht riesen Sprünge. Sämtliche, althergebrachte, starre Lebensformen und Verhaltensmuster brechen auf. Wir können reisen wohin wir wollen, arbeiten, was wir wollen, oder auch nicht arbeiten, zusammenleben mit wem wir wollen, tun und lassen was wir wollen, solange wir niemand anderem damit schaden.

All dies bringt große Unsicherheit und Verwirrung mit sich. Die alten Zwänge und gesellschaftlichen Verpflichtungen greifen nicht mehr, wir sind im Chaos.

Es ist uns zum ersten Mal seit Menschengedenken erlaubt, ernsthafte, fließende, herzliche und sexuell erfüllte Menschen zu sein. Diese Freiheit überfordert uns und sie muß uns überfordern, denn sie steht im absoluten Widerspruch zu unserer lieblosen Zeugung, Kindheit und Jugend. Mittendrin stehen wir, zerrissen zwischen Altem und Neuem, als „Gürteltiere", noch geprägt von den Zwängen und Unmenschlichkeiten, in denen unsere Eltern, Großeltern fest und unverrückbar steckten. Diese Spannung zwischen Lebensfreude und überholter, anerzogener Lebensverneinung macht uns alle krank. Es sind not-wendige Krankheiten, denen wir uns nur solange hilflos ausgeliefert fühlen, wie wir sie nicht als Ganzes, als zusammenhängenden, lebensbejahenden Prozeß verstehen und uns die Möglichkeit und praktische Anwendung der Spirituellen Orgonomie zur Auflösung der inneren Spannung nicht bewußt ist.

Spirituelle Orgonomie ist die Wissenschaft des Begreifens der inneren Spannung und des wieder Lebendigwerdens.

Sie benötigt keine Therapeuten, kann alleine mit Gleichgesinnten, unter Freunden, in der Partnerschaft oder Selbsthilfegruppen erfahren und gelebt werden.

Homöopathie, Akupunktur, Fußreflexzonenmassage können diesen Vorgang unterstützen, aber niemals ersetzen.

Ohne die liebevolle Bestandaunahme unserer chronischen Disharmonie oder Spannung und die Zufuhr von Lebensenergie durch den Christus Generator und seine Hilfsmittel gibt es keine wirkliche Gesundheit, kein wirkliches Fließen und Freuen. Dies ist nicht mehr und nicht weniger als eine Tatsache.

Also laßt uns nun Bestand aufnehmen.

Wir sitzen alle in einem Boot.

Bestandaunahme

Wir nehmen vielleicht allein, vielleicht mit Freunden, das „Diagramm der 'Vergangenheit'" in die Hand, schauen uns an, wo wir jetzt in diesem Moment stehen, welches Leiden uns plagt, seien es Rückenschmerzen, Krebs, Aids, Depressionen oder was immer gerade im Vordergrund zu stehen scheint.

Dann gehen wir langsam zurück in unserem Leben und werden, wenn wir im Kleinkindalter angekommen sind, eine ganze Reihe scheinbar zusammenhangsloser Erkrankungen vor uns haben. Wir fassen uns vor Erstaunen an den Kopf, denn irgendwie, mit kleinen, unwichtigen Abwandlungen sieht das selbsterstellte „Diagramm der 'Vergangenheit'" bei uns allen gleich aus.

Wir sitzen ja wirklich alle in einem Boot.

Es fällt uns wie Schuppen von den Augen. Wenn all das einen Zusammenhang hat, sind wir ja keine hilflosen Opfer mehr, können wir diesen Prozeß ja, in welchem Stadium auch immer, umkehren. Denn haben wir nicht alle Hände und Füße?

Unsere Neugier ist geweckt. Und freudigen Herzens, aber mit gesunder Skepsis machen wir uns an die Auflösung.

Die Auflösung

Vor uns auf dem Boden steht die „Christus-Lampe", auf dem Herzchakra tragen wir das „Christus-Plättchen" und halten vielleicht noch zusätzlich, durch den Christus Generator aufgeladene Walnüsse, Kastanien, Tannenzapfen oder andere aufgeladene Handschmeichler, in den Händen.

Unschuldig, neugierig sitzen wir entspannt mit beiden Füßen auf dem Boden in unserem Sessel und harren der Dinge, die da kommen oder aucht nicht kommen.

Wir sind geduldig mit uns selbst, denn wir wissen, daß wir langsam und behutsam wieder lebendig werden, daß das Unwohlsein, das uns so lange begleitet hat, ja gar nicht von jetzt auf gleich verschwinden darf. Der Prozeß des Lebendigwerdens möchte sich ja über Wochen und Monate langsam, langsam, sanft und freudig in uns entfalten.

Vielleicht spüren wir nach ein paar Minuten ein wohliges, unerkläliches Kribbeln und Wärmegefühl in den Händen, vielleicht auch in den Füßen, vielleicht vermeinen wir „nichts" zu spüren. Dieses „nichts" aber ist das passive Aufgeladenwerden eines extrem energiearmen Körpers und es kann bis zu drei Wochen bei täglich mindestens 30 minütigem Sitzen mit der „Christus-Lampe" dauern, bis wir soweit aufgeladen sind, das heißt unser Energieniveau wieder hoch genug ist, um die Sensation des wohligen Kribbelns in den Händen oder Füßen zu fühlen. Sind wir in dieser Zeit, wo „nichts" passiert aufmerksam, werden wir feststellen, daß viel passiert. Vielleicht schlafen wir besser, lachen öfter, vielleicht haben unsere Augen mehr Glanz, vielleicht gluckert es häufig im Bauchraum. So verschieden wie wir Menschen, können diese Veränderungen sein.

In den nächsten Wochen und Monaten werdet Ihr staunend beobachten, wie langsam, langsam die Lebensenergie wieder durch Euren gesamten Körper fließt. Ihr entdeckt, daß Ihr lebendige warme Füße habt, mit beiden Beinen auf der Erde steht.

Ihr stellt fest, daß manche Teile von Euch wie tot, abgeschnitten, leblos sind, wie das Fließen in diesen Körperpartien scheinbar zum Stehen kommt. Aber auch hier kommt nichts zum Stehen. Die toten, gefühllosen Körperpartien saugen sich sanft und langsam mit Lebensenergie voll, bis von einem Tag zum anderen das Fließen auch in diesen Partien einsetzt.

Das „Gürteltier" wird wieder zum Delphin.

Nach einigen Monaten steht Ihr vielleicht gerade auf einer Wiese und bemerkt, daß Ihr lebendig seid, fließend und freuend mit Mutter Erde und Vater Himmel verbunden. Dieses Fließen und wohlige Strömen, diese Unschuld und sinnliche Lebensfreude will ein Leben lang gehegt und gepflegt werden und Ihr sitzt jetzt erst recht täglich bis an Euer Lebensende mit der „Christus-Lampe".

Gleichzeitig wird Euer Geist klar und fließend, Eure Gefühle eindeutig und tief. Ihr verliert die Furcht vor dem anderen Geschlecht, wißt auf einmal ganz selbstverständlich, wer zu Euch paßt und wer nicht.

Vielleicht fangt Ihr an Euch zu kleiden, wie es Euch wirklich gefällt, Musik zu hören, die ein Herz erfreut, eben das zu tun, was Euch gut tut. Ihr mögt Euch selbst immer mehr und somit auch Eure Mitmenschen.

Wir sitzen wirklich alle in einem Boot, als Kinder der Mutter Erde, umhüllt vom unendlichen, liebevollen Universum.

Auch uns Zwischengenerationen, die wir uns noch im „Diagramm der 'Vergangenheit'" wiederfinden und uns mit Hilfe der Spirituellen Orgonomie wiederbeleben, ist das „Diagramm der 'Zukunft' " nicht verbaut. Im Gegenteil, je nachdem, wie alt wir sind, machen wir die Phasen der monogamen, hingebungsvollen und erfüllten Heterosexualität, der Kreativität und letzendlich der Erleuchtung, eben entsprechend später mit und legen damit den Grundstock eines von Anfang an gesunden Lebens unserer Kinder und Kindeskinder.

Das Diagramm der „Zukunft"

bewußt gewünschte Schwangerschaft einer fließenden Mutter in einer liebevoll erfüllten Partnerschaft
I
in der Regel Hausgeburt
I
für Mutter und Kind tief erfüllendes Stillen, bis das Bedürfnis des Kindes langsam abnimmt und dann versiegt
I
sexualbejahende und anerkennende Kindheit, Freude an der Natur, Mitgefühl, tiefes moralisches Verhalten von Innen heraus, Freude an der ersten Menstruation, bzw. dem ersten Samenerguß
I
bis zum ca. 21. Lebensjahr eine mehr oder weniger rasche Abfolge von erfüllten, monogamen, genitalen, heterosexuellen Beziehungen, Ernsthaftigkeit, Spontanität, Gewaltlosigkeit, Kreativität auch für das Berufsleben entwickelt sich von alleine, Beginn von monogamen, gleichaltrigen heterosexuellen Lebensabschnittspartnerschaften, die auch viele Jahrzehnte bestehen können
I
hohe Flexibilität im Berufsleben, der jeweils ausgeübte Beruf ist Berufung, Harmonie von Mensch und Umwelt, tiefe Liebe zu den Buddhas
I
um das 49. Lebensjahr herum, natürliche Erleuchtung der Partner, Buddhaschaft auf Grund eines fließenden, kreativen, sexuell erfüllten, hingebungsvollen Lebens
I
ewiger Frieden, Himmelreich Gottes auf Erden

Die Aufgabe und Stellung des Therapeuten in der Spirituellen Orgonomie

Obwohl uns klar ist, daß die Spirituelle Orgonomie auf Dauer die Menschheit von den Heerscharen der Fachärzte (außer der Notfallmedizin natürlich!), Psychologen, Heilpraktiker und sonstiger Herumdoktorologen befreien wird, sind wir uns bewußt, daß zur Zeit die Begleitung des Gesundungsprozesses durch einen fließenden Mitmenschen des gleichen Geschlechts sehr hilfreich sein kann.

Zum ersten, kann er durch Kombinationsbehandlungen von Reiki und der „Kunst des Besprechens" dem Gesundungsprozeß eine gewisse Anschubskraft verleihen, bzw. gesundungshemmende Faktoren wie Herpes-Erkrankungen, Schmerzen etc. beseitigen.

Es sollten bei akuten, schulmedizinisch abgeklärten Schmerz- und Symptomzuständen zunächst drei Sitzungen an aufeinanderfolgenden Tagen erfolgen, darauhin drei Behandlungen im Wochenabstand, eine nach zwei weiteren Wochen und eine abschließende einen weiteren Monat später.

Zweitens kann er den Gesundenden, falls dieser keine andere Möglichkeit hat, zur Unterstützung in die Praxis von Reiki einführen. Denn das Handauflegen beim Reiki optimiert und erleichtert den Gesundungsprozeß mit der „Christus-Lampe".

Drittens haben viele Menschen immer noch niemanden, dem sie sich anvertrauen können und der ihnen auf dem Weg zur Gesundheit aufmunternd zur Seite steht.

Aus Gründen der Menschenliebe und tiefen Respekts, behandeln Männer ausschließlich Männer und Frauen ausschließlich Frauen.

Mißbrauch geht nur eine Therapeutin etwas an, Ejakulationsprobleme nur den männlichen Therapeuten. Ansonsten entsteht ein heilloses Durcheinander von Projektionen und Gesundungswiderständen, das aussichtslos und nicht überwindbar ist.

Es ist äußerst wichtig, daß Therapeut und Gesundender während des Zeitraums der Begleitung keinen privaten Kontakt miteinander haben.

Auch dies führt, auf Grund langjähriger Erfahrung, nur zu Kuddelmuddel und Gesundungswiderstand.

Die Arbeit des Therapeuten, das heißt der kurzzeitige Anschub der Gesundung, beinhaltet für diese kurze Zeit von acht Wochen ein eher verzichtbares Drittel der Arbeit. Er begleitet kurzfristig, obwohl es eigentlich nicht nötig ist.

Die Gesundung entwickelt sich zu Hause beim täglichen Genuß mit der „Christus-Lampe", dem „Christus-Plättchen" und der Reiki-Praxis.

Wir hoffen inständig, daß Ihr uns entbehren könnt und wir uns mit der Möbeltischlerei beschäftigen können. Spaß muß sein!

Lebensbejahende Sexualität

Die Menschen der Vergangenheit lebten in einem furchtbaren Gefängnis. Die Männer führten Kriege, mordeten, brandschatzten, vergewaltigten. Die Frauen waren dazu verdammt am Herd zu vegetieren, der Willkür der Männer ausgeliefert, genau wie die Kinder, die von den resignierten, verhärmten Müttern im Stich gelassen wurden, von den Vätern mißhandelt und mißbraucht.

Es gab weder fließende, kreative Männlichkeit, noch strömende, liebende Weiblichkeit.

Da war nur Grausamkeit und Resignation.

Alle waren gefangen als Opfer von Opfern von Opfern starrer, toter Verhaltensmechanismen. Es gab keine Sexualität.

Da war nur Abspritzen und Frigidität.

Es gab keine Heterosexualität, denn Heterosexualität ist die liebevoll strömende, erfüllende, genitale Umarmung von Mann und Frau.

Da war nur Abscheu und Ekel.

Wen wunderts da, daß in unserem aufregenden Jahrhundert Jungs nicht so sein wollen wie ihre Väter, Männlichkeit gleichsetzen mit Gewalt, Weiblichkeit ablehnen, weil ihre Mütter nie weiblich waren.

Wen wunderts da, daß von ihren Vätern mißachtete und mißbrauchte und von ihren Müttern im Stich gelassene Mädchen ihre eigene Weiblichkeit ablehnen und sich den Männern nicht hingeben können. Der Lebenshunger und der Wunsch nach erfüllter liebevoller Sexualität aber wollen gelebt werden. So zeigt sich uns die weite Verbreitung von Homosexualität und lesbischen Beziehungen als ein notwendiger, lebenswichtiger Schritt heraus aus dem Gefängnis der Vergangenheit.

Wird nun in dieser Übergangsphase in der wir leben, erst einmal Vertrauen und Liebe zum gleichen Geschlecht möglich, wobei wir ja in allen diesen Beziehungen ein weiblich-männliches Rollenspiel finden, sind die Voraussetzungen für wirkliche Heterosexualität gegeben. Das soll nicht heißen, daß jeder Mensch durch eine aktive homosexuelle Phase gehen muß, nur ist es für viele von uns der einzige Weg raus aus dem Gefängnis, bevor wirkliche Heterosexualität gelebt werden kann. Also eine phasenweise Not-Wendigkeit.

Der Weg in und aus dem sexuellen Gefängnis

Patriarchat

I

Machotum, Haß auf Weiblichkeit

I

Vergewaltigung, Frigidität, lebens- und liebesfeindliche Religionen und Philosophien

I

Abscheu, Ekel, Atombomben, Chlorchemie etc.

I

Auflehnung gegen und Ablehnung der überlieferten Geschlechterrollen in unserem Jahrhundert

I

massenhaftes Auftreten und Bekenntnis zur Homosexualität

I

Heterosexualität, Ökologie

I

spirituell orgonomische Gesellschaft

Der sexuelle und emotionale Notstand

Bestandaufnahme und Auflösung an Hand von Patientengeschichten

„Vergib ihnen,
denn sie wissen nicht was sie tun."
(Jesus)

An Hand von typischen Patientengeschichten aus der spirituell-orgonomischen Praxis wollen wir Eure eigene „Bestandsaufnahme" erleichtern. Euer Verständnis des „Diagramms der 'Vergangenheit' " wird sich vertiefen, Ihr werdet Ursachen und Folgen der Vergürteltierung verstehen und im Prozeß der Auflösung Euch selbst und Euren Eltern verzeihen. Hier ist kein Platz für Schuldgefühle und Schuldzuweisungen, denn Ihr hattet in der Vergangenheit keine andere Wahl, als „Gürteltiere" zu sein.

Schon in der Schwangerschaft „vererbtet" Ihr übernommene Verhaltensmuster an Eure Kinder, die dann in der Schulmedizin auf die Gene geschoben werden. In Wirklichkeit aber sind das familiär häufige Auftreten von Krebs, Schilddrüsenerkrankungen, Neurodermitis, Asthma, Augen- oder sonstiger -geschichten, reine Gürteltiermechanismen. Somit sind wir nicht hilflos der Lüge der Gene ausgeliefert, sondern können, egal wo wir stehen, raus aus dem Gefängnis der Vergangenheit und wieder anfangen zu fließen. Wir sitzen alle in einem Boot.

Schwangerschaft

Schwangerschaft ist der wunderbare, beglückende Prozeß, einem neuen Menschenkind auf die Welt zu helfen.

Dies ist unserer Schwangeren bewußt, sie wird nicht die Fehler der Vergangenheit wiederholen, an denen sie selbst zu leiden hatte, bis sie wieder fließend und frei wurde.

Sie ist kreativ, selbständig und hingebungsvoll. Sie hat Lebens- und Liebeserfahrungen, strotzt vor Lebensenergie.

In der Vergangenheit sah leider alles ganz anders aus.

Eine 21 jährige Studentin.

Sie klagt über sehr unregelmäßige, schmerzhafte Menstruation und sehr starke Akne. Als erstes Kind und Enkelkind hatte sie ein Junge werden sollen. Sie ist hager, leidet an kalten Füßen und Händen.

Erste sexuelle Partnerschaft mit 19 Jahren, die sich recht und schlecht bis in die Gegenwart hinzieht. Starker Kindeswunsch.

Im Verlauf der Therapie werden Hände und Füße warm, dann verschwinden Akne und Menstruationsbeschwerden. Sie versteht den Kindeswunsch als Ersatz für ihre eigene lieblose Kindheit, bricht die oberflächliche Beziehung ab und löst sich von der überstarken Bindung an den eigenen Vater durch Fortsetzung des Studiums in einer viele hundert Kilometer entfernten Stadt.

Ein zwanzigjähriges liebevolles Paar.

Sie ist im fünften Monat schwanger, leidet unter Rückenschmerzen, kalten Füßen, Perspektivlosigkeit im Berufsleben und unter starken Ängsten, ihr werdendes Kind könne wie das erste schon im Vorschulalter sterben. Die Schwangerschaft erlebt sie als belastend, fühlt sich widerlich unförmig und hofft, daß alles schnell vorbei ist.

Beide Partner benutzen die „Christus-Lampe" und die „Christus-Plättchen", bekommen außerdem eine Einführung in die Reiki-Praxis und legen sich täglich gegenseitig die Hände auf.

Sie bekommt warme Hände und Füße, die Rückenschmerzen verschwinden und machen Freude an der Schwangerschaft Platz.

Sie genießt ihr Rundsein und hat eine Töpferlehre in Aussicht.

In diesem Fall war die Partnerschaft in Ordnung, das wieder ins Fließen kommen durch die Spirituelle Orgonomie löste den falschen Kindeswunsch auf Grund eigener Perspektivlosigkeit auf und das Kind kam später in einer freudigen Hausgeburt zur Welt.

Ein 26 jähriges Akademikerpaar.

Sie sind beide berufstätig und die Ehe krieselt stark.

Die Frau hat dem ewigen Drängeln ihres Mannes nachgegeben und ist im zweiten Monat schwanger.

Er hat mit 25 Jahren zum ersten Mal Geschlechtsverkehr gehabt und sie haben sofort geheiratet. Eigentlich fühlt er sich eher jungen Männern hingezogen.

Sie sitzen jeder für sich mit „Christus-Lampe" und „Christus-Plättchen".

Nach vier Wochen trennen sie sich im gegenseitigen Einvernehmen und es erfolgt eine Abteibung.

Auch in diesem Fall entwickelte sich, wie immer durch die Spirituelle Orgonomie, ganz von selbst das Richtige.

Kindheit

Das Kind unserer bewußt Schwangeren durchlebt eine herrliche, wahrhaft liebevolle Kindheit. Es bekommt lustvoll die Brust, so oft und wann es ihm danach verlangt.

Die Kontrolle über seinen Stuhlgang ergibt sich ganz von selbst durch natürliche Nachahmung. Dann erfreut es sich stolz an seinen Genitalien. Es ist lebendig, neugierig und lernfreudig und erkennt seine Grenzen.

In der Vergangenheit aber sah alles ganz anders aus.

Eine Mutter mit einer sechsjährigen Tochter aus erster Ehe.

Die Ehe war sehr unglücklich, sie wurde häufig von ihrem Mann geschlagen. Das Kind war eine Frühgeburt, landete im Brutkasten und wurde nie gesäugt.

Das Mädchen war sehr klein für ihr Alter, litt unter Kältegefühl am ganzen Körper, chronischer Blasenentzündung, Kontaktarmut und Antriebslosigkeit.

Die Mutter litt an kalten Füßen, Rückenschmerzen und Angstzuständen. Sie war im Alter von fünf Jahren von ihrem Onkel sexuell mißbraucht worden.

Die Tochter bekam ein „Christus-Plättchen" verschrieben, die Mutter zusätzlich eine „Christus-Lampe" und eine Einweihung in Reiki.

Da der Weg der Gesundung der Tochter nur über vorherige Gesundung der Mutter gehen konnte, kam die Mutter von jetzt ab alleine in die spirituell orgonomische Praxis. Nach ca. vier Wochen stellten sich warme Hände und Füße ein, dann verschwanden Rückenschmerzen und Ängste, sowie tiefe Schuldgefühle gegenüber ihrer Tochter. Es konnte sich jetzt ein liebevoller, fließender, orgonomischer Kontakt von der Mutter zur Tochter aufbauen, in dessen Verlauf das Kind immer weiter „auftaute", sich erwärmte und Lebensfreude entwickelte.

Da die Mutter ihre eigenen Mechanismen : vergewaltigender Onkel - schlagender Ehemann durchschaut hatte, war sie in der Lage eine glückliche, wirkliche Partnerschaft einzugehen.

Ein Vater und sein siebenjähriger Sohn.

Das vorher sehr lebendige Kind litt seid einigen Wochen an starker Unruhe und aggressiven Ausbrüchen. Dazu war Nägelkauen gekommen.

Wir beobachteten bei dem Kleinen, daß die linke Hand immer zum Mund wollte, dann aber kurz vorher mit einem Schreck in den Augen abgebremmst wurde, er dann anfing mit den Füßen zu zappeln oder sich an den Oberarmen kratzte.

Der Vater, dem selber das Nuckeln verboten worden war und dessen Fingernägel abgekaut waren, hatte seinem Sohn zum Schuleintritt das Nuckeln untersagt und somit die oben genannten Symptome hervorgerufen. Da er ein ehrlicher Mensch war, entschuldigte er sich noch in der Praxis bei seinem Sohn für sein unbedachtes und krankmachendes Verhalten, worauf der Sohn glücklich den Finger in den Mund steckte.

Lustvolles Nuckeln ist eine wichtige Liebesquelle und vergeht von selbst spätestens bei Einsetzen der Pubertät.

Der Vater wurde alleine weiterbehandelt und verlor im Laufe der Gesundung sowohl das Nägelkauen, als auch die Angewohnheit seine Schultern krampfhaft nach vorne zu ziehen.

Eine alleinerziehende Mutter mit ihrer dreijährigen Tochter.

Sie litt an starker Neurodermitis, Schilddrüsenüberfunktion, häufigen Magenschmerzen, Skoliose, kalten Händen und Füßen.

Die Tochter klagte über Bauchweh und hatte ebenfalls starke Neurodermitis.

Wie immer hatten wir die üblichen Furchtbarkeiten vor uns. Das unbewußte Weitergeben von Verhaltensmustern von Generation zu Generation, die dann von der Schulmedizin zur genetischen Vererbung zerlogen werden.

Da auch diese Patientin die Zusammenhänge freudig begriff, begann sie unter unserer Anleitung Spirituelle Orgonomie zu praktizieren und in dem Maße, in dem sie wieder ins Fließen kam verschwanden automatisch auch die Symptome ihrer Tochter.

Zur Unterstützung wurde sie in Reiki eingeweiht, lernte sich selbst wieder liebevoll zu berühren und als Frau zu lieben, denn ihre chronisch eifersüchtige Mutter hatte ihre Weiblichkeit schon im Kindesalter runtergemacht, was zum Beispiel in der Benennung des Vaginalbereiches als Vorderpopo gipfelte.

Ein offenes lebendiges Ehepaar aus der Arbeiterschicht.

Sie hatten von der Spirituellen Orgonomie gehört und wollten einfach noch mehr Freude an ihrem Leben haben.

Hier reichte natürlich eine kurze Einweisung in die Spirituelle Orgonomie und wie man sich gegenseitig in Reiki einweihen kann.

Im Verlaufe des Gespräches erzählten sie, daß ihr dreijähriger Sohn ab und an, stolz und freudig auf seinen kleinen, eregierten Penis, nackt durch die Wohnung lief, weswegen er von der fünfzigjährigen, unverheirateten, altjungfräulich verdorrten Schwester des Mannes gescholten werde und auch sie von der Schwester zu hören bekam, wie sie solch einen Schweinkram dulden könnten.

Sie sahen darin aber nur die lebensbejahende Freude des kleinen Mannes, untersagten der Schwester von da an ihre schweinischen Einmischungen und empfahlen ihr, sich endlich einen Mann oder eine Partnerin zu suchen.

Jugend

Unser Menschenkind ist mitlerweile zu einem jugendlichen Menschen herangewachsen. Es verliebt sich und macht beglückende erste sexuelle Erfahrungen. Über alles kann zwanglos mit den Eltern geredet werden, die begleitend und beratend da sind und sich mitfreuen.

Ein neunzehnjähriger Jugendlicher

Er wurde nur knapp drei Monate widerwillig von seiner Mutter gestillt, verbrachte im Alter von neun Monaten mehrere Wochen im Krankenhaus auf Grund eines Abzesses über dem Auge, es wurden ihm die Arme festgebunden, um das Aufkratzen zu verhindern.

Im Alter von zwei bis vier Jahren wurde er von seiner Mutter täglich abends im Bett festgebunden, da er nicht schlafen wollte. Daraus entstand Bettnässen, das mit dem Einsetzen der Pubertät verging.

Er bekam fortwährend Schläge. Es entwickelten sich ein Rundrücken und ständig vergrößerte Pupillen auf Grund permanenter Angst.

Er schmiß die Schule und rutschte in die Punk- und Drogenszene ab. Mit 18 Jahren erlebte er seine Entjungferung als sehr unlustvoll, da er furchtbare Angst hatte zu früh zu kommen. Trotz seiner furchtbaren Lebensgeschichte hatte er sich irgendwie eine Offenheit und Lebendigkeit erhalten und nicht aufgegeben, so daß die Spirituelle Orgonomie fabelhaft anschlagen konnte.

Innerhalb weniger Monate war er imstande erfüllende sexuelle Erfahrungen mit einer Partnerin zu machen. Als diese Beziehung zu Ende ging, verfiel er nicht in Depression, sondern war guten Mutes, daß bei einem fließenden Menschen die nächste Beziehung noch fließender wird und konnte in dieser Zwischenzeit ohne Schuldgefühle onanieren.

Er ging auf dem Bau arbeiten, lernte wunderbar Musizieren und freute sich auf seinen Ersatzdienst.

Sein Gang wurde immer aufrechter, knubbelartige Verwachsungen im Brustwirbelbereich weichten auf und verschwanden.

Ein sechzehnjähriges Mädchen und ihr zwanzigjähriger Freund.
Der Freund hat schon eine eigene Wohnung, während sie als Schülerin noch bei ihrer Mutter wohnt. Direkt, als sie sich setzen sagt sie: "Wir sind jung und wir wollen lernen glücklich zu sein." Die beiden sind offen und ehrlich, so wie man es glücklicherweise in unseren 90er Jahren sein kann. Sie berichtet von kalten Füßen, schmerzhafter Menstruation und daß sie sich während der genitalen Umarmung nur bis zu einem gewissen Punkt hingeben könne, weil dann immer vor ihrem inneren Auge das strafende Gesicht ihrer Mutter auftauche und sie dann ganz kalt werde. Die Mutter, eine sehr ehrgeizige, alleinstehende Psychologin, die eine Weile mit einem 40 Jahre älteren Mann unglücklich verheiratet war, hatte der Tochter immer wieder eingebleut, sie solle sich ja kein Kind machen lassen und die schmutzigen Männer wollten eh immer nur das Eine.

Sie war sich bewußt, daß die kranke Einstellung der Mutter ihre eigene Sexualität blockierte. Sie wünschte sich nichts mehr, als mit ihrem Freund, den sie aufrichtig liebte, in der genitalen Umarmung hingebungsvoll zu verschmelzen. Sie war sehr attraktiv, empfand aber ihre Brüste als zu groß und ihre Beine als zu kurz und behaart. Und lachte im Gespräch darüber, wie absurd es doch sei, daß niemand sich leiden könne. Der Freund mochte sie so, wie sie war. Aber er hielt sich selbst für zu dünn und mit seinem noch spärlichen Bartwuchs als nicht männlich genug. Beim Liebesakt befürchtete er immer nicht potent genug zu sein und er müsse seiner Freundin durch dies und jenes Rumgeturne etwas bieten. Sein Vater, ein athletischer Arzt, der ihn zum Betriebswirtschaftsstudium gezwungen hatte, pflegte ihm bei der Begrüßung die Hand zu zerdrücken, machte ihn runter als dürren Hänfling und gab mit seiner vermeintlichen Potenz an.

Sie genossen mit wachsender Begeisterung die „Christus-Lampe" und die „Christus-Plättchen" und weihten sich gegenseitig in Reiki ein. Im Laufe der spirituell orgonomischen Praxis verlor sie die kalten Füße, die Menstruationsbeschwerden und die Furcht vor der Mutter. Sie gab das von der Mutter erzwungene Querflötenspiel auf und lernte statt dessen mit großer Freude Geige. Auch die Schule fing an ihr richtig Spaß zu machen. Er begann sich selbst als erwachsenes, männliches Wesen zu akzeptieren, verzichtete auf die sehr hohen, monatlichen, finanziellen Zuwendungen seines Vaters und wurde, was er schon immer wollte, Kindergärtner. Die Trichterbrust, die er auf Grund der Lieblosigkeit seiner Kindheit erworben hatte, bildete sich durch das Tragen des „Christus-Plättchens" vollständig zurück. Ihr Liebesspiel wurde immer entspannter, fließender, so daß sich der Orgasmus von selbst einstellte.

Ein sechzehnjähriges Mädchen.

Während ihre Mutter auf Grund eines Nervenzusammenbruches einige Wochen in einer psychatrischen Klinik verbrachte, wurde sie als neunjähriges Kind von ihrem Vater wiederholt vergewaltigt. Sie war nicht in der Lage sich jemandem anzuvertrauen, bis sie ihren ersten Freund traf, mit dem sie in ein erfüllendes Liebesleben eintauchen wollte. Trotz stärkstem Wunsch zur sexuellen Vereinigung, war es ihr nicht möglich mit ihm zu schlafen. Da sie sich wirklich geliebt fühlte, vertraute sie sich ihrem Freund an. Der tat das einzig Richtige und ging schnurstraks mit ihr zu ihrer Mutter. Die Mutter weigerte sich zuerst, die widerwärtigen Tatsachen anzuerkennen, willigte dann aber ein den Vater gemeinsam zur Rede zu stellen. Zu diesem gemeinsamen Gespräch kam es nie. Ja der Vater hatte sogar die Frechheit, der Tochter einen Strauß Rosen und eine Karte in ihr Zimmer zu stellen, auf der stand: „Ich liebe Dich".

Die Mutter versuchte alles unter den Tisch zu kehren und ließ ihre Tochter erbärmlich im Stich. Unsere Sechzehnjährige entwickelte daraufhin große Angst vor Dunkelheit, starke Zukunftsängste und wurde von Alpträumen gequält. Außerdem litt sie an kalten Füßen und Menstruationbeschwerden.

Trotz allem näherte sie sich behutsam, behutsam ihrem Freund und wollte ein glücklicher, strömender Mensch werden.

Mutter und Tochter praktizierten Reiki und die Spirituelle Orgonomie, woraufhin sich die Mutter bei ihrer Tochter aufrichtig für ihre Feigheit entschuldigte und der Kinderschänder veranlaßt wurde das Haus zu verlassen.

Die Tochter verzichtete auf eine gerichtliche Anklage unter der Bedingung, daß der miese Hund sich einer Langzeittherapie unterzog.

Ihre Füße wurden warm, Menstruationsbeschwerden und Ängste verschwanden, sie und ihr Freund erfreuten sich an hingebungsvoller, zärtlicher Sexualität.

Da die oben genannten Jugendlichen miteinander befreundet waren, bildete sich ein liebevoller, orgonomischer Kreis, der sich völlig unabhängig von uns ständig vergrößert.

Erwachsenenalter

Unser Mensch liebt, lernt, lacht und hat guten Mut in allen Dingen.

Ein fünfzigjähriger bekannter Autor esoterischer Sachbücher. Er hatte seit drei Jahren keinen Geschlechtsverkehr mehr gehabt, vergeblich versucht den sexuellen Druck mittels zehn Flaschen Bier täglich zu lindern und kürzlich einen leichten Herzinfarkt erlitten. Er berichtete von der akuten Zwangsvorstellung sein Samureischwert zu nehmen und jungen Türkinnen auf der Straße den Bauch aufzuschlitzen. Onanieren könne er nicht, denn das sei verbotener Schweinkram. Er beklagt, daß er früher beim Geschlechtsverkehr immer mindestens zwei Stunden brauchte, um zur Ejakulation zu gelangen. Auch sei ihm nichts widerwärtiger als Schwule und Frauen mit Bauch und hängenden Brüsten. Er selbst hatte einen stattlichen Bierbauch, eine Halbglatze und schlechte Zähne.

Die Spirituelle Orgonomie wurde nur begonnen, nachdem er freudig und erleichtert eingewilligt hatte, noch am selben Tag, zwecks akuten Abbaus seines Sexualstaus in den Puff zu gehen und dies wöchentlich oder vierzehntägig, solange zu wiederholen, bis seine Zwangsvorstellungen völlig verschwänden. Außerdem ließ er sein Schwert bei uns in der Praxis.

Es funktionierte! Sein Blutdruck sank, ebenso wie sein Alkoholkonsum. Er begann zaghaft zu onanieren und sein Haß auf Schwule legte sich. Seinen früher gefühlslosen kalten Penis nahm er als warm und kribbelnd wahr und kam jetzt nach einem angemessenen Zeitpunkt problemlos zum Erguß.

Nach drei Monaten Praxis der Spirituellen Orgonomie konnte er das Aufsuchen von Prostituierten einstellen und ging eine Partnerschaft mit einer gleichaltrigen Frau ein.

Ein vierzigjähriger verheirateter Facharbeiter.
Er litt an Magengeschwüren, Trichterbrust, kalten Füßen, kalten Händen, frühzeitiger Ejakulation und stotterte.

Er war als Kind häufig von seinem Vater verprügelt worden, die Mutter hatte ihm nie beigestanden und bis zum 18. Lebensjahr hatte er ins Bett genässt.

Später raste er auf schweren Motorrädern durch die Gegend, hatte mehrere Unfälle, wobei einmal seine Frau schwer verletzt wurde.

Die gleichalte Frau litt an Bulimie, kalten Händen und Füßen, starken Menstruationsbeschwerden und Frigidität.

Sie hatten von der Spirituellen Orgonomie gehört und wollten glückliche fließende Menschen werden. Dem stand nichts im Wege.

Ein fünfundfünfzigjähriger Maler und seine achtunddreißigjährige Frau.

Er hatte einen Herzinfarkt hinter sich mit anschließenden Bypass-Operationen, war stark übergewichtig und litt an Rückenschmerzen.

Sie sah sehr verhärmt aus, hatte Ischias- und Menstruationsbeschwerden, war von Migräne geplagt und ihre Hände und Füße waren voller Warzen.

Der gemeinsamen sechsjährigen Tochter ging es auch nicht viel besser.

Im Verlaufe der Gespräche und der Praxis der Spirituellen Orgonomie rückte er unter Tränen mit der Wahrheit heraus. Er hatte sich immer zu Männern hingezogen gefühlt und auch während der Ehe unter großen Schuldgefühlen zahlreiche homosexuelle Liebesbeziehungen unterhalten. Er hatte nur geheiratet, um als „normaler" Mensch in der Gesellschaft dazustehen und seine Karriere zu fördern. Seine über achtzigjährige Mutter pflegte er mit abgöttischer Haßliebe.

Seine Frau war als zwanzigjährige vor ihrem saufenden, schlagenden und sie begrabschenden Vater zu ihm geflohen und sah in ihm eher einen beschützenden Onkel. Vielleicht zehnmal hatte sie einen äußerst unbefriedigenden Geschlechtsverkehr über sich ergehen lassen, aus dem dann zur Wahrung des Scheins der heilen Welt die Tochter das Licht der Welt erblickte. Sie hatte während der Ehe mehrere Liebschaften, wobei sie bei jeder die Erkenntnis hatte, daß sich ihre Sexualpartner eher zu ihrem Mann hingezogen fühlten. Sie hatten ein großes Haus gebaut und versanken immer tiefer in ihren Lebenslügen.

Im Verlaufe des Wiederfließenlernens befreiten sie seine Mutter zuerst in ein Altersheim, er bekannte sich zu seiner Homosexualität, sie verkauften das Haus, Mutter und Tochter zogen nach der Scheidung in die nächstgelegene Stadt, wo sie als Redakteurin der Regionalzeitung zu arbeiten begann und sich mit warmen Händen und Füßen an wechselnden Beziehungen mit wirklichen Männern erfreuen lernte.

Eine dreiunddreißigjährige AIDS-kranke Frau.

Sie kommt mit einer generalisierten Gürtelrose und Todesangst völlig verzweifelt zu uns.

Zuerst wird die Gürtelrose, die bei Aidspatienten als Todesursache gefürchtet ist, innerhalb von wenigen Tagen durch die „Kunst des Besprechens" beseitigt, dann erst beginnt die Bestandaunahme.

Es ist das übliche Lied des Schreckens: aus einfachen Verhältnissen stammend, als Kind vernachlässigt und geschlagen, kalte Füße, kalte Hände, mit zwanzig von einem Fremden vergewaltigt, darauhin Heroinsucht und Beschaffungsprostitution und schließlich Aids.

Ihr Freund schlägt und vergewaltigt sie und ist ständig besoffen.

Im Verlaufe der Spirituellen Orgonomie ist sie (seit drei Jahren) beschwerdefrei.

Sie engagiert sich jetzt in der Aidshilfe, hat ihren Macker rausgeworfen und lebt mit einer ebenfalls HIV-positiven Frau zusammen.

Ein 35jähriger Mann, HIV-positiv.

Außerdem leidet er an gefühllosen, kalten, stark schmerzenden Füßen und chronischer Bronchitis.

Er wuchs bei seiner Oma auf und mußte mit dieser bis zu seinem 17. Lebensjahr in einem Bett schlafen.

Jetzt lebt er mit einem ebenfall HIV-positiven Partner zusammen.

Die Spirituelle Orgonomie greift gut, die Neuropathie an den Füßen verschwindet innerhalb von drei Wochen. Die Anzahl der T-Helferzellen steigt. Er hat das Gefühl, zum erstenmal in seinem Leben Füße zu haben.

Wir wollen auf keinen Fall behaupten, daß die Spirituelle Orgonomie Aids heilen kann, stellen aber fest, daß Aids eine Gesamt- und Enderkrankung der Lebensenergie ist, wie im „Diagramm der 'Vergangenheit'" beschrieben und aufgehalten, ja vielleicht sogar umgedreht werden kann. Hier aber sind die Selbsthilfegruppen der Betroffenen gefordert.

Eine 45jährige Angestellte.

Ein Mensch mit der üblichen schlimmen Geschichte: schon als Kleinkind wurde sie von ihrem Vater abgelehnt, der einen Jungen wollte. Sie litt im Kindesalter an ständigen Kopfschmerzen und häufigen Mandelentzündungen. Die Menstruation setzte mit 18 Jahren ein. Den ersten, aber unbefriedigenden Geschlechtsverkehr erlebte sie mit 21 und heiratete diesen Mann.

Mit 23 Jahren wird ein Gebärmutterhalskarzinom operiert und sie läßt sich scheiden.

Dann folgt ein chronisches Magengeschwür, linksseitige Ischiasbeschwerden und im Alter von 40 Jahren Trennung vom zweiten Sexualpartner.

Mit 44 Jahren entwickelt sich ein bösartiger Tumor zwischen Scheidenwand und Schließmuskel, der mittels Bestrahlung und Chemotherapie zurückgedrängt wird.

Zum Zeitpunkt des Eintauchens in die Spirituelle Orgonomie leidet sie an chronischen Magenschmerzen, Blasenschwäche, Rückenschmerzen und natürlich kalten Füßen und Händen. Ihre eigene Weiblichkeit ist ihr völlig fremd.

Im Laufe der Spirituellen Orgonomiepraxis verschwinden die Symptome, Hände und Füße werden warm und ein wohliges Kribbeln wird im Bauch verspürt, einhergehend mit einer vorsichtigen und noch zaghaften Öffnung hin zur Weiblichkeit.

Eine 34jährige Frau.

Sie kommt nach einer Totaloperation der linken Brust zu uns.

Sie hat kalte Füße und Hände, erzählt über ihre unbefriedigende Sexualität und hat keinerlei Erinnerung an ihre ersten sieben Lebensjahre.

In der Leber haben sich bereits Metastasen gebildet.

Innerhalb weniger Wochen werden Füße und Hände warm, sie nimmt an Gewicht zu und verträgt die Chemotherapie viel besser.

Für ein Prognose der Krebsbiopathie ist es zu früh, wir wollen nicht den falschen Eindruck erwecken, die Spirituelle Orgonomie könne Krebs heilen. Wir können und müssen den Krebs aber als Selbstmordprozeß in Folge eines lieblosen, sexualfeindlichen Lebens begreifen.

Auch hier sind die Selbsthilfegruppen gefragt!

Eine 45jährige Mutter.

Sie hat kalte Füße und klagt über schwere Migräne, die sie schon seit zwanzig Jahren verfolgt.

Im Laufe der Behandlung werden ihre Füße warm, sie bemerkt, daß die Migräne immer dann auftaucht, wenn sie eigentlich mit ihrem Mann zusammensein möchte, die beiden sich aber zu gesellschaftlichen Verpflichtungen oder Verwandtenbesuchen gezwungen fühlten.

Je mehr sie wieder strömt, fällt ihr auf, daß sie keinen Kontakt zu ihren eigenen Brüsten hat, ja diese sogar ablehnt.

Da sie in die Reiki-Praxis eingeweiht ist, legt sie sich täglich ihre Hände auf die Brüste, während sie mit der „Christus-Lampe" sitzt.

Nach drei Wochen berichtet sie freudig, jetzt bin ich schon 45 und freunde mich erst jetzt mit meinen Brüsten, mit meiner Weiblichkeit an.

Die Migräne verschwindet.

Ein 40jähriges Kollegenehepaar.
Beide möchten sich auf das Abenteuer des Wiederlebendigwerdens einlassen.

Sie leiden „natürlich" an kalten Händen und Füßen und hatten eine ebenso schaurige Kindheit wie wir alle.

Bei ihm hat sich im Verlaufe der Panzerung, über häufige Mandelentzündungen, Magenschmerzen, Schlafstörungen, Prostatabeschwerden, die Multiple Sklerose entwickelt.

Bei ihr entstand nach Frühgeburt, Brutkasten, nie gestillt, über Ohrenentzündungen, Bettnässen, Kurzsichtigkeit, Alllergien, starken Rückenschmerzen und Frigidität, eine Psychose, in deren Vordergrund als real erlebte Vorstellung steht, daß ihr von Außen Elektroschocks in die Vagina und den Kopf gegeben werden.

Die Spirituelle Orgonomie versteht die sogenannten Psychosen als unlustvoll, schuldgefühlbesetzte, als fremdbestimmt erlebte Wahrnehmungen des eigenen blockierten Energieflusses und der sexuellen Not.

Beide Patienten lernen durch Reiki sich selbst und den Partner liebevoll zu berühren.

Nach zwei Monaten fühlen sie sich fließend und warm. Die genitalen Umarmungen werden zärtlich und erfüllend und beide freuen sich darauf, ihren Beruf wieder aufzunehmen.

Alter und Tod.

Unser Mensch lacht, lernt, liebt und lebt mehr denn je, und stirbt zur richtigen Zeit, erfüllt und bewußt in seinem Bett.

Eine 69jährige Frau.

Sie kommt mit dem ganzen üblichen Elend zu uns.

Sie ist sich bewußt, bis jetzt nicht gelebt zu haben, will aber jetzt damit anfangen, denn besser spät, als nie.

Gefestigt durch Reiki, das Strömen mit der "Christus-Lampe" und dem „Christus-Plättchen" stellt sie sich ihrer furchtbaren Kindheit, dem sexuellen Mißbrauch, ihrer lieblosen Ehe und all den grausigen Fehlern, die sie bei der Erziehung ihrer Kinder gemacht hat.

Sie entschuldigt sich bei ihren Kindern und denkt daran in ein anthroposophisches Altersheim zu ziehen.

Vielleicht, sagt sie, ist dort ja noch Zeit für eine neue Beziehung.

Ein 75jähriges Ehepaar.

Bei ihr verschwinden im Verlauf der Behandlung Herzrhythmusstörungen und die Angst hinfallen zu können.

Er verliert seine nächtlichen Alpträume und ist das erstemal in der Lage, mit seiner Frau über seine schrecklichen Kriegserlebnisse zu reden.

Sie beschließen, die verbleibenden Jahre so intensiv wie möglich zu leben, lassen lästige, gesellschaftliche Verpflichtungen fallen und konzentrieren sich ganz auf ihr liebevolles Miteinander.

Ein 85jähriger Mann.
Wir machen einen Hausbesuch.
Er leidet an schwerem Asthma und fühlt den Tod nahen.
Die Spirituelle Orgonomie schlägt wunderbar an, das Asthma bessert sich erheblich, er kann tief ausatmen, hält zusammen mit seiner Frau ehrliche Rückschau auf sein Leben und bekundet, keine Angst vor dem Tod mehr zu haben.

Sechs Wochen später schläft er friedlich und lächelnd ein.

Seine Frau ist natürlich aufrichtig traurig über den Verlust des geliebten Menschen, aber auch dankbar, denn es blieb nichts ungesagt.

Die Polung der Lebensenergie

Beim fließenden, gesunden Mann befindet sich der positive, aktive Energiepol im Bereich der Prostata und der Hoden und der negative, empfangende Pol im Bereich des Herzchakras.

Bei der fließenden, wirklichen Frau befindet sich der aktive, gebende Pol in den Brustwarzen und der empfangende, negative Pol in der Vagina.

All dies leuchtet uns ja schon allein auf Grund der Beschaffenheit unserer Geschlechtsorgane ein.

Diese natürliche Polung der Geschlechter ist die Voraussetzung für die erfüllende, hingebungsvolle, genitale Umarmung.

Als Folge unserer lieblosen, sexualverneinenden Erziehung hat sich diese natürliche Polung bei uns allen schon im Kindesalter umgedreht. Der „kranke" Mann hat seinen positiven Pol in die Brust verlagert, die dort zu einem rein Aggressiv wird, was sich z.b. in typischem Machogang: Brust raus, Bauch rein äußert und auf die Dauer zu Prostatakarzinom und Herzinfarkt führt.

Die unglückliche Frau hat ihren positiven Pol in die Vagina verlagert, die so zu einem rein Aggressiv wird, daraufhin trocken und kalt wird und Unterleibs- und Brustkrebs entstehen läßt.

Es gibt keine wirklichen Frauen und keine wirklichen Männer mehr und der Geschlechtsverkehr kann nur als unbefriedigend und unlustvoll erlebt werden. So kommt es zum Pantoffelhelden und zur Frau, die die Hosen anhat.

Jede Beziehung muß folglich zwangsläufig in die Brüche gehen.

Im Verlaufe der Spirituellen Orgonomie stellt sich mit Zunahme des Strömens und Fließens die natürliche Polung von selbst wieder ein. Frauen werden wieder Frauen und Männer erstmals zu Männern.

Die wirkliche Frau ruht in ihren Brüsten, sie strahlt wahre Mütterlichkeit aus, ist kreativ, unabhängig und rund.

Der gesunde Mann ruht in seiner Prostata, er strahlt entspannte Stärke aus, ist kreativ, neugierig und erfinderisch, wie ein Bub.

gesunder Mann   gesunde Frau

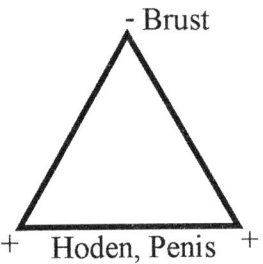
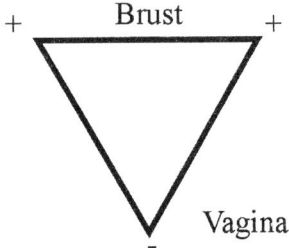

orgastischer
Geschlechtsverkehr
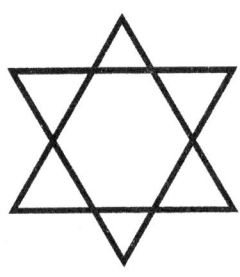

weibischer   vermännlichte   kranker
Mann   Frau   Geschlechtsakt

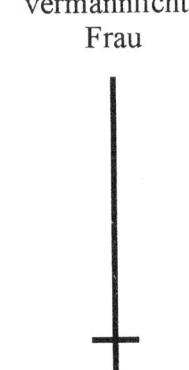

Orgasmus

Der Liebesakt zweier fließender Partner wird oft ganz von allein und ungewollt zur Meditation. Er bekommt also eine völlig neue Dimension, nämlich die des zeitlosen Tal-Orgasmus.

Die Fähigkeit der Hingabe zum explosionsartigen Höhepunkt-Orgasmus ist die Vorstufe und unabdingbare Voraussetzung den Tal-Orgasmus zu erleben.

In wirklicher Sexualität erleben die Partmer völlig wertfrei mal die eine, mal die andere Variante. Da gibt es kein Samen zurückhalten, keine sogenannten tantrischen Techniken, sondern es kommt, wie es kommt, völlig spontan, je nachdem was angesagt ist.

Der Tal-Orgasmus ist nicht erlernbar, nicht planbar, er kommt plötzlich wie aus heiterem Himmel mitten im Liebesspiel, wenn und wann es ihm gefällt.

Von einem Augenblick zum anderen hält für beide Partner die Zeit an. In dieser Zeitlosigkeit stoppt jede körperliche und gedankliche Bewegung, gibt es weder Mann noch Frau, weder Oben noch Unten, kein Du und kein Ich. Es gibt nur noch das Versinken in grenzenlose Stille, Liebe und Klarheit. Sogar der Atem scheint still zu stehen.

Im Gegensatz zum Höhepunkt-Orgasmus, wo wir durch explosionsartige Entladung für einen Moment in die Zeitlosigkeit geschossen werden, sinken wir beim Tal-Orgasmus ohne Entladung in die Meditation, in das Angesicht Gottes und verweilen dort auch länger. Die Entspannung geht so tief, daß uns der Höhepunkt-Orgasmus wie ein Kinderspiel vorkommt.

Der Höhepunkt-Orgasmus ist ein Blitzbesuch bei Gott, der Tal-Orgasmus ein sanftes Verweilen ein seiner Gegenwart und eine unendlich viel tiefere Befriedigung.

Es können während eines Liebesspiels mehrere Tal-Orgasmen mit unterschiedlicher Verweildauer auftreten.

Der Tal-Orgasmus ist aber nur möglich, wenn wir den Höhepunkt-Orgasmus vorbehaltlos leben und feiern können. Das beinhaltet, daß wir die Frauen als das starke Geschlecht akzeptieren, sind sie doch zu vielfachen Orgasmen in der Lage, während der Mann nur zu einer Ejakulation fähig ist.

Nichtfließende Männer haben deshalb große Angst vor der Sexualität der Frau, fühlen sich minderwertig und leiden an Vaginalneid. Der arme, verklemmte Freud, als typisches Beispiel des neurotischen Mannes, besaß die Unverschämtheit den Frauen Penisneid anzuhängen.

Ein fließender Mann genießt die Orgasmen seiner Partnerin und weiß, daß sie auf ihren Höhepunkten viel mehr Flüssigkeit ejakulieren kann als er.

Im Verlauf des Wiederfließenwerdens ergibt sich Euer Liebesspiel von ganz alleine.

Macht Euch bitte keinen Streß mit Berg- und Tal-Orgasmus und habt einfach Spaß!

Chakren- und Farbenlehre in der Spirituellen Orgonomie

Jedes Menschenwesen, das in einem glücklichen Mutterbauch heranwächst, kann man sich wie einen kleinen Regenbogen vorstellen.

Bauch und Beinchen sind zart orange, voller Neugier und Lebensfreude.

Oberkörper und Arme erstrahlen in einem zarten Grün, vor Freude schnurrend in der Geborgenheit der Gebärmutter.

Das Köpfchen scheint in einem wunderschönen zarten Blauton.

Es registriert den Herzschlag der Mutter, das Rauschen des Blutes, die Stimmen und Stimmungen der Menschen genauso wie das Vorbeifahren einer Straßenbahn oder Musik.

Seine ersten sieben Lebensjahre werden natülicherweise von der Farbe Orange bestimmt. Orange ist die Farbe des Wachstums, des Krabbelns, Laufen- und Sprechenlernens, der Lebenskraft und der unschuldigen Sexualität.

In den nächsten sieben Jahren steht das Fühlen, also Grün im Vordergrund. Freudiges Lernen und liebevolles Miteinander.

Vom ca. 14. bis 21. Lebensjahr entfalten sich mit der Farbe Blau Klarheit, Kreativität und Verstand.

Ein wirklich ganzer Mensch hat sich gebildet, herzlich, klar, voller Lebenskraft und Freude, der seine natürliche, unschuldige Sexualität lebt.

Orange und Grün sind die Voraussetzungen für die Geschlechtsreife und nur ein sexuell glücklicher Mensch kann einen klaren blauen Verstand entwickeln.

Unser Regenbogenmensch lebt im Gleichklang von Sexualität (orange), Gefühl (grün) und Verstand (blau), seine Farben sind kräftig.

Nur wenn er sein Leben schützen muß, das heißt, beim instinktiven Ausweichen vor einer Gefahr oder bei der notwendigen Antwort auf eine Aggression, wird seine gesamte Aura für den erforderlichen kurzen Zeitraum herrlich rot.

Bei unserem „Gürteltierchen" sieht leider alles ganz anders aus, da es ja, wie wir wissen, im permanenten Schock-, Angst- oder Wutzustand lebt.

Schon im Mutterleib oder im Säuglingsalter muß es zwangsläufig und völlig gerechtfertigt mit ungeheurer Wut auf die es umgebende Lieblosigkeit reagieren. Da es keine Chance hat, resigniert und erkaltet es.

Bauch und Beine sind rot, aggressiv und tot, Oberkörper und Arme sind gallig grün, eifersüchtig und oberflächlich, sein Kopf ist grau, depressiv und verwirrt. Seine Sexualität ist demzufolge aggressiv und kalt, seine Beziehungen zu den Mitmenschen geprägt von Neid und Belanglosigkeit, sein Verstand ohne wirklich eigene Gedanken, anfällig für jede Art von Beeinflussung und pornographisch.

Nach einem unglücklichen Leben ohne jemals gelebt zu haben, stirbt es einen schwarzen, unbewußten, qualvollen Tod.

Während sich unser „Regenbogenmensch" freudig und bewußt in weißes Licht auflöst.

Der „Regenbogenmensch"

Bauch	Herz	Kopf
Orange	Grün	Blau
warme Füße	warme Hände	„kühler Kopf"
Unschuld	Liebe	Klarheit
Lebenskraft	tiefes Gefühl	Kreativität
Mutter Erde	Lebensfreude	Himmlischer Vater

Das „Gürteltierchen"

Bauch	Herz	Kopf
Rot	gallig Grün	Grau
kalte Füße	kalte Hände	Grunddepression
permanente Angst und Wut	Neid	Verwirrung
Resignation	Oberflächlichkeit	Manipulation
Haß	Erstarrung	Pornographie

Ohne Wurzeln keine Blätter, keine Blüten, keine Früchte.

Ohne Bauch kein Herz, kein Verstand.

Ohne erfüllte Sexualität kein Mitgefühl, keine Klarheit, keine Erleuchtung.

Jesus sagt: „ Wenn ihr nicht werdet wie die Kinder, kommt ihr nicht in mein Himmelreich." Kinder sind unschuldig und sexuell. Der Christus Generator verbindet Euch wieder mit der Mutter Erde, Euren Füßen, Eurer Unschuld, Eurer Sexualität.

Johannes sagt: „Gott ist die Liebe, und wer in der Liebe ist, der ist in Gott und Gott in ihm." Dies ist die Arbeit von Reiki in Verbindung mit dem Christus Generator. Sich mit warmen Händen liebevoll berühren.

„Am Anfang war das Wort." Die erleuchtete Lebensenergie der Buddhas aus der „Kunst des Besprechens" löst die Krankheitsmuster im Kopf und ihre Manifestation im Körper, indem die Heilenden Gebete dem Verstand, dem Geist seine ursprüngliche Klarheit und Offenheit wiedergeben.

So ist die Spirituelle Orgonomie wahrlich und wahrhaftig die Medizin der Zukunft, der für jedermann praktizierbare Weg raus aus dem „Diagramm der 'Vergangenheit' " und hin zum „*Regenbogenmenschen*".

Der Regenbogenmensch

Der kranke Mensch mit seinen vielfältigen Charakterpanzerungen und der furchtbaren Angst vor seiner unterdrückten Sexualität sitzt sein ganzes Leben lang auf dem Vulkan seiner verdrängten Bedürfnisse und Gefühle.

Gäbe es keine Polizei, würde er stehlen, vergewaltigen und besoffen Auto fahren.

Gäbe es keine Demokratie, würde er Stalin oder Hitler hinterherlaufen, um legalisiert morden, schänden und stehlen zu können.

Er schaut Pornofilme, haßt Juden und Neger, schmeißt seinen Abfall in den Wald und schießt Enten.

Die Freiheit, und somit den Regenbogenmenschen fürchtet er mehr als alles andere auf der Welt, denn für ihn bedeutet Freiheit seinen Vater und seine Mutter totzuschlagen, mit dem Auto durch die Stadt zu rasen und jeder Frau in die Geschlechtsteile zu fassen.

Seine größte Angst ist also er selbst.

Der Regenbogenmensch hat Freude in sich selbst. Er umarmt Bäume und braucht keine Polizei. Er liebt die Erde, lernt vom Glück anderer Menschen und hat natürlichen Respekt vor allem Lebendigen.

Da er nicht blind vor sich selbst ist, erkennt er Weiß und Schwarz, Lüge und Wahrheit, niemand kann ihm etwas vormachen.

Im Altwerden wird er immer jünger. Er lebt nicht für die Rente, sondern jetzt. Er ist unschuldig, liebevoll und klar.

Da er nicht klein ist, braucht er sich nicht groß zu machen.

Da er eine erfüllte Liebesbeziehung hat, reißt er keine dreckigen Witze und giert nicht nach den Früchten in Nachbars Garten.

Was soll's!

Sitzt einfach selber mit der „Christus-Lampe", freut Euch am Lebendigsein!

Der Mythos von Karma, Erbsünde, Vererbung

Alles fließt.

Mit jedem Tag werden wir lebendiger und freudiger. Wir schauen auf zu unser aller gemeinsamen Vater, den Himmel. Blau und gütig erfreut er unser Herz. Wir gehen auf unserer Mutter Erde. Bäume, Blumen, alles was da fleucht und kreucht, erfüllt uns mit Dankbarkeit.

Da hören wir mit Erstaunen aus un-heiligen Schriften, daß unser gemeinsamer Vater im Himmel eifersüchtig und jähzornig und das Weib, unsere Mutter, Sünde sei. Und daß wir, weil wir aus ihr entstanden sind, ohne Ausweg und Hoffnung der Erbsünde verfallen sind. Welch „armes Schwein", denken wir mit Mitgefühl, kann sich so etwas Dummes und Abwegiges ausgedacht haben. Wir lieben doch uns und unsere Mutter, gehen auf in der immerwährenden Befruchtung von Himmel und Erde. Da stimmt doch was nicht!

Wer hat dem liebevollen Gott, Mose und Christi den Hals umgedreht?

„Gürteltierchen" waren's, wie der rotbäuchige Saulus, der schwarze Khomeini und der giftgrüne Manu (der die indische Lüge des Karma und des Kastensystems erfand), sowie der graue Darwin.

Wir fühlen Mit-leid mit diesen „Gürteltierchen" und lesen solche Bücher nicht. Lieber erfreuen wir uns an Mozart, Beethoven, an einer vorbeifliegenden Hummel, der blühenden Kastanie, an den unendlich gütigen Augen der Buddhas, dem lebendigen Strömen unserer Körper und der Liebe.

Karma wird uns verkauft, als die Konsequenz unserer Schlechtigkeit und Ge-schlechtlichkeit aus imaginären, vergangenen Leben, für die wir in diesem Leben bestraft werden und leiden müssen. Was für andere Leben? Von denen niemand etwas weiß! Ist es die Schuld aus dem Leben als Maikäfer, der eine Blattlaus fraß? Wie dem auch sei, wir dürfen nicht leben, wir müssen leiden und es gibt keinen Weg raus. So kommt es, daß unzählige Menschen in sogenannte Reinkarnationsseminare rennen, weil sie ihr „Gürteltier" nicht ertragen und erträumen sich großartigste Vergangenheiten. Sie werden zu zigtausenden zu Kleopatras, Mozarts, und wenn es ganz schlimm kommt, zu Dschingis Khan, Maria Magdalena oder Judas.

Das jetzige Leben darf dann so bedeutungslos starr und tot bleiben, denn man war ja mal was besonderes.

Hier drückt sich im Lichte der Spirituellen Orgonomie gesehen, glasklar und eindeutig, wie die Faust aufs Auge, das ganze Elend des wütenden, zu Tode enttäuschten, abgelehnten Embryos oder Säuglings aus. Grenzenlose Ohnmacht und Verzweiflung.

Eine andere Marotte unserer Zeit ist es, die aus dem sexuellen Notstand entsprungene Hebephrenie und die Psychose des Erwachsenen als Channeling, „Kurse in Wundern", „Engel und Außerirdische sehen", darzustellen. All das erinnert uns doch nur allzustark an die Vereinigungsphantasien der „Gürteltier"-Mönche mit Maria oder der „Gürteltier"-Nonnen mit Jesus Christus. Denn hat man keinen erfüllten Verkehr mit sich selbst und einem geliebten Partner des anderen Geschlechts, so wird alles ver-kehrt.

Gleichzeitig kommt der Teufel ins Spiel, als verboten empfundenes Lustgefühl an den eigenen Genitalien und derem süßen Strömen. Es kann einem doch zu denken geben, daß im Englischen dem Wort *lived* (das Gelebte) das Wort *devil* (der Teufel) gegenübersteht.

lived - devil

Sünde, Teufel ist also das Un-gelebte, Un-geliebte, die Unterdrückung der natürlichen, liebevollen, heiligen Sexualität. Devil ist der faschistische Haß auf Weiblichkeit, die Pornographie, Umweltzerstörung, Krebs, Aids...

Als immer mehr Menschen schon im letzten Jahrhundert aufwachten aus der mystischen Mär von Karma, Schuld und Teufel, wechselten einige alte Schweinepriester schnell ihre Röcke in Arztkittel und erfanden die Lehre der Vererbung und die Alleinherrschaft der Gene. Die Biologie ist Schuld. Der mystische Irrationalismus wurde ersetzt durch das unentrinnbare Gefängnis der Gene. Der Alptraum der Vererbung war geboren.

In lebendiger, fließender Wirklichkeit fällt uns die Erkenntnis wie Schuppen von den Augen, daß es nur Verderbung, aber niemals Vererbung gibt. Verderbung, sprich unser „Gürteltierchen"-Dasein, anders ausgedrückt unsere chronische Disharmonie, macht uns zu einem kaputten, verstimmen Musikinstrument, auf dem Gott nicht mehr spielen kann. Wenn wir so die Gene als Töne, Tonleitern, ja Sinfonien der kosmischen und sexuellen Harmonie begreifen, wird uns klar, daß sogenannte Gendefekte Folge und Ausdruck von chronischer Wut, Furcht und Verspannung sind. So verfolgen wir mit einem befreienden Aufatmen, daß wir nicht lebenslange Opfer der Gene sind, sondern uns lediglich übernommene Verhaltensmuster und Disharmonien quälen.

Kommen wir mittels der Spirituellen Orgonomie wieder in Fluß, werden zum „Regenbogenmenschen", folgen die Gene ganz von alleine.

Stolpersteine auf dem Weg

„Da verließ ihn der Teufel
und siehe da traten die Engel zu ihm
und dienten ihm."
(aus Mathäus Ev.)

Stolpersteine liegen ganz natürlich auf jedem Weg herum. Sind wir aufmerksam, macht es Spaß ihnen auszuweichen, über sie hinwegzuspringen oder auch mal von ihnen gestolpert zu werden. Je fließender wir werden, desto amüsanter werden sie für uns. Eigentlich sind sie wunderbare Helfer auf dem Weg, über die wir mit unseren Freunden scherzen können.

Sie sind einfach nur Versuchungen, die wir bewußt umfließen und auflösen können.

Versuchungen sind *der Teufel* . Der Teufel ist nichts als das Ungelebte, Erstarrte, Unterdrückte, Eingefrorene in uns, das sich sowohl durch die manigfaltigen Krankheiten im Körper, als auch in unseren Gefühlen und Gedanken manifestiert.

Der Teufel ist der emotionale und mentale Aspekt des „Gürteltiers".

Je mehr unser Körper wieder fließt und strahlt, desto reiner werden unsere Gefühle, desto klarer und weiter unser Verstand.

Laßt uns, absichtlich extrem herausgearbeitet, sieben Aspekte des Teufels beleuchten.

Einer der häufigsten Stolpersteine kann der **„Fanatiker"** sein. Im Fall der Spirituellen Orgonomie ist er scheinbar so begeistert von der „Christus-Lampe", „Christus-Plättchen", Reiki und der „Kunst des Besprechens", daß er jedem Menschen, der ihm über den Weg läuft, zwanghaft versucht zu bekehren. Er selbst aber sitzt kaum mit der „Christus-Lampe", hat das „Christus-Plättchen" längst verschenkt, praktiziert kein Reiki und läßt sich nicht mit der „Kunst des Besprechens" von seinen Freunden behandeln. Er verschenkt großzügigst die „Christus-Lampen", behandelt Hinz und Kunz ohne irgendeine Ahnung zu haben, stilisiert sich hoch zum Reiki-Meister ohne je geflossen zu haben. Der „falsche Apostel" benutzt die Wissenschaft der Spirituellen Orgonomie, um unbewußt Macht auszuüben, er sülzt seine Mitmenschen penetrant voll, ist eine Geißel der Menschheit. Er ist der typische Scheinheilige, wie wir ihn aus allen degenerierten Religionen kennen, er ist das geschlagene Kind, das Erzieher wird, das mißbrauchte Mädchen, das Krankenschwester oder Arzthelferin wird, der Zwangsneurotiker, der Psychologie oder Medizin studiert, der leere Mensch, der Lehrer wird. Denn will man sich selbst nicht helfen, so muß man anderen helfen, mit fatalen Folgen.

Fast jeder von uns macht diese Erfahrung auf dem Weg, wenn auch in abgeschwächter Form, und unterliegt natürlicherweise für eine kurze Zeit dieser Versuchung.

Ein verwandter Stolperstein ist der **„Erhöher"**.

Wir überhöhen den Mitmenschen, der uns die Spirituelle Orgonomie nahebringt, zu einem Heiligen, loben und preisen ihn für eine kurze Zeit über alle Maßen und dahinter verbirgt sich nichts als Haß und Mißgunst auf seine natürliche Lebendigkeit. Indem wir ihn auf den Sockel setzen, sammeln wir Kraft den ersten Stein zu schmeißen.

Analog fällt uns im Bereich der Spirituellen Orgonomie die „Christus-Lampe" runter, wir verlegen das Plättchen, haben keine Zeit oder meinen nichts mehr zu verspüren.

Auch dafür brauchen wir uns nicht zu schämen, sondern nur unsere eigenen Mechanismen erkennen. Unsere eigenen Mechanismen sind die des gefrorenen, in sich selbst erstarrten Steins, der das Lachen eines Kindes oder das Blühen und den Duft der Rose, auf Grund seines Lusthungers, nicht ertragen kann.

Ein weiterer sehr populärer Stolperstein ist der **„Zerrissene"**. Er ist so verwirrt in Bauch, Herz und Kopf, daß er unablässlich wie ein Blatt im Wind zwischen den möglichsten und unmöglichsten Meinungen hin und her schwankt. Ein einziger Besuch im Esoterikladen genügt, um ihn für Monate weiter zu entwurzeln. Er wird permanent erschlagen von dem auf ihn einstürzenden Scheinwissen aus zweiter Hand, er ist das „Bäumchen wechsle dich", der „Wendehals", der Überlebenskünstler.

Schon als kleines Kind hat er immer zwischen Mutter, Vater, Geschwistern, Großeltern, Tanten, Onkels hin und her lavieren müssen, um nicht unterzugehen. Der „Zerrissene" ist also der ewige Diplomat oder der typisch deutsche Zyniker. Er fragt und nörgelt immerzu, was ist denn Fließen, statt selber zu fühlen, zu strömen und zu fließen.

Er hat die Bauanleitung für den Christus Generator zu Hause, er weiß wie man die „Kunst des Besprechens" praktiziert und Reiki genießt, aber Hände und Füße sind ihm gebunden.

Hier schauen wir uns einfach unsere Zerrissenheit und die daraus resultierende Oberflächlichkeit an, verstehen sie als eine früher lebensnotwendige Strategie und fangen an, selbst zu fühlen, fließen, strömen und eine eigene Mein-ung zu haben.

Der nächste ist der Allmächtig-Ohnmächtige, das **„Opfer"**.

Auf der einen Seite beklagt er die Schlechtigkeit der Welt, die Schrecklichkeit seiner Kindheit, die Unmöglichkeit sich zu ändern, nach dem Motto:"Ich bin so klein, ich bin so arm, das Gott erbarm". Auf der anderen Seite fühlt er sich verantwortlich für Flugzeugabstürze, den Golfkrieg ... Er muß das größte Arschloch und das größte Opfer sein. Er ist hin- und hergerissen zwischen dem Gefühl des Wohligfließens und der Angst vor dem Teufel. Mal erlebt er die Spirituelle Orgonomie als göttlich, mal als Teufelswerk.

Wie in den anderen Fällen, geht es auch hier nur, und nur ganz allein, um den erworbenen Konflikt von Lustangst und Lustfreude.

Der fünfte Stolperer ist der **„Eingebildete Kranke"**.

Während die vorhergehenden vier ihr nicht Fließen durch Fundamentalismus, Haß, Oberflächlichkeit und Schuldbewußtsein verdrängen, steht hier eine andere Variante des „Gürteltierchens" im Vordergrund. Er hat panische Angst vor Krankheiten, liest Fachbücher und belästigt unzählige Ärzte und Psychologen mit seinen, auf den Körper bezogenen, Ängsten. Er leitet den Genitalstau um und schützt sich durch seine imaginierten Krankheiten vor Selbstmord.

Der „Eingebildete Kranke", als versteckt depressiver Mensch, benutzt den Segen der Spirituellen Orgonomie nur oberflächlich, damit er sich nicht auf die Schliche kommt. Er versucht sein ganzes Leben lang vor seiner tiefen Traurigkeit zu fliehen.

Beim „**Alpträumer**" wird das Leben durch die Träume der Nacht bestimmt. Er fällt, wird von Spinnen und Schlangen angegriffen, kann nicht hören, sehen, sprechen, sich bewegen, kriegt keinen hoch, kommt zu früh, wird vergewaltigt oder verfolgt. Diese Träume bestimmen dann häufig den ganzen Tagesablauf.

Der „Alpträumer" hat auf seine Art so schlechte Erfahrungen im Mutterbauch und als Säugling gemacht, daß er die gesamte Spirituelle Orgonomie am liebsten mit vollem Herzen genießen würde, aber nicht mehr kann, da das Leben ein Alptraum ist. Er kommt an dem Stein des Alptraums auf seine Art schwer vorbei.

Auch hier ist der Weg raus, sich nicht zu verstecken, sondern seine Ängste mit den Freunden zu teilen oder, wenn diese noch nicht vorhanden und das Leben sehr schrecklich einsam ist, ein Tagebuch zu führen.

Zuguterletzt kommt der Fatalist, der „**Resignierte**".

Das Leben ist solch ein Jammertal, daß es ertragen, erduldet, auflehnungslos durchgelitten werden muß: „denn so war es ja immer schon".

Jeder Tag ist grau. Mit einem verkniffenen Lächeln sagt er sich jeden Tag, es könnte schlimmer sein, geht seine frustrierten Wege und hat alle Hoffnung verloren.

Er stellt sich die „Christus-Lampe" auf den Kopf, das „Christus-Plättchen" auf den Fußboden und wartet auf einen grausligen Tod.

Auch der „Resignierte" schützt sich, zwangsläufig und absolut gerechtfertigt, vor seiner beschissenen Scheinrealität.

Eigentlich bräuchte er sich ja nur re-signieren, daß heißt, neu unterschreiben, das heißt, die Spielregeln seines Lebens neu zu bestimmen und seine ohnmächtige Wut zuzulassen.

Hier haben wir uns alle, ausnahmslos, wiedergefunden!

der „Fanatiker"	Scheinheiligkeit
der „Erhöher"	Haß
der „Zerrissene	Oberflächlichkeit
das „Opfer"	Schuld
der „Eingebildete Kranke"	Trauer
der „Alpträumer"	Angst
der „Resignierte"	Wut

Wir schwanken zwischen den sieben Zuständen hin und her, tief unten ausgestattet mit einer großen Sehnsucht nach Unschuld, Liebe, Klarheit und freunden uns im Prozeß des Gesund- und Fließenwerdens wieder damit an, uns mit unseren Freunden vertrauensvoll auszutauschen, zu lachen und zu weinen.

Das Wunder des Lebens besteht im Sinne der Spirituellen Orgonomie darin, nicht vor Fucht voreinander zu erstarren und zu erkalten, sondern sich langsam, langsam als gemeinsame Menschenfreunde von allem Übel zu lösen.

Denn wahrlich, wir sitzen alle in einem Boot.

Spirituell orgonomische Hilfsmittel

Wir hoffen, daß Ihr viel Spaß mit „Christus-Lampe" und „Christus-Plättchen" habt und das lebendige Fließen genießt.

Im Laufe der Zeit entwickelten sich uns einige weitere spirituell-orgonomische „Spielzeuge", die sich zusätzlich zum Sitzen mit der „Christus-Lampe" und dem Tragen des „Christus-Plättchens" als sehr wohltuend und spannungslösend erweisen.

Wie auch alles andere, werden diese „Spielzeuge" lebendig, indem Ihr sie für 45 Minuten im Christus Generator aufladet.

Stirnplättchen

Das Stirnplättchen, eine dünne, 5 cm große, runde Plastikscheibe, könnt Ihr Euch je nach Bedarf auf das Dritte Auge pappen.

Spannungen und Ängste im Bauchraum blockieren immer auch unser Drittes Auge, lassen uns die Stirn zusammenziehen, die Augen zukneifen, nehmen uns somit Klarheit und Leichtigkeit. Das Stirnplättchen entspannt das Dritte Auge, synchronisiert die Gehirnhälften, macht den Geist frisch und kreativ.

Mit der tiefen Entspannung des gesamten Gesichtes geht automatisch eine Vertiefung der Atmung einher, die wiederum den Bauch weich und lebendig macht.

Das Stirnplättchen kann auch zum Einschlafen benutzt werden.

Handschmeichler

Als Handschmeichler, um die Handchakren zu stimulieren, eignen sich besonders gut aufgeladene Kastanien oder Walnüsse.

Da unsere Handchakren direkt mit dem Herzchakra verbunden sind, unterstützen die Handschmeichler die Wirkung des „Christus-Plättchens" und helfen mit das Herzchakra zu aktivieren, was wiederum zur Folge hat, daß der Energiefluß von den Fußchakren über den Bauch zum Herz richtig in Schwung kommt.

Tut Euch also einfach etwas Gutes, gebt Euch die volle *Dröhnung* und genießt „Christus-Lampe", „Christus-Plättchen", Stirnplättchen und Handschmeichler zusammen.

Wurzelkastanie

Um Euer Wurzelchakra zu entspannen und zum Fließen zu bringen, könnt Ihr Euch zusätzlich auf eine große, aufgeladene Kastanie, die Ihr in Euren Vaginal- bzw. Prostatabereich legt, setzen.

Ein entspanntes Wurzelchakra stimuliert die direkt mit ihm verbundenen Fußchakren und ein wohliger Energiefluß zwischen Füßen und Bauch stellt sich ein.

Über die Fußchakren entfaltet die „Christus-Lampe" ihre Wirkung, dabei helfen ihr das „Christus-" und das Stirnplättchen, sowie die Handschmeichler und die Wurzelkastanie. Alle orgonomisch relevanten Punkte werden so angeregt.

Schlafbrille

Kurzsichtige oder schlafgestörte Menschen empfinden es als wohltuend eine Schlafbrille zu benutzen. Diese sollte aus dunkelblauem Stoff sein, mit etwas Watte gefüttert und im Innern jedes Augenteils mit einer 5 cm großen, runden, dünnen, aufgeladenen Plastikscheibe versehen sein.

„Professor Orgonowitsch"

Ein alter, hölzerner Kleiderschrank wird auf allen Außenseiten mit schwarzem Kreppapier beklebt, von innen mit Aluminiumfolie ausgeschlagen.

Ihr legt eine Decke auf den Schrankboden, um die Alufolie zu schützen und stellt einen Stuhl darauf.

Oben auf den Schrank legt Ihr das auf DIN A4 vergrößerte Christus-Bild.

Macht die Tür hinter Euch zu und genießt !!!

Ihr werdet Wärme spüren, bläuliche, violette, grüne und gelbe Lichterscheinungen sehen, Euch vielleicht fühlen wie im Mutterbauch, oder völlig der Welt entschwunden, wie Alice im Wunderland, in tiefer Meditation versinkend, in die Augen der Buddhas schauen.

Professor Orgonowitsch ist der Schnurr-Luxus schlechthin!

Zu Risiken und Nebenwirkungen

Nichts läge uns ferner, als in diesem Buch absurde Heilversprechen zu geben oder falsche Hoffnungen zu wecken. Wir geben lediglich unsere Erfahrungen und Erkenntnisse aus der täglichen Praxis weiter.

Die Schulmedizin wird behaupten, hier hätten einfach eine größere Anzahl von Spontanheilungen stattgefunden, es gäbe keinen Zusammenhang zwischen kalten Füßen, kalten Händen und so schweren Krankheitsbildern wie Herzinfarkt, Krebs, Aids etc. . Ebenso wenig wie es für diese Leute einen Christus Generator geben kann oder die „Kunst des Besprechens".

Obwohl die Schulmedizin all diese Verfahren hartnäckig leugnet, schicken verantwortungsvolle Fachärzte ihre Patienten mit Warzen, Gürtelrosen, Herzrhythmusstörungen und vielen chronischen Beschwerden zum „Besprechen".

Ein Lungenfacharzt zeigte sich sehr beeindruckt von den Erfolgen der Spirituellen Orgonomie bei einem seiner chronischen und ach so lukrativen Dauerpatienten und willigte ein, eine Testreihe mit fünfzehn weiteren Patienten durchzuführen. Zwei Stunden bevor wir dem werten Herrn Doktor kostenlos die „Christus-Lampen" bringen und die nötigen Heilenden Gebete weitergeben wollten, sagte er die Testreihe mit der Begründung ab, dann könne er ja seine Praxis zu machen.

Diese Menschen werden Arzt, einzig allein um zu raffen, zu scheffeln, ihren Doktortitel im Mercedes in der Gegend herumzufahren. Das ist bei vielen Heilpraktikerkollegen nicht anders, da werden z.b. Menschen mit Verdauungsstörungen mittels Kolon-Hydro-Therapie gemolken oder das arme Amalgam ist an allem Schuld und muß für Tausende von Mark „ausgeleitet", „bioresonanziert", „homöophatiert" werden.

In den Augen der meisten Ärzte, Heilpraktiker und Apotheker blitzen nur noch Dollarnoten auf. Sie haben zwar den Eid des Hippokrates geleistet, sind aber Hippokraten, was im amerikanischen Sprachgebrauch witzigerweise : doppelmoraliger, falscher, scheinheiliger

Mensch bedeutet. Statt für die Volksgesundheit dazusein, geht's ausschließlich um die Brieftasche. Man denkt und fühlt nicht, es gibt keine interdisziplinäre Zusammenarbeit, obwohl alle Voraussetzungen gegeben wären. Die wunderbaren Diagnosemöglichkeiten der Schulmedizin, seien es Blutanalysen, Computertomographie oder Ultraschall verbunden mit alternativen, Lebensenergie nutzenden Heilweisen und entsprechender Seelsorge, könnten eine wirkliche Medizin schaffen.

Ob Psychater, Arzt, Heilpraktiker oder Seelsorger, unsere Berufe sind freudig dienende Berufe, Berufungen wenn man so will und es ist uns völlig egal, Wurst und Schnuppe, wessen Medizin nun unsere Schäfchen wieder gesund macht.

In der wirklichen Medizin gibt es keine Rechthaberei, keine Doppelblindversuche, kein Profitdenken, kein Landgut in der Toskana.

Laßt uns Spaß haben!

Macht Eure eigenen Erfahrungen mit dem Wissen, das wir mit Euch teilen, verbessert, entwickelt weiter.

Habt warme Hände und Füße und freut Euch des Lebens!

Spirituell orgonomische Ökologie

„Er weidet mich auf einer grünen Aue
und führt mich zu lebendigem Wasser."
(Psalm 23)

Da wir uns selber so schön zum Fließen gebracht haben, können wir anfangen auch unsere mißhandelte Umwelt wieder zu beleben.

Fangen wir in der eigenen Wohnung an.

Wasser

Unser Trinkwasser ist tot. Es schmeckt nicht und wir haben vergessen, daß es das Grundnahrungsmittel überhaupt ist.

Wie bekommen wir es nun wieder lebendig und wohlschmeckend?

Eine Christus-Lampe gehört auf die Hauptwasserleitung und energetisiert so unseren Wasserbedarf zum Kochen und Baden.

Trinkwasser energetisieren wir zusätzlich durch einen, im Christus Generator aufgeladenen, Rührstab aus Glas oder Plastik.

Außerdem wollen wir zum Trinken die Heilkräfte der Farben nutzen. Ihr trinkt im Laufe des Vormittags einen halben Liter aus einer kräftig orangenen Flasche (sie darf keinen Gelbschimmer haben) und im Laufe des Abends einen halben Liter aus einer sattblauen Flasche. Ihr könnt auch klare Glasflaschen mit entsprechend farbiger Folie bekleben.

Orange, die Farbe des Morgens, der Unschuld und der Kindheit, stärkt Körper und Geist.

Blau, die Farbe des Abends, der Klarheit und Entspannung, beruhigt Körper und Seele.

Die Flaschen stehen neben einer Christus-Lampe auf der Arbeitsplatte oder dem Fensterbrett, aber nicht direkt in der Sonne. Vor Genuß des Wassers sollten die gefüllten Flaschen einige Stunden dort aufgeladen werden.

So vereinen wir die Kräfte der Spirituellen Orgonomie, der Sonne und der Farben zu einem „Heiltrunk".

Ihr werdet Euch wundern, wie frisch und gut Euer Wasser plötzlich schmeckt und werdet Euer natürliches Bedürfnis reichlich Wasser zu trinken wiederentdecken.

Auch Eure Zimmerpflanzen freuen sich an lebendigem Wasser.

Aus unerklärlichen Gründen gibt es kaum noch Kalkrückstände in Teekesel, Kaffeemaschine und Waschmaschine.

Elektrosmog, Erd- und Wasserstrahlen

Elektrosmog schaltet Ihr ganz einfach aus, indem Ihr je ein Christus-Plättchen auf den Sicherungskasten, den Fernseher, den Computerbildschirm, die Stereoanlage etc. legt, oder z.b. am Handy befestigt.

Erdstrahlen und Wasseradern werden transformiert, wenn Ihr eine Christus-Lampe auf einen, ca. 50 cm im Durchmesser, blauen Papp- oder Plastikkreis auf den Fußboden stellt. Die Christus-Lammpe frißt so sämtliche schädlichen Energien und transformiert sie zu wohltuender Christusenergie.

Lebensmittel

Sämtliche eingekauften Lebensmittel, auch Bier und Wein, stellt Ihr für ca. 45 Minuten auf eine, im Christus Generator aufgeladene, ovale oder runde, durchsichtige Plastikunterlage.

Kosmetika und Medikamente

Kosmetika, Haarwaschmittel etc. und jede Art von Medikamenten gehören erst einmal in den Christus Generator.

Saatgut und Blumensamen

Für 45 Minuten im Christus Generator belassen und Ihr werdet Wunder erleben!

Umweltverschmutzung

Teiche, Bäche, Käranlagen, Güllegruben : versenkt dort Christus-Lampen in wasserdichten Behältern.

Radioaktivität : Wir gehen davon aus, daß auch Radioaktivität von Christus-Lampen, die auf einem runden, schwarzen Untergrund aus Pappe oder Plastik stehen, transformiert werden kann. Die Forschung in dieser Richtung bleibt Eurer Initiative überlassen.

Neue Energiequellen

Mit der Christus-Lampe im Zentrum einer schwarzen „Satelitenschüssel" und entsprechender Halbleitertechnik läßt sich bestimmt in Zukunft unerschöpflich Elektrizität erzeugen.

Die Akasha Chronik

Das Anzapfen des universellen Wissens (der Akashachronik) geschieht mit Sicherheit durch eine Christus-Lampe, die mittels entsprechender Hard- und Software an den Computer angeschlossen wird.

Habt bitte Spaß, seid ver-rückt, behaltet die Füße auf dem Boden und macht das Unmögliche möglich.

Neue Paradigmen braucht das Land, Geistesblitze für das Paradies auf Erden ...

„So wir aber im Licht wandeln,
so haben wir Gemeinschaft untereinander."
(1. Johannes 7)

Die Christus Meditationen

Am schönsten ist es mit Euren Freunden zusammen zu meditieren. Drei Gruppenmeditationen, bei denen der Christus Generator immer in der Mitte Eures Kreises steht, wollen wir Euch auf den nächsten Seiten vorstellen.

Mit entsprechenden Abwandlungen können diese auch zu zweit praktiziert werden, oder auch auf dem Bauch liegend.

DER ERDENKREIS

Also, Ihr sitzt im Kreis auf Stühlen, die Füße fest auf dem Boden, die Augen sind geschlossen.

Eure Unterarme ruhen auf den Oberschenkeln, die Handflächen haltet Ihr in ca. 5 cm Abstand übereinander.

Bei Rechtshändern ist die rechte Hand die obere, bei Linkshänder die Linke. Viele Linkshänder wissen nicht, daß sie Linkshänder sind.

Nach ca. 5 Minuten hebt Ihr die Arme entspannt, so daß Eure Handflächen in den Kreis zeigen. Genießt dies etwa 10 Minuten.

Zum Abschluß legt Ihr Eure Hände für 5 Minuten mit den Handflächen nach oben ganz entspannt auf Eure Knie.

Wie schön ist es ein Mensch zu sein!

Da Ihr Euch häufig oder regelmäßig trefft, setzt sich immer abwechselnd einer von Euch in die Mitte des Kreises auf einen Stuhl über dem Christus Generator und seine Hände liegen während der gesamten Meditation mit den Handflächen nach oben entspannt auf seinen Knien.

Der in der Mitte sitzende wird durch Euch und den Christus Generator im Licht gebadet.

Erste Phase „Erdenkreis" (ca. 5 Minuten)

„Die Aufladephase"

Ihr sitzt mit geschlossenen Augen im Kreis. Die Hände des Freundes in der Mitte, ruhen während der ganzen Meditation mit den Handflächen nach oben auf seinen Oberschenkeln.

Unter ihm steht der Christus Generator.

Ihr haltet die Hände so wie beschrieben.

Zweite Phase „Erdenkreis" (ca. 5 Minuten)

„Baden im Licht"

Ihr hebt entspannt die Arme, so daß Eure Handflächen in den Kreis zeigen.

Dritte Phase „Erdenkreis" (ca. 5 Minuten)

„All-Ein-Sein"

Eure Hände liegen ganz entspannt, mit den Handflächen nach oben, auf Euren Oberschenkeln.

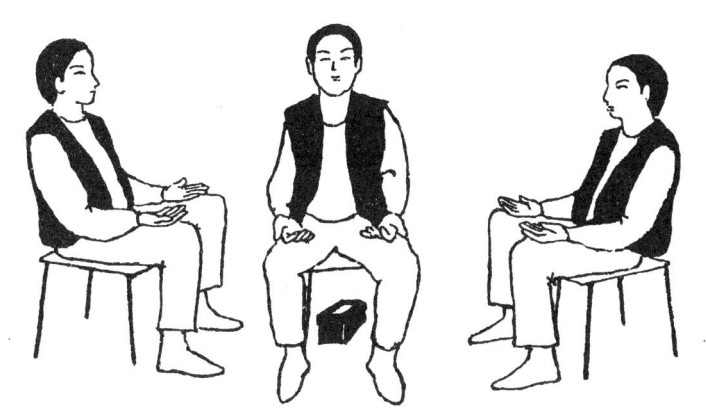

DIE SONNE

Ihr liegt im Kreis auf dem Rücken, der Christur Generator in der Mitte. Eure Füße und Hände berühren jeweils die Eurer Nachbarn. Eure Füße sind dem Christus Generator zugewandt.

Vielleicht habt Ihr Euch aufgeladene Kastanien oder Christus-Plättchen auf eins oder mehrere Eurer Chakren gelegt.

Nach 10 Minuten löst Ihr Euch von Euren Nachbarn und liegt für 5 Minuten alleine.

In der letzten Phase setzt Ihr Euch mit weiterhin geschlossenen Augen auf und genießt Euer All-Ein-Sein.

Erste Phase „Sonne" (ca. 10 Minuten)

„Die Aufladephase"

Ihr liegt im Kreis, der Christus Generator in der Mitte.

Eure Hände und Füße berühren jeweils die Euer Nachbarn.

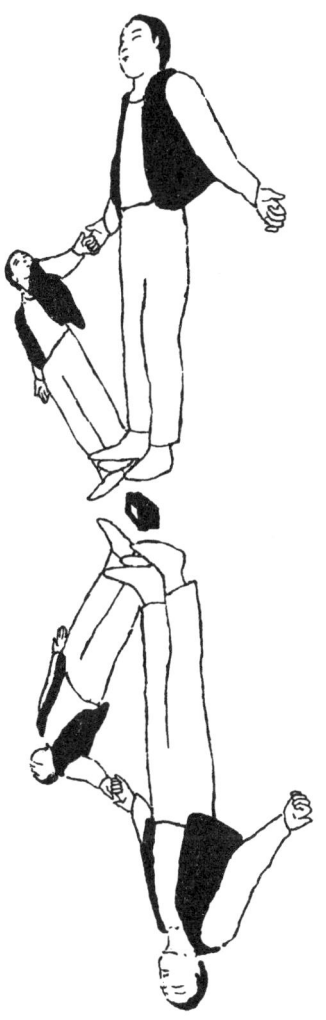

Zweite Phase „Sonne" (ca. 5 Minuten)

„Sonnenstrahlen"

Ihr löst Euch von Euren Nachbarn und legt Euch vielleicht selbst die Hände auf.

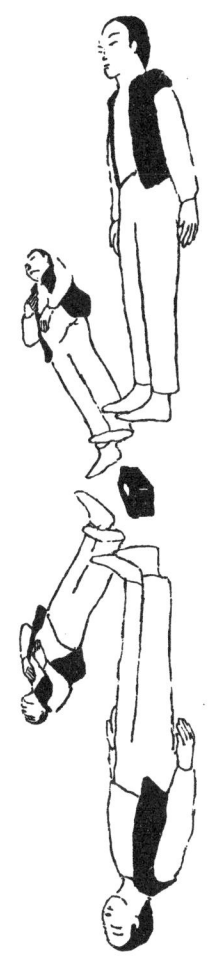

Dritte Phase „Sonne" (ca. 5 Minuten)

„All-Ein-Sein"

Ihr setzt Euch auf, mit weiterhin geschlossenen Augen und genießt die stille Einkehr.

DER MOND

Ihr liegt auf dem Rücken im Kreis, die Köpfe zum Christus Generator, Eure Schultern und Eure Hände berühren sich.

Nach Belieben habt Ihr Euch Christus-Plättchen aufgelegt.

Nach 10 Minuten lösen sich Eure Hände, so daß sich nur noch Eure Schultern berühren.

Nach weiteren 5 Minuten setzt Ihr Euch wieder, mit immer noch geschlossenen Augen, All-Eine, für 5 Minuten auf.

Erste Phase „Mond" (ca. 10 Minuten)

„Die Aufladephase"

Ihr liegt auf dem Rücken im Kreis.

Der Christus Generator steht in der Mitte.

Eure Schultern und Hände berühren sich.

Zweite Phase „Mond" (ca. 5 Minuten)

„Mondschein"

Eure Hände lösen sich vom Nachbarn, nur noch Eure Schultern berühren sich.

Vielleicht legt Ihr Euch in dieser Phase selbst die Hände auf.

Dritte Phase „Mond" (ca. 5 Minuten)

„All-Ein-Sein"

Ihr sitzt mit geschlossenen Augen.

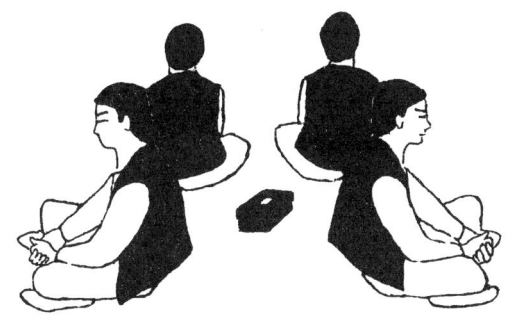

Da Euch die Meditationen so gut getan und gefallen haben, möchten wir Euch zur weiteren Meditation noch das Buch „Meditation - die erste und letzte Freiheit" von Osho ans Herz legen.

Bei Osho neben den aktiven Meditationen ganz besonders die „Atisha - Herzmeditation" und „Kreis der Liebe - Meditation für Frauen".

Allgemeine PRAXIS

Liebe Freunde,

in den vorhergehenden Teilen des Buches habt Ihr das Handwerkzeug zur Wiederbelebung von Mensch und Natur bekommen. Jetzt wollen wir Euch nochmals in die einfache tägliche Praxis einführen. Unsere Wiederbelebung beruht auf drei Pfeilern.

Erstens durch die Zufuhr von Lebensenergie durch das Trinken von energetisiertem Wasser. Täglich trinkt Ihr vormittags mindestens einen halben Liter energetisiertes Leitungswasser aus einer orangenen Flasche; abends mindestens einen halben Liter aus der blauen Flasche, wie im „Christus Generator" beschrieben. So beugt Ihr Austrocknung und Übersäuerung vor. Wasser ist das einzig wirkliche Getränk. Viele von uns haben das Wassertrinken verlernt und so wird es ihnen hilfreich sein, für die erste Zeit einen Trinkplan an den Kühlschrank zu heften und jedes, mit möglichst großen Schlucken getrunkene Glas auf dem Plan abzuhaken.

Zweitens durch die Zufuhr von Lebensenergie durch das tägliche Sitzen mit der Christus-Lampe und den anderen spirituell orgonomischen Hilfsmittel, sowie der Reiki-Praxis.

Beim Sitzen mit der Christus-Lampe könnt Ihr entweder aufgeladene Handschmeichler in den Händen halten, Euch selbst die Hände auflegen oder die „Große Harmonie" praktizieren: dabei sitzt bequem, mit den Füßen fest auf dem Boden und geschlossenen Augen auf Stuhl oder Sofa. Laßt Eure Unterarme entspannt auf den Oberschenkeln ruhen und haltet Eure Handflächen so übereinander, daß sich Eure Handflächen nicht berühren.

Linkshänder halten bei dieser Übung, die auch die „Große Harmonie" genannt wird, die linke Handfläche über die rechte Handfläche, Rechtshänder die rechte Handfläche über die linke Handfläche, wie in der ersten Phase von der Erdenkreis-Meditation abgebildet.

Optimal ist es natürlich, die gegenseitigen Reiki-Einweihungen und die gesamte Reiki-Praxis von Anfang an mit dem Christus Generator und seinen spirituell orgonomischen Hilfsmitteln zu kombinieren. So bringt Ihr Euch mehr und mehr in Fluß. Wassertrinken und Entspannen praktiziert Ihr freudig Euer ganzes Leben lang zur Prophylaxe und zum Genuß.

Falls Ihr an akuten oder chronischen Krankheitssymptomen leidet, laßt Ihr Euch drittens von einem Freund mit der Kunst des Besprechens behandeln.

Wir wollen ein paar Beispiele angeben, mit welchen Gebeten bei den jeweiligen Symptomen behandelt wird:

Akne	G1, G4, G6
Furunkel	G1, G4, G6
Migräne	G1, G6, im akuten Stadium zusätzlich mit G2
Herpes Erkrank.	G1, G5, G6, bei starken Schmerzen zusätzlich G2, bei Juckreiz und Entzündung zusätzlich G3
Neurodermitis	G1, G3, G6, G11
Arthritis	G1, G3, G6, bei akutem Schmerz zusätzlich mit G2
Asthma, chronische Bronchitis, Sinusitis	G1, G3, G6, zusätzlich wird mindestens sechs Wochen lang von folgendem Hausmittel jeweils zweimal täglich ein Eßlöffel eingenommen: Gebt zu einem Pfund Honig den Saft von drei frisch gepreßten Zitronen und 40g Meerrettich ohne Sahne. Verrührt die Mischung gut und bewahrt sie im Kühlschrank auf.
Verdauungsstörungen	G1, G6

Menstruations-beschwerden	G1, G4, G6, bei starkem Schmerz zusätzlich G2
Rückenschmerzen	G1, G6, G12
Epilepsie, Parkinson	G1, G6, G15

Falls Ihr in Selbsthilfegruppen gleich welcher Art organisiert seid, behandelt Euch bitte regelmäßig gegenseitig und praktiziert zusätzlich die Gruppen-Meditation mit dem Christus Generator.

Ohne den Christus Generator ist Reiki nur eine halbe Sache, kann die Kunst des Besprechens nicht an die Wurzeln greifen und Entspannung und Meditation keine Früchte tragen.

Somit ist der Christus Generator der Schlüssel zu den Augen der Buddhas.

Teil 4

Der Brennende Busch

> „Und der Engel des Herrn erschien ihm
> in einer feurigen Flamme aus dem Busch.
> Und er sah, daß der Busch mit Feuer brannte
> und ward doch nicht verbrannt."
> (2. Moses, 3.2)

Unzählige Blütenessenzen, Homöopathien, Phytologien überschwemmen uns heute.

Niemand aber hat sich bisher die Mühe gemacht, die Geschichte des „Brennenden Dornbusches" zu durchleuchten und zu verstehen.

Als ich erschöpft, glücklich und nichtsahnend von meiner letzten und größten Pilgerreise nach Europa zurückflog, erwachte ich plötzlich aus mehrstündigem Schlaf und es schrieben sich mir die Namen von drei Blumen auf.

Was sollte das? Was war der Sinn?

Ich wußte es nicht und das ließ mich nicht ruhen. Die Auflösung aber kam ganz von allein ...

Unschuld, Liebe, Klarheit - diese Dreiheit bestimmt unser Leben, also kann es auch nicht mehr als 3 Blumen geben!

Aller guten Dinge sind drei! So ist es auch in der Pflanzenkunde.

Diptam

Buschwindröschen

Sternwinde

Dieses Kapitel ist der kürzeste Teil des „Stein der Weisen", aber gerade in der Kürze liegt die Würze. Der „Brennende Busch" ist ein wichtiger Helfer der Spirituellen Orgonomie.

Forschen und Weiterentwickeln dürft wieder Ihr selbst. Wir geben hier nur Denkanstöße und legen Grundsteine.

Der Diptam (Dictamnus albus)

Ein Botaniker berichtete uns folgendes:

„Dictamnus albus, zu Deutsch Diptam, durfte auf keiner Staudenrabatte, die wir während des Studiums entwarfen, fehlen. Daher rührt auch unsere erste Kenntnis davon, daß höchstwahrscheinlich der Diptam der Brennende Busch war. Diese Staude bildet Blüten und Früchte, die bei starker Hitzeeinstrahlung ätherische Öle freisetzen, die sich dann selbst entzünden können. Das geht aber so schnell, daß die Pflanze dabei nicht geschädigt wird.

Als wir das erste Mal zum Katharinenkloster (am Fuße des Berges Horeb auf dem Sinai, ca. 550 n. Chr. Geburt gegründet) kamen, zeigte man uns im Klosterhof eine wilde Brombeere als den „Brennenden Busch". Wir konnten nur müde lächeln. Doch dann kam's ! Wir besichtigten die Klosterkirche, und da wir nur etwa acht Leute waren, durften wir auch hinter die Ikonostase gehen und uns das uralte Mosaik in der Apsis ansehen: da ist die Szene Mose und der Brennende Busch dargestellt. Letzterer ganz eindeutig als Dictamnus albus zu erkennen. Diese Staude hat einen so typischen Aufbau, daß man sie sofort erkennt!"

Es ist gewiß kein Zufall, daß Moses unter der Einwirkung der ätherischen Düfte des Diptam sein Gotteserlebnis hatte, seine Erleuchtung erfuhr.

Der Diptam äußerlich als Öl, innerlich als Essenz angewandt, bringt unschuldige, liebevolle Klarheit.

Öle und Essenzen werden nach den allseits bekannten Methoden aus den voll blühenden Blüten hergestellt .

Es scheint uns der Diptam auch die sagenumwobene Droge *Soma* der Upanishaden zu sein. Vielleicht auch die bewußtseinsfördernde, nebenwirkungs- und suchtfreie Droge der Zukunft überhaupt.

Auf das Dritte Auge aufgetragen bewirkt das Diptam-Öl Klarheit, Leichtigkeit und Mitgefühl.

Innerlich zu gleichen Teilen mit Anemone und Sternwinde als Essenz genossen, ist es *Das Elexier* überhaupt.

Das Buschwindröschen (Anemona nemorosa)

Die Mystische Rose, Der Name der Rose, ist die unscheinbare Anemone.

Klare, unschuldige Liebe ist seine Qualität.

Als Öl lindert es Hautbeschwerden, wie die wahre streichelnde Liebe.

Deshalb gehört es auch auf das Herzchakra aufgetragen.

Die Sternwinde (Ipomea quamoclit)

Das Urvertrauen. Die Unschuld. Das Kind in uns.
Die klare, liebevolle Unschuld!
Als Öl auf die Genitalien aufgetragen, beim Mann auf den Penis, bei der Frau auf die Brustwarzen, hilft es die natürlich-lebensbejahende Sexualität wiederherzustellen.

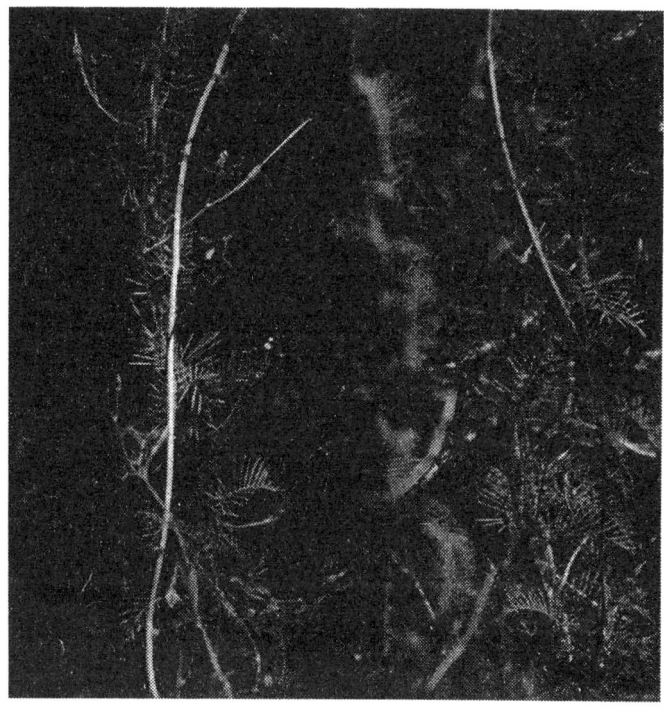

Aufzucht, Ernte, Anwendung

Alle drei Blumen könnt Ihr zu Hause aufziehen.
In der vollen Blüte erntet Ihr.
Dann bereitet Ihr von jeder Blume je ein Öl und eine Essenz aus allen dreien.

Natürlich werden Pflanzen, Essenzen und Öle die ganze Zeit über von der Christus-Lampe bestrahlt.

Und außerdem die fertigen Öle und Essenzen für 45 Minuten im Christus Generator belassen.

Vom Essenzencoctail nehmt Ihr bis zu dreimal täglich fünf Tropfen.

Von den Ölen je ein Tropfen täglich: Diptam-Öl auf's Stirnchakra, Anemonen-Öl auf das Herzchakra, Sternwinden-Öl auf Penisspitze, bzw. Brustwarzen.

Teil 5

IM GARTEN DES MEISTERS

Die magischen und unmöglichen Abenteuer des Pater Ruppig

„Und das Geheimnis ist,
daß es kein Geheimnis gibt."
(Osho)

Irgendwo muß man anfangen.

So will ich nicht bei den wunderbaren Reisen, Begegnungen und Mysterien beginnen, sondern mit den Leiden und Verirrungen.

Falls ich Dich, lieber Leser, mit einigen meiner Ehrlichkeiten und Dummheiten überfordern sollte, verzeih mir bitte und lies darüber hinweg.

Wo viel Licht ist, ist auch viel Dunkelheit!

Wenn die Nacht am tiefsten ist, ist der Tag nahe!

Harre aus mit mir, begleite mich mitfühlend auf meinen Irrwegen, erfreue Dich an meinen Erfahrungen und genieße die Liebe der Buddhas.

Dies ist die Geschichte von jedermann. Ein Spiegel unser aller Sehnsüchte und Ängste ...

Die lieben Vorfahren

Der Schießopa Gustel wuchs als zweiter von drei Söhnen eines Großgrundbesitzers im Westfälischen auf. Traditionsgemäß erbte der Erstgeborene das Gut, der zweite studierte Forstwirtschaft, der dritte wurde Berufsoffizier.

Nur lief bei Gustel und seinen Brüdern alles verkehrt. Der Erstgeborene wäre gerne Forstmeister geworden, Gustel Offizier und der Jüngste Landwirt.

So verreckte der Jüngste im 1. Weltkrieg, der Große versauerte auf seinem Gut und mein Großvater mordete mit 88 Jahren noch, halbblind und sich an Stöcken schleppend, Kaninchen und Elstern von seinem Schlafzimmerfenster aus. Mit Dum-Dum- Munition natürlich. Da blieb von den Tierchen nicht mehr als Kopf, Federn und Pfötchen übrig.

So ging das eben in Deutschland.

Als überzeugter Franzosen- und Engländerhasser zog er begeistert in den 1. Weltkrieg, schwärmte über das Zielschießen auf die Kathedrale von Reims, das Sterben und Zerfetztwerden seiner Kameraden ringsum, las mir aus seinen derart gestalteten Kriegserinnerungen vor, worauf ich dann von Alpträumen geplagt nachts aus dem Bett fiel.

Die Nazis verabscheute man natürlich, des „österreichischen Gefreiten" wegen, man gehörte dem Kreisauer-Kreis an, war mit Plettenberg, den Schulenburgs und Bülows befreundet, hatte jüdische Bekannte, ersehnte die Weltherrschaft unter einem deutschen Kaiser.

Vor Ausbruch des 1. Weltkrieges heiratete Gustel meine Oma Hilde.

Mein Urgroßvater, ihr Vater, der berühmte Ohm Ferdinand, riet ihm, sich erst mal die Hörner abzustoßen und nicht zur Legalisierung seiner Geilheit zu heiraten. Gustel haßte ihn von Tag an.

Mein Urgroßvater, königlich-preußischer Forstmeister auf dem Darß, befreundet mit den Künstlern der Ahrenshooper Künstlerkolonie, Freimaurer und Rebell erlaubte die bevorstehende Hochzeit trotzdem.

Der Darß war Stammrevier der preußischen Prinzen. Prinz Eitel-Friedrich, ein Bruder des unseligen Wilhelm II., frönte hier, wie später Göring, seiner Dekadenz. Der eitle Prinz glaubte wohl, das Jus primae noctae an meiner Großmutter ausüben zu dürfen, wurde aber von Ohm Ferdinand mit den Worten: „Sollte das noch einmal vorkommen, lasse ich dich erschießen wie einen gemeinen Wilddieb" vertrieben. Das sollte ihm teuer zu stehen kommen. Er wurde zwangspensioniert, aus sämtlichen Standesvereinen ausgeschlossen, von seinem adelshungrigen jungen Schwiegersohn geächtet. Seine Frau ließ sich von ihm scheiden und meiner Großmutter wurde jeglicher Kontakt mit ihm verboten.

Er emigrierte nach Teneriffa.

Meine Urgroßmutter verdörrend, bei meinen Großeltern lebend, ersäufte sich Mitte der zwanziger Jahre in einem unserer schönen mecklenburg-vorpommerschen Seen.

Hilde, zurückgestoßen von der strammdeutschen Sexualität Gustels, ließ sich wohl kaum mehr als ein dutzendmal von ihm besteigen. Sie widmete sich von dortan dem Roten Kreuz und der Aufzucht ihrer beiden Kinder, Erna, die später meine Mutter werden sollte, und Ralf.

Onkel Ralf sollte ein richtiger Deutscher werden. Er war für Schießopa ein widerlicher Weichling, der nicht auf Scheibe schießen, geschweige denn Tiere oder Menschen abknallen wollte.

Obwohl Gustel in seiner Funktion als hoher Beamter jede Möglichkeit gehabt hätte, seinen Sohn vor den Greueln des Naziregimes zu bewahren, sollte er doch ein richtiger Ralf im Glück werden und verstarb, ebenso wie all die armen Schweine im Gemetzel des 2. Weltkrieges.

Deutsche Väter, deutsche Zucht und Ordnung!

Mein Großvater väterlicherseits, Apa Rupp war Baujahr 1875.

Seit vielen Generationen dienten seine Vorfahren den Preußen als Berufsoffiziere im Grenadierregiment Nr. 5. So blieben auch ihm und seinem Bruder Erwin Kadettenanstalt und Offizierslaufbahn nicht erspart. Es ging hinaus in die weite Welt: Boxeraufstand in China, Niedermetzelung der Hottentotten und Hereros in Südafrika.

Dann wurde vorübergehend in der Weimarer Republik der Deutschen Lieblingshandwerk arbeitslos und man bereitete sich mit Seekt und Feldmarschall Mackensen im „Stahlhelm" auf das nächste große Sterben vor.

Abgesichert durch das Erbe seiner Frau Carla, konnte Apa sich dem Müßiggang der Ahnenforschung, sowie der Kinder- und Hundedressur widmen. Man wohnte recht hübsch auf der Burg zu Freiburg an der Saale. Man rauchte Zigarren, spielte Billard, züchtigte die Kinder und trank Rheinwein, betrieb die Wiederbewaffnung Deutschlands, die dunklen Wolken des Faschismus aber sah man nicht.

Mutter Erna war 1920 noch ganz klein. 1940 gab es nichts Schöneres für sie, als dem Vorbeimarschieren der Regimenter zuzuhören und auf ihren Liebsten, Wilhelm, zu warten. Glücklicherweise holte diesen Eichenlaubträger und Kampfflieger das gerechte Schicksal ein, nachdem er schon fast so viele Menschen umgebracht hatte, wie der alptraumhafte Richthofen.

Man wohnte zeitweilig auf Schloß Rheinsberg, Arbeiter-, Bauern- oder gar Architektenkinder waren nicht standesgemäß. Gustel bestieg seine Sekretärinnen.

Dann wurde Töchterlein in Sicherheit gebracht auf das Gut Onkel Jochens in Vorpommern. Hier tanzte man, machte Präsente, während ringsum gefoltert, gemordet, gebrandschatzt wurde.

Dann lief die Zeit glücklicherweise immer schneller und die Herrenmenschen von damals fanden sich in den Kuhställen Niedersachsens und Bayerns wieder. Runkelrüben ernten und Kartoffelschalen essen war angesagt.

Denn wer Wind sät, wird Sturm ernten.

Henri Rupp, mein Vater, wird 1921 in Pommern geboren.

Apa schreibt Standesämter und Kirchenarchive im gesamten deutschsprachigen Europa an, um Ahnenforschung zu betreiben, die uns später bis zu Karl Martell und Wiedukind bringen werden. Aber daß wir alle von Adam und Eva abstammen, wissen wir ja. „Name ist Schall und Rauch und meinen kranken Nachbarn auch" sagt Hans-Dieter.

Die drei Töchter, saubere Spitzenkleidchen tragend, lernen schon so früh Manieren, daß sie zeitlebens nicht froh mehr können werden. Der Haushalt wird von Dienstboten geführt, die Mutter darf das Arbeitszimmer nicht betreten. In dieser Atmosphäre wächst der kleine Henri auf.

Am Naumburger Dom-Gymnasium ist sein bester Freund Ernest Schneider, seine Vorbilder sind seine weisen Großtanten.

In der Schule aber ist Boxen Pflichtfach für Jungs.

Die Mutter schweigt, der Vater schreibt!

Henri möchte Mediziner werden, bewahren, was Gott gegeben hat, wiederherstellen, was durch Gewalt zerstört wird.

Man sieht das Unheil kommen, hilft den jüdischen Schneiders auszuwandern, aber hat nicht genug Weitsicht zu erkennen, daß „der Tod ein Meister aus Deutschland" ist.

So findet sich Henri als Offiziersanwärter beim Überfall auf Polen, „Operation Kurland", Frankreich und Rußland wieder. Ein deutscher Held, unbewußtes Rädchen im Getriebe. Natürlich kämpft er nicht in irgendeinem Regiment, sondern als Offizier der Kampfgruppe „Modrow" im 5. Panzerinfanterieregiment. Denn sterben wir, so sterben wir elitär!

Endlich ist alles vorüber. Pflichtbewußt fast abgekratzt, schwer versehrt, gerettet von einer russischen Krankenschwester und dem deutschen Pastor Birnbaum, auf dem Transport beherrscht von der Angst verwechselt zu werden mit einem SS-Schergen fast gleichen Namens, der im Sudetenland wütete, kehrte Henri im Sommer '46 nach Potsdam zurück. Er wird Viehhüter bei Bauer Käthe.

Erst recht möchte er Arzt werden.

Im Gegensatz zu vielen seiner Alters- und Elitegenossen nicht vom Wunsch zur Wiederbewaffnung beseelt, von seinen Eltern aber auch nicht für ein Arztstudium unterstützt, studiert er auf dem Steinberg bei Hannover Garten- und Landschaftsarchitektur und macht meiner zukünftigen Mutter im Rosengarten des Schlosses Herrenhausen einen Heiratsantrag.

Erna tat der „arme zerschossene Junge" leid und so heirateten sie.

Die schöne Kindheit

Irgendwann mußte ich dann, als Peter Rupp, im grellen Licht des Kreißsaals eines städtischen Krankenhauses das Licht der Welt erblikken. Es war zu grell! Kam ich doch gerade aus dem Himmel, wo es so wunderschön gewesen war, aber irgendwie auch sehr kurz, und wohin ich mich, jahrzehntelang, immer wieder zurücksehnte. Bis ich verstand, daß in diesem Leben der Himmel zu mir kommen würde.

Die Mutter hatte sich vor meiner Geburt „schlaue" Bücher gekauft, der BRD entsprechend wahrscheinlich die Traktate ehemaliger Nazi-Ärzte, und daraufhin beschlossen, daß eine deutsche Eiche jeweils alle vier Stunden bewässert wird. Mein Liebesbedürfnis, und nichts anderes ist Säugen ja, äußerte sich aber schon nach kurzer Zeit und gegen die mechanisch-lieblosen Stillgewohnheiten. So schrie ich denn halt drei Stunden, denn früh übt sich, was ein deutscher Mann werden soll. Ich hätte unausgesetzt sterben wollen. So habe ich noch heutzutage ungeheure orale Bedürfnisse, die ich mit Zigaretten und Weißwein befriedige.

Schon als Kleinkind fühlte ich mich anders und hatte viele Jahre Angst, daß man mich erkennen könnte. Als ich sprechen konnte, sagte ich zu meinen Erzeugern: „Ihr seid nicht meine Eltern". Bloß stieß das auf wenig Verständnis, da meine Erzeuger wegen tausender Bücher in ihrer Bibliothek sehr ungebildet waren und keine Ahnung davon hatten, daß die Mehrzahl der Kinder sich an ihre vorhergehenden Leben erinnern.

Später wurde dann mein Bruder Punk geboren. Er ist ein Meister der Lüge. Er verstand es, mich für alles, was er angestellt hatte verantwortlich zu machen. So bekam ich von meiner Mutter den Kosenamen „Kain", während meine Freunde mich „Pater Ruppig" nannten.

Als ich meine Freundin Eva in ihrem Bauern-Elternhaus nicht besuchen durfte, sagte Erna nur ganz lapidar: „So einem wie dir, würde ich meine Tochter auch nicht anvertrauen".

Jahre später versuchte sie vergeblich sich umzubringen und machte danach auf Entwicklungshilfe bei der „Evangelischen Mission". Wenn man sich selbst nicht helfen kann, muß man eben anderen helfen!

Irgendwann, mit zehn oder elf Jahren, brachte man mich zu Herrn Neuro Loge. Der hatte ein großes Büro. Man steckte mir viele Klammern an den Kopf, die zu einem Kasten liefen, der dann im Laufe einer halben Stunde hunderte Meter Papier mit Kurven ausspuckte. Ich fand das zwar sehr interessant, aber die Dinger am Kopf piekten.

Nach dem zweiten Kopfhautpieken hatte ich im Lexikon unter dem Stichwort „Neuro" nachgeschaut, rausgefunden, daß der freundliche Herr nicht Neuro Loge hieß, sondern ein Irrenarzt war.

Ich erzählte auch nie mehr zu Hause, daß mir ganz still wurde, wenn ich lange genug in den Himmel guckte.

Später las ich Wilhelm Reich, Ronald Laing, Navratil, Groff und Freud und beschloß selber Psychiater zu werden, um anderen Kindern solche Verfahren zu ersparen.

Auf Befehl des Schießopas mußte Henri, Punk und mir das Schießen beibringen. Zuerst auf Scheibe, dann schossen wir Eichhörnchen aus dem Baum, Vögel aus der Luft. Die toten Tiere schauten einen so unschuldig an, daß ich gar nicht hinsehen konnte. Ich faßte kein Gewehr mehr an.

Die freche Jugend

Den Alkohol entdeckte ich eher zufällig mit zwölf Jahren. Einen herrlichen „Cote de Provence". Da ich beim Abendessen, in einem Fischrestaurant an der Cote de Azur in Sainte Maxime, Chillisauce und Ketchup verwechselte, kein anderes Getränk auf dem Tisch stand und das Chillifeuer gelöscht werden mußte. Im Nu war die halbe Flasche geleert und ich sturzbesoffen. Ich mochte das. Das Chillifeuer aber wurde erst durch Joghurt gelöscht.

Sainte Maxime war überhaupt ein wunderschöner Ort, an dem ich viele Dinge lernen sollte. Nämlich das Autofahren ohne Führerschein, das Whisky trinken und das Einbrechen.

Und das ergab sich so!

Wohlbehütet in einem Feriendorf für Gewerkschaftsheinis, hatten wir einen Ford 20M geliehen. Der Fahrer weihte mich dann, unter der Bedingung eine Fasche Johnny Walker springen zu lassen und diese vorher gemeinsam zu verspeisen, in die Kunst des Autofahrens ein.

Irgendwie schafften wir es dann wieder zurück ins Feriendorf. Aber Whisky macht Durst, großen Durst.

So mußte in einer Bar am Strand noch reichlich Rotwein dazu. Rotwein treibt! In einem Hauseingang mußte ich einfach pinkeln. Und wie ich so pinkelte, sah ich ein Kästchen mit Schlüsseln liegen. Nebenan war ein Schmuckgeschäft. Meinem umnebeltem Gehirn war alles sofort klar.

Wir schlossen das Schmuckgeschäft auf, öffneten die Vitrinen, stopften die Taschen voller Ringe, Armbänder und Ketten, schlossen die Vitrinen wieder zu und die Tür, stellten das Kästchen an seinen Platz.

Zwei Stunden später wachte ich mit trockenem Mund, Kopfweh und seltsam dicken Taschen am Strand auf.

Oh weh, was tun? Polizei, Gefängnis - die Gedanken überschlugen sich!

Zuerst aber gings zum Hafenbecken. Angeleuchtet von Straßenlaternen sah ich Tintenfische, Seeigel und Fische schwimmen. Dazu schwankten Algen und bald erfreute mich das sanfte Herabsinken von Goldkettchen, glitzernden Ringen und was ich sonst noch in den Taschen hatte.

Am nächsten Tag war unser Werk auf den Titelseiten der Regionalzeitung: EINBRUCH IM JUWELIERGESCHÄFT! UNBEKANNTE ERBEUTETEN SCHMUCK IM WERT VON 150 000 Franc!

Der Rest der Ferien war eine Qual. Jede Polizeisirene ließ mir die Nackenhaare zu Berge stehen.

Als wir dann endlich in die Schweiz ausgereist waren, schrieb ich von dort an die Polizei von Sainte Maxime und legte eine Schatzkarte bei.

Einbrecher hatte ich von der Liste meiner zukünftigen Karriereleiter gestrichen - ohne Berufsberatung.

Aber das liebe Geld ...

Das Taschengeld war knapp, der Durst groß.

Einer meiner Schulkameraden arbeitete nachmittags bei „Kaisers" im Lager. Ich nahm ihm Whisky und Cognac für 5 Mark die Flasche ab und verkaufte für 10 Mark die Flasche an einen Kioskbesitzer, der fast ausschließlich auf diese Art einkaufte. Das wußte ich von meinen Mitleidenden aus dem Konfirmandenunterricht, denn meine Eltern hatten mich feinen fagottspielenden Oberklasseknaben zur kirchlichen Ertüchtigung in das übelste Stadtviertel gesteckt. Und wie man sah, zahlte sich das Geschäft aus!

Leider wurde mein Schulfreund dann Alkoholiker und später Polizist.

Es half nichts, auch die Hehlerei war abgehakt!

Als nächstes mußte ich Schülersprecher werden. Ich verfaßte ein Programm zur Schüleralleinverwaltung und Abschaffung der Schule und wurde neben einem CDU-Jungen, dem Sohn eines Tampon-Fabrikanten, stellvertretender Schülersprecher des ehrwürdigen Gymnasiums.

Es war schon erhebend, vor fünfhundert Mitschülern die Bühne der Aula zu betreten, zu schimpfen, Beleidigungen auszustoßen und durch die quasi Immunität des Amtes auch noch ungeschoren davonzukommen.

Da ich mir aber immer mehr vorkam, wie ein Bundestagsabgeordneter, gab ich auch diese Karriere auf und beschloß Musiker zu werden. Nichts leichter als das!

Gitarre, Baß, Schlagzeug und Fagott, wir werden berühmt!

Schnell hatten wir Auftritte an verschiedenen Gymnasien. Vor jedem Auftritt hatte ich eine solche Angst, daß ich mir in die Hosen pinkelte und die Kollegen ohne mich spielen mußten. Ähnlich erging es mir als zukünftigem Fagottisten. Selbst nach acht Jahren täglichem Übens konnte ich keine Noten lesen. Ich wußte, welche Note zu welchem Griff paßte, war aber völlig verloren, wenn meine Lehrer Anweisungen gaben wie: Jetzt noch mal vom großen C! Außerdem heißt 'Fagot' auf englisch Schwuchtel und die Berufsbezeichnung „Schwuchtel" lag mir überhaupt nicht.

Der Vietnamkrieg tobte, der Terrorismus wuchs heran. Ich las Lenin, Trotzky, Rudolf Rocker, Kropotkin, Durutti - Revolutionär müßte man sein.

Eine meiner Spielkameradinnen, wir waren als Kinder in den riesigen Waldgrundstücken unserer Großeltern Stelzen gelaufen, während die Alten Vertriebenenpolitik betrieben, ich glaube ihr Name war Anette, hatte sich bereits auf dem Feld des Berufsrevolutionärs bewährt und einen armen Mann namens Schmücker mitumgebracht.

Aber früh übt sich, was ein Meister werden will, so fing auch ich erst einmal mit dem Demonstrieren an.

In der ersten Reihe bei Anti-USA-Demonstrationen, Polizisten verprügeln, weglaufen und danach im illegalen KPD m/l - Büro Polizistenmützen zählen. Denn damals war alles noch ganz einfach, Polizisten waren ältere Herren im grünen Anzug, grünen Mützen mit weißem Schirm und eine leichte Beute.

Andere Erfahrungen mit der Polizei ergaben sich beim wilden Zelten, insbesondere mit Wachtmeister Döner. Der hatte uns „liebgewonnen"! Irgendwann beleidigten wir in Bierlaune den dickbäuchigen Generalversicherungsvertreter-Papa von Ralfi, worauf der die Polizei rief und zu unser aller großer Freude, eben unser Liebling Döner erschien. Er hatte das Fenster seines Streifen-VW's lässig heruntergekurbelt. Vosbel gab ihm direkt eins auf die Nase. Döners Uniform war nicht mehr grün, dafür aber blitzten minutenschnell die blauen Lichter der Überfallkomandos. Meine Freunde sahen übel aus, es war eine Keilerei wie bei „Bolle". Irgendwie kam ich wie immer ungeschoren davon, aber wie alle anderen in eine Einzelzelle. Blitzschnell leerte ich die 50 Gramm selbstangebautes Gras aus meinem Tabaksbeutel, dann gings zur Leibesvisitation und erkennungsdienstlicher Behandlung. Blutproben wurden entnommen. Als einzig nüchtern Aussehenden ließ man mich nach Hause, meine Freunde durften auf Holz schlafen.

Die Verfahren wegen Landesfriedensbruch und Körperverletzung wurden später niedergeschlagen, ich hatte 2,45 Promille.

Wir beschlossen Döners Treiben ein Ende zu machen, die Jagdgewehre des ekligen Schießopas, Doppelflinten, Repetierbüchsen samt Dum-Dum-Geschossen und Zielfernrohren standen im elterlichen Kleiderschrank, die Patronen unter den Schlüpfern meiner Mutter.

Ein Prager SS-Mann, mit zünftigem Schmiß auf der Backe, hatte gerade für seine Untaten gebüßt, und wir hielten den Zeitpunkt für gekommen, die Polizeiwache Kaiserswerther Straße unter Beschuß zu nehmen. Schöne Mollis aus Puderzucker, Unkrautex und Schwefel waren gebaut, um aus abgestellten Mannschaftswagen Weihnachtsbäume zu machen.

Wir hörten etwas Tschaikowski und Brahms „Deutsches Requiem", tranken dazu nach bester Hoffmannscher Manier einige Liter Feuerzangenbowle, doch der Wagen sprang nicht an. NSU waren einfach Scheißwagen.

Da nur noch Bier im Haus war, zogen wir mit einem Kasten zum Rhein, an den Kühen vorbei, die uns durstig anglotzten. So machten wir die Kühe besoffen, statt Döner kalt.

Und das war gut so!

Und es war immer noch nicht zu Ende. Manchmal waren wir beim Sohn vom alten Overbeck eingeladen: Tennisplatz, Schwimmhalle, Mercedes 600 und ein Wohnzimmer so groß wie drei Wohnungen. Sohnemann bewohnte eine entlegene Abstellkammer, aber immerhin mit Telefon. Was da alles draufstand: Küche, Gärtner, Dienstmädchen, Chauffeur. Liebe stand nicht drauf!

Doch dann mußten alle Jagdwaffen in Deutschland registriert und abgegeben werden.

Und das war gut so!

Zuende war es aber noch nicht. Handgranaten mußten her. Im Lantzpark stand ein alter Bunker. Nach tagelanger Meißelarbeit waren Tommi und ich durch. Alte Bettpfosten und eingeweckte Gurken waren drinne.

Und das war gut!

Tommis Freunde waren Halblegale. Die sägten hier mal was ab, machten da mal was kaputt. Frauen hatten da gar nichts zu sagen. Menschen mit anderer Meinung erst recht nichts. Da dacht ich mir, wenn die sich an die Macht bomben, die stellen dich als ersten an die Wand.

Und es war aus mit meiner Karriere als Revolutionär.

Die Pubertät war überhaupt sehr anstrengend! Statt zu lieben, mußte man raufen, saufen und ins Fußballstadion laufen. Wenn fünfzigtausend Leute Toooor brüllten, ist da so eine grausige Atmosphäre wie bei Josef Goebbels im Eissportpalast.

So lernte ich lieber Autogenes Training von Pastor Hasenberg, stritt mich über religiöse Fragen mit Kaplan Kühnhof und dem Franziskaner Johannes Brumm.

Wir hatten herr-liche Nachbarn!

Links von uns wohnte der Oberbürgermeister. Als guter Sozialdemokrat ging er sonntags zur Jagd. Dann hingen Fasanen, Rebhühner,

Hasen kopfüber im Keller. Die fingen an zu stinken. Die Erwachsenen fanden das lecker. Später erschoß er sich selbst mit dem Gewehr.

So geht das!

Rechts wohnte passenderweise der Sturmbannführer und Schnapsvertreter Hähnchen. In die Tschechei durfte der nicht, da hatte er zuviel Menschen gefoltert und gemordet. Morgens hustete der so erbärmlich, daß ich im Nebenhaus wußte, es war halb sieben. Er starb dann an Lungenkrebs.

So geht das!

Schräg gegenüber wohnte Herr Echterlein. Der hatte einen Irish Setter namens Peppo. Dem schaute ich begeistert zu, wenn er aus unserer Toilette Wasser trank. Herr Echterlein trank lieber Schnaps. Immerhin war er einer der Geschäftsführer der „Neuen Heimat". Seine Frau vertrug den Schnaps noch weniger als er, überlebte Echti aber, völlig umnachtet, um einige Jahre.

So geht das!

Frau Brohm war BDM-Führerin gewesen. Und dann gar nichts mehr. Alarmanlagen und ein großer Hund sicherten ihr Haus, sie bezog „Essen auf Rädern" und traute sich nicht raus.

So geht das!

Frau Tasch hatte wunderbar dicke Busen, die zeigte sie uns gern und oft im durchsichtigen Nachthemd.

Da ging ich immer hin!

Auch Frau Papst war nicht ohne. Ihr dreißig Jahre älterer Mann war immer auf Geschäftsreise. Es gab lecker Whisky bei ihr und sie küßte mich dann ungemein erregend. Schade, daß ich mich damals nicht traute mit ihr zu schlafen. Jetzt ist sie ganz dick und krank.

So geht das!

Der Bauunternehmer Kowalski schlug seine Kinder zu Haus, aber fuhr gern Ski, bis eine Lawine ihn ganz kalt machte.

Hogens hatten große Teile eines Stahlhandels geerbt. Es war eine Sauna und eine riesen Pornosammlung im Haus. Manchmal vergaß Hogen sein Toupet und wir setzten es auf.

Onkel Schorsch kam viermal im Jahr aus Gelsenkirchen im Opel Admiral. Mit Fahrer natürlich. Der hieß Heinzken und alle durften ihn duzen. Zu Weihnachten gabs kistenweise Schampus, Schnaps und ganze Schinken. Auch sonst gabs riesen Freßpakete von den Geschäftsfreunden. Ich kam gar nicht nach mit dem Zählen von Kaviar, Wein und Co. Mein Vater war auch Mitglied der „Neuen Heimat".

So war das in Deutschland - im Wirtschaftswunder!

Jetzt hab ich fast die Pubertät vergessen!

Das es sowas wie Sexualität überhaupt gab, stellte ich eines abends im Elsaß fest. Im wahrsten Sinne des Wortes. Unter der Dusche stand plötzlich mein Schwanz auf. Machte etwas, was er noch nie getan hatte. Reizte mich ihn zu streicheln, dann kamen zwei Tröpfchen raus. Er und ich ermatteten wohlig. Das wollte wiederholt werden. Geteilte Freude ist doppelte Freude. Aber mit meinen Eltern, die ich nie nackt sah, außer vielleicht das letzte Mal als etwa Dreijähriger, als die Eier meines Vaters riesengroß, erschreckend vor mir in der Badewanne schwammen, gab es das Thema „Sexualität" nicht. Da wußte ich nicht, war es gut was ich tat oder schlecht, war die Freude dabei gut oder schlecht. Mir ging es schlecht.

Manchmal im Unterricht konnte ich nicht aufstehen, weil ich einen Harten hatte. Die Mitschüler redeten von Frauen legen, Stechen, Fikken, Durchbohren, Fotzen, Pimmeln. Mir war furchtbar zumute und ich wußte nicht, was solche Worte oder Taten mit den freudigen Regungen meines Gliedes zu tun haben sollten.

Mein Vater schwieg zu allem. Er schrie lieber jede Nacht im Alptraum die unverarbeiteten Erlebnisse des 2. Weltkrieges heraus.

Durch solche Aufzucht schafft man Banker, Skinheads, Revolutionäre, Alkoholiker, Beamte und überhaupt das Leid der Welt.

Es war Schweigen im Walde! Außer als Vollstrecker sah ich Henri nie. Dann gab es den Rohrstock im Keller.

Auf eine Schulaufsatzfrage hin, was wir am letzten Tag Schönes erlebt hätten, schrieb ich vom Rohrstock. Es gab wieder den Rohrstock. Ich versprach die Atombombe. Und versuchte mich durch das Schlukken von zehn Pull Moll umzubringen. Aber Pull Moll hilft nur bei Husten und auch das selten. Irgend jemand außer mir, mußte meinen Schwanz doch lieben. Meinen Hund Moses interessierte er leider nicht, er wollte nicht dran lecken. Da das Berühren und Verführen der Mutter tabu war, stellte ich mir in meinen Tagträumen vor, sie sei tot, damit sie mich bei Henri nicht verpfeifen konnte. Ich holte „Bravo" und „Praline" mangels Liebe und mir öfter einen runter.

Die Mutter schrie tags, der Vater nachts.

Meinem kleinen Bruder schien es auch nicht besser zu gehen, denn er nahm eines Tages das noch kleinere Kleinkalibergewehr und schloß die Tür zu seinem Zimmer. Ich trat die Tür ein, verkloppte Punk und Gewehr. Muß wohl damals 'ne gute Tat meinerseits gewesen sein ...

Zur Rohrstock-Dirigentenübung soll's wieder in den Keller. Ich schmiß den Vatter die Treppe runter. Das war's dann, der Rohrstock wurde nie mehr benutzt. Ich war auch nicht mehr geil auf Erna, die aber um so eifersüchtiger auf mich.

Auf dem Schulfest hatte ich wie immer großen Durst. Die Alten tranken auf alte Tage. Ich entdeckte das Weinlager. Wir tranken 's aus! So schmissen sie uns raus! Wir drohten Gewalt. Der Direktor schloß die Tür. Ich pisste dagegen, der Direktor stand hinter der Tür.

Fünfzehn Jahre später sprach mich ein wildfremder älterer Herr in der Kö-Passage an: „Sie sind doch Herr Rupp?" Wir sprachen fünfzehn Minuten miteinander. Es war der Direktor. Der war selber Rebell und gestand mir schmunzelnd, daß ihm das damals großen Spaß gemacht hätte.

Meine Lehrer waren bunte Vögel.

Einer hieß Göring, so hieß der wirklich. Ein Wunder, daß der Nazi war.

Der Bio- und Chemielehrer Dr. Roth hatte morgens schon eine Fahne und erklärte, daß man Kaliumwürfel niemals in Gullys werfen dürfe. Woraufhin wir natürlich massenweise Gullys hochjagten.

Meier I hatte Granatsplitter im Kopf. Die plagten ihn beim Wetterwechsel. Dann schlug er den Kopf auf den Tisch und schwadronierte vom Rußlandfeldzug. An klaren Tagen war er dann wieder ein feiner Kerl.

Oberlehrer Sauerbier war schwul und ging mit den Ministern unter „Bruder Johannes" ins Bett. Ansonsten soff er mit uns im „Alten Exerzierplatz", ganz seinem Namen entsprechend.

Aber es gab auch schöne Sachen!

Mein Schießopa sah zum erstenmal nett und friedlich aus - im Sarg bei seiner Beerdigung. Alle dachten dasselbe wie ich. Ich sagte es und sie schüttelten die Köpfe. Die Beerdigung war fünf Tage nach seinem Tod, er hatte einen weiß-weichen Stoppelbart und war ganz klein. Nicht mehr der bedrohliche Riese, der mich früher in den dunklen Keller sperrte, mir nach Gutdünken Schinkenscheiben zuteilte oder vorenthielt, in dessen Badezimmer es säuerlich roch und ein stilettmäßiges Rasiermesser lag und die Haartüte der Oma.

Die einzigen Lichtblicke waren die Besuche von Tante Alice gewesen, die sonntags pünktlich sechzehn Uhr von Taxifahrer Kraft vorgefahren wurde. Sie ließ den Kaffeeklatsch über sich ergehen, und wenn alle besseres zu tun hatten, sagte sie zu mir: „Jungchen, bleib mal hier, ich mach jetzt die Augen zu und sehe für zehn Minuten ganz dumm aus". Es wurde ganz still und sie sah gar nicht dumm aus. Manchmal befreite sie mich, wenn ich wutheulend sonntags im Keller saß, mit den Worten: „Jungchen, im Lichte der Ewigkeit besehen, macht das gar nichts". Sie meinte das wirklich. Sie war echt. Sie war mein erster Guru.

Opa Apa wohnte jetzt in der DDR. Das tat ihm gut. Er fing mit 80 Jahren an zu denken. Weniger gut tat ihm Tante Wasserfall, die ihn betreute. Zum Ausgleich schiß ihr der Wellensittich „Kuckuck" auf den Kopf. Täglich!

Apa erklärte eines Tages, aus seinem jetzigen Bewußtsein heraus, wäre er niemals Soldat geworden und er wünsche nicht, daß seine Enkel Militärdienst leisten. So durfte ich, knapp 16, nach West-Berlin ziehen. Apa erzählte mir alles, die Dummheiten, Schrecknisse und Schönheiten seines Lebens und seiner Reisen. Von der Kultur der Hottentotten, von den endlosen Weiten Chinas und - vom Dalai Lama. Er beschwor mich, wenn ich groß sein würde, nach Tibet zu fahren. Ich versprach ihm das. Er war mein zweiter Guru.

Eines abends zog er Ehe- und Siegelring ab, sagte zu Tante Wasserfall, er brauche diese Dinge nun nicht mehr, legte sich hin und starb.

Der dritte Guru meiner Kindheit war Tante Hertha von Bismarck. Nachdem es sie aus der vornehmen Fasanenstraße in Berlin hinaus gebombt hatte, war sie samt Haushälterin nach Hamburg gezogen. Auf der ersten Besuchsfahrt zu ihr, warnte Erna mich ausdrücklichst vor der unnahbaren, messerscharfen Patriarchin und ließ abfällige Bemerkungen über Tante Hertha´s Haushälterin fallen, die in ihren Augen eine dumme, lebensuntüchtige Person war, in Wirklichkeit aber eine geistig zurückgebliebene, entfernte Verwandte, die von Hertha beschützt und am Leben erhalten wurde. Allen Warnungen zum Trotz, freute ich mich auf den Besuch bei der gestrengen Großtante. Über Neunzig sollte sie schon sein und nur wirres Zeug im Kopf haben. Ich sollte ja stille sein. Alle Mahnungen vergessend, stürzte ich auf die weißgekleidete, mumienhaft verschrumpelte Gestalt mit den lächelnden Augen zu, die mir eine Hand auf meinen Kopf legte und sagte: „Da bist du ja, Junge". Tante Hertha hatte für mich eine weiße Aura um sich, vor der die Erwachsenen, mir unverständlicherweise, Angst zu haben schienen.

Hertha war mein dritter Guru. Ganz einfach, weil sie mir einen Vorgeschmack auf die Liebe Oshos gab.

Wir fuhren weiter zu Onkel Joachim von Kotze, wobei mir der Name an der Haustür, sowie das „Russisch Brot" als einziges in Erinnerung blieben. Und nicht die dollen Geschichten, die man sich erzählte: „Weißt du noch, damals, wo ich aus Deutsch-Südwest telegraphierte - 'kann nicht kommen. Kotze.' Ha. Ha. Ha.

Berlin war wunderbar: Meine Cousinen, in die ich sofort unsterblich, aber leider nur platonisch verliebt war; Hinterhöfe; gemütliche Wohnungen mit Ofenheizung und Außenklo; Wohngemeinschaften; ein großes Fragen nach dem Sinn des Lebens.

Vom Gymnasium verabschiedete ich mich nicht durchs Abitur, aber durch ein größeres Finale. Befreite alle Mitschüler für mehrere Tage vom Unterricht, indem ich nachts sämtliche Scheiben im Erdgeschoß einwarf. Danach kam einige Jahre regelmäßig der Gerichtsvollzieher zu meinen Eltern, dem wahrheitsgemäß mitgeteilt wurde, ich sei in Asien verschollen. Im Gymnasium geisterten noch jahrelang die Heldentaten des wilden Pater Ruppig herum. Aber Heldentaten sind wie der Sand der Zeit und verrinnen genauso.

Wegen meiner langen Haare wurde ich oft beschimpft: „Geh doch rüber!" (in die DDR). Ich fuhr dann öfter mal rüber. Die Menschen lasen Bücher in der U-Bahn, viele unterhielten sich. Das U-Bahn-Ticket kostete 20 Pfennige und keiner kontrollierte, ob man bezahlt hatte. Als „Eingeborener" kam man aber da nicht raus. Wäre die DDR größer und stärker gewesen als die BRD, wäre der Kohl wohl nach Chile geflohen. Der Schäuble säße im Knast und Erich wäre Bundeskanzler. So geht das!

Ich wollte weder nach „Hüben", noch nach „Drüben".

Der Gedanke, durch die von den Eltern geplante Karriere mit 35 ein großes Haus zu besitzen, selbst ein großes Auto zu fahren, meine brave Frau ein kleines fahren zu lassen und sie Mutti zu nennen, machte mir Alpträume.

Wirkliche Lehrer waren nicht zu finden. Meine Pastorenfreunde waren so ehrlich zuzugeben, daß sie nicht aus eigener Erfahrung wußten, sondern aber-glaubten. Über das Bücherlesen kam ich an die wirklichen Nachfolger Christi nicht ran.

Ich arbeitete drei Monate als Packer im Flughafen Frankfurt, wo man mich gerne auf Lebenszeit eingestellt hätte und dann ging die große Pilgerreise los!

Der Ruf der Buddhas

Zuerst fuhren Christian Christiansen, ein Kasten Bier, ein klappriger VW-Bus und ich nach Berlin. Am Abzweig Leipzig kamen wir von der Transitstrecke ab, fuhren Landstraße weiter, gingen einen trinken, zahlten mit Westgeld und kamen eigentümlicherweise am Grenzübergang Staaken raus. Irgendwie freuten sich die Grenzer über uns, vielleicht, weil in unseren Köpfen schon damals keine Mauer war. Ein paar Tage später bekam ich über die „City" eine Mitfahrgelegenheit nach Istanbul.

Anfang Oktober zogen wir zu fünft in einem Opel „Blitz" los. Der war älter als ich. Die anderen wollten nach Kabul, um sich mit „Schwarzem Afghanen" vollzudröhnen. Ich suchte meinen Lehrer. Denn ein Mensch ohne Meister ist ein herrenloser Hund. An den Buddhas geht kein Weg vorbei. So machten wir uns auf den Weg!

Am deutschen Zoll in Passau, der alten Nazi-Hochburg, wurden wir Langhaarigen und unser armes altes Auto nach deutscher Beamtentradition stundenlang durchsucht. Das war ein würdiger Abschied vom Vaterland. Ist es nicht überhaupt witzig, das Deutschland das einzige Land auf der Welt ist, das nicht Mutterland sagt, sondern Vaterland? Irgendwas stimmt doch da nicht!

Wien war wunderbar. Der Stephansdom, die Hofburg, die Museen, die Kaffee-Häuser, der Zentralfriedhof.

Man bekam zu jedem Kaffee ein Glas Wasser. Wahrscheinlich ist auch deswegen in Österreich die Nierenkrebsrate niedriger und der schwarze Humor so weit verbreitet.

Dann ging es durch Jugoslawien. Bergig, grün, friedlich, leicht verfallen und sozialistisch langsam. Wir blieben drei Tage in einem kleinen Dorf in Bosnien, da gabs alles: eine Kirche, eine Moschee, ein HO-Laden und Kopfsteinpflaster. Die Leute brannten ihren Slibowitz selber. Ein Bauer, dessen jüngerer Bruder Gastarbeiter in Deutschland war, hatte uns in sein kleines Gehöft eingeladen. Einfach herzliche Menschen mit großen Bauernhänden, die uns mit ihrer Gastfreundschaft erfreuten, aber nicht erdrückten. Da keiner des anderen Sprache verstand, lachten wir viel. Ich sog jeden Eindruck dieser mir fremden Kultur auf, versuchte vorbehaltlos zu lernen und trat somit in die wirkliche Schule des Lebens ein.

Weiter brachte uns die Reise ins herbstlich warme Griechenland. Wieder anders sprechende, anders aussehende freundliche Menschen. Und ich fragte mich, was es überhaupt bedeutet: „Deutscher, Franzose, Russe ...?" Auch die Religion war wieder anders. Und ich fragte mich, was das bedeutet: „Christ, Moslem, Jude ...?" Und ich wußte es nicht!

Wir kampierten für zwei Wochen auf dem Strand einer kleinen Insel, nahe der türkischen Grenze. In einer Neumondnacht wurden fluoreszierende Algen angespült. Ich hinterließ grünleuchtende Fußspuren im Sand, meine Beine leuchteten und ich war so glücklich, wie lange nicht mehr. Hinter der Küste stiegen die Berge zu einem etwa 500 Meter hohen Kamm an. Der Anstieg war so steil, daß ich auf dem selben Weg nie wieder heil heruntergekommen wär. Also mußte ich auf die andere Seite der Insel laufen, um auf der Ringstraße wieder zum Strand zu kommen. Olivenhaine, Ziegen, eine Uso-Schwarzbrennerei im Schutz einer Höhle kreuzten meinen Weg. Ein überaus rußgeschwärzter Mensch betrieb die Destillationsmaschine. Es gluckerte und stampfte und pscht, pscht floß der warme Uso ins Faß. Der Schwarze winkte mich heran, breitete ein Tuch aus, hielt ein Wasserglas in den Uso-Strahl, teilte sein vorzügliches Getränk, Sardinen und Brot mit mir. Beseelt zog ich ein paar Stunden weiter, bis ich an einem weißgetünchten Ödhof von einem großen Hund in Schach gehalten wurde, der mir unnötigerweise Angst machte, denn ich wurde alsbald zum Mittagessen eingeladen. Abends erreichte ich die Ringstraße und ein seeräuber-artiger alter Grieche fuhr mich lächelnd zurück zum Strand. Und ich fragte mich, wieso solch wunderbare Menschen von Diktatoren mißbraucht, mir zu anderen Zeiten den Hals umgedreht hätten oder ich ihnen. Und ich wußte es nicht!

Mit jedem Schritt fiel mehr und mehr Deutsch-Sein von mir ab. Ohne es zu wissen bewegte ich mich in Richtung Mensch.

In Istanbul verabschiedete ich mich von meinen Mitreisenden, ließ mich im bunten Gewusel der Basare treiben, mich von der gewaltigen Stille der „Hagia Sofia" verzaubern, mich von den orientalischen

Düften und Farben berauschen. Da Istanbul außerdem die Hauptstadt der Fälscher war, erstand ich einen internationalen Studentenausweis, der mir von jetzt an das Privileg halber Fahrpreise verschaffte.

An einem Vollmondabend bestieg ich einen Überlandbus nach Antalya, am Mittelmeer. Märchenhaft weich lag das Mondlicht auf der bizarren Tuffsteinlandschaft. Ich schlief keine Sekunde. Gegen Mitternacht hielt der Bus zur Tee- und Pinkelpause. Im Teehaus stand eine riesige Voliere mit Bäumen und hunderter zwitschernder Finken. Ich, der „Ausländer", wurde zu Adana-Kebab und türkischem Tee eingeladen.

Ich zog die Mittelmeerküste rauf, lebte eine Woche bei einem Bauern, der als Müllkutscher in Frankfurt gearbeitet hatte, half bei der Ernte und schlief selig unter freiem Himmel auf seinem Flachdach.

Bei Mersin nahm mich eine Fischerfamilie auf. Wir ruderten nachts aufs Meer, leerten Reusen, zogen Netze ein. Niemand störte sich an meinen langen Haaren, keiner schrie „Ausländer raus".

Das Meer war wunderbar blau und immer noch warm.

Am Van-See, der Heimat Noah's, erreichte ich den Istanbul-Teheran-Express, der glücklicherweise einen Tag Verspätung hatte.

In den Slums von Teheran bombardierten Halbstarke die Waggons mit Steinen, ich duckte mich unwillkürlich und hatte wirklich Angst. Die Bilder des Schah's Reza Pahlewi hingen zwar noch in jedem Haus, jedem Hotel, jeder Amtstube, aber der Geruch der Mullahs hing schon in der Luft. Die omnipräsenten Fotos des „Großen Pavian" gingen mir ganz schön auf die Nerven, fand ihn aber, im nachhinein betrachtet, wesentlich sympathischer als seinen Nachfolger, den furchtbaren Chomeini.

Viel Militär war unterwegs und der Straßenverkehr dichter als in Manhatten. Eine Straße zu überqueren, konnte zehn Minuten dauern. Abends im Restaurant verabreichte man mir, zum übrigens sehr schmackhaftem Essen, K.o.-Tropfen oder Opium. Um mich auszurauben, oder um mich meiner wunderschönen langen Haare wegen zu vergewaltigen, weiß ich nicht. Am Rande der Bewußtlosigkeit schaffte ich es auf die Straße, hielt mich hilflos an einer Straßenlaterne fest, dachte nur noch: „Jetzt brauchst du aber Hilfe", als eine Hand sich auf meine Schulter legte, und eine freundliche Stimme an mein Ohr drang. „Mein Name ist Avida, kann ich dir helfen?" Verschwommen nahm ich eine orange gekleidete Gestalt wahr, die eine Holzperlenkette mit dem Bild eines mir unbekannten Menschen trug. Sicher geleitete Avida mich ins Hotel zurück. Das Opium war wirklich erstklassig, ich lachte die ganze Nacht vor mich hin, hörte dann im Morgengrauen einen Hahn bellen und liebte Persien.

Über Meshed führte mich das Leben an die afghanische Grenze. In der Grenzherberge, wo ich übernachten mußte, hingen überall Fotos eines Herrn namens Ibn Daut, den ich fälschlicherweise für Kojak hielt. Auf meine unschuldige Frage hin, erklärte man mir, dies sei der ehrwürdige Herr Präsident. Lernen ist schön!

Afghanistan, das Traumziel der 60er und 70er Jahre, war erreicht. Wie knapp, wurde mir erst wenige Monate später bei Ausbruch des Afghanistan-Krieges bewußt. Die Männer waren groß und hager und trugen bunte Mäntel mit Ärmeln, die bis zu den Knien reichten. Die Frauen waren von Kopf bis Fuß schwarz verschleiert und sahen die Welt durch ein gewebtes Gitter in Augenhöhe, wie Ritter. Ein solches Wesen sprach mich in einer stillen Gasse in fließendem Englisch an. „Ich bin in England zur Schule gegangen, sprichst du englisch?" Lüftete ihren Schleier, ihr Blick ging mir ins Herz, ich kam mir vor wie in „Tausend und einer Nacht". Dann sagte sie: „Shit, ich höre meinen Bruder kommen" und verschwand. Ich war unrettbar pubertär romantisch verliebt. Erotische Träume und Schwärmereien begleiteten mich die nächsten Wochen über. Der nicht vollzogene Akt ergoß sich aus dem Traum heraus mehrfach in meinen Schlafsack, der anfing zu riechen, wie ein alter Ziegenbock.

In Herat waren etwa hundert junge Europäer in „stationärer Behandlung". Sie saßen von morgens bis abends in den Herbergen um die Wasserpfeifen, rauchten „Schwarzen Afghanen" und husteten so erbärmlich, daß ich glaubte in Davos, dem berühmten Lungenkurort in der Schweiz zu sein.

Für eine Reise ins Hinterland zur russischen Grenze riet ein älterer Afghane mir, mich wie ein Paschtune einzukleiden. Ich lernte mir den Turban zu wickeln, paukte Urdu, legte mir die Nationaltracht und afghanische Schuhe zu. Tauschte den Rucksack gegen gebrauchte Eselpacktaschen und bemerkte, daß ich als Linkshänder in Afghanistan nur mit der rechten Hand essen durfte und die Linke nur für das Po-Abspülen gedacht war. Toilettenpapier gab es nicht. Ich kaufte auf dem Früchte-Basar frische Maulbeeren, hatte dann vier Tage mörderischen Dünnpfiff und nahm auf Reisen in Asien außer Schalenfrüchten nie mehr frisches Obst zu mir.

Eines morgens, es waren genug Fracht und Passagiere für die Fahrt nach Maimana zusammengekommen, wurde der Unimog beladen. Wir nahmen auf den Reis- und Mehlsäcken Platz und fuhren vier Tage lang durch die wildeste, kärgste Bergwelt. Straßen oder Wege gab es nicht, der Unimog folgte ausgetrockneten Flußbetten, überwand Pässe, die so steil waren, daß wir zu Fuß hinterher gingen. In der Abenddämmerung erreichten wir gewöhnlich ein kleines Dörfchen mit einer Tschaikana, einer Art Karawanserei, die aus einem einzigen großen Raum bestand. An den Wänden verlaufen ca. zwei Meter breite, mit Teppichen belegte Plattformen, auf denen man ißt und sich später zum Schlafen ausstreckt. In der Mitte des Raumes, auf einem gewaltigen Ofen, brutzelt der Pilao, Reis mit Ziegenfleisch. Unmengen grünen Tees werden getrunken. Angst davor, ausgeraubt zu werden, hatte ich nicht. Diese stolzen, einfachen Menschen hatten wahrscheinlich nicht einmal ein Wort für Diebstahl. Unterwegs lernte ich, wie man sich mit einer drei Meter weiten Pluderhose, die an den Hüften mit einer Schnur zusammengehalten wird, hinhockt, ohne sich vollzupinkeln. Ich hatte, Gott sei Dank, zwei Pluderhosen dabei.

Maimana ist ein kleines Städtchen am Ende der Welt im Nordwesten Afghanistans. Im Hotelflur sprangen die Ziegen herum. Ich nahm ein Zimmer mit Ofen und Kohlen für stolze 3 Mark am Tag. Es war bereits lausig kalt geworden.

Wenn man ein Restaurant betritt, schauen einen alle Gäste direkt in die Augen, wer nicht zurückgucken kann, hat da nichts verloren. Kein Europäer weit und breit, es war einfach herrlich. Trotz Kohleofens befiehl mich eine äußerst heftige Angina mit Fieberkrämpfen. Ich dachte, das war's dann wohl, aber es hat sich gelohnt. Ich hatte aber die Rechnung ohne den Wirt gemacht, der mich zur Apotheke schleppte. Überall in Afghanistan gibt es Apotheken, mit dem Bayer-

Zeichen und Höchst-Afghanistan-Werbung. Alles rezeptfrei, Antibiotika, Rauschmittel, ...- deutsche Entwicklungshilfe eben! Die Lebensgeister kehrten in mich zurück, als der Apotheker mich in fließendem Deutsch ansprach und mich bat, sobald es mir wieder besser ginge, zu ihm zum Tee zu kommen, er habe schon so lange kein Deutsch mehr gesprochen. Der gute Mann hatte in Frankfurt oder Mannheim studiert. Ich hätte nie gedacht, daß in der Muttersprache gesprochene Worte mir in großer Not so helfen konnten.

Hinter Maimana veränderte sich die Landschaft, die Berge traten zurück und gegen Norden erstreckte sich endlose Steppe. Ich sah meine ersten Kamele. Obsthaine säumten die Straße, buntgekleidete Menschen zu Pferd oder auf dem Kamelkarren, Ziegen- und Pferdeherden.

Bei den Ruinen von Balkh, der einst mächtigen Stadt, durch die schon Alexander zog, die berühmt war für ihre Universität und die Sufi-Schulen, verweilte ich zwei Tage. Tamerlane und Dschingis Khan hatten hier gewütet, der große Bahaudin Nagschband seine Schüler gelehrt. Übriggeblieben war ein kleines Dorf.

Auf dem Wege nach Mazar-I-Sharif stieß ich auf einen riesigen Markt. Nomaden mit ihren großen schwarzen Zelten waren gekommen, Usbeken, Tadschiken und viele andere Stämme waren versammelt. Tiere wurden begutachtet und verkauft, erlesene Gewürze und Brokat aus Buchara feilgeboten. Alle waren in ihren Festgewändern erschienen. Den Höhepunkt des Festes bot Buzkashi, das wilde Reiterspiel, in dem zwei berittene Mannschaften darum wetteiferten, einen toten Ziegenbock über eine bestimmte Linie zu bringen.

Mazar-I-Sharif hat den wohl schönsten Teppich- und Schmuckbasar der Welt. Ian, ein irischer Händler, der hier auf Einkauf war, führte mich mehrere Tage durch diese Welt wie aus „Tausend und einer Nacht". Er, übrigens der einzige Europäer außer mir in Mazar, kannte alle Händler. Feilschte, lachte, plauderte stundenlang mit ihnen. Tee und kleine Leckereien wurden gereicht, ich saß dabei, staunte und freute mich. Seit 1963 verbrachte Ian jedes Jahr vier Monate in Afghanistan und verkaufte seine Schätze dann in Paris. Er hatte sein Herz an Afghanistan verloren, ich auch. Leider sollte es keinem von uns vergönnt sein, in dieses Paradies, das höchstens mit Tibet zu vergleichen ist, zurückzukommen. Der Russe war schneller.

Ians Freunde luden uns ein, mit ihnen über die "grüne" Grenze zu den magischen Städten Buchara, Taschkent und Samarkant zu reisen. Ein ungeheuer verlockendes Angebot. Aber wegen des heraufziehenden Winters lehnten wir ab. Hätten wir doch illegal monatelang in der UdSSR bleiben müssen.

Wir bekamen Nachricht, daß der Kabul-Paß in Kürze unpassierbar sein würde und fuhren mit dem letzten Kleinbus nach Kabul. Das Flair der Stadt war einzigartig und unbeschreibbar. Kathmandu in seiner Schönheit nur ein schwacher Abklatsch. Meinen zwanzigsten Geburtstag feierte ich mit Steak, Kartoffeln und Bohnen im „Mercedes-Cafe", dem berühmten Traveller Treffpunkt. Hier wurde schwarz Geld gewechselt, Reisetips ausgetauscht, Haschisch-Raucher waren unerwünscht.

Es wurde kälter. Die überall patrouillierenden Soldaten hatten an jeder Straßenkreuzung Lagerfeuer angezündet. Es war Zeit zu gehen!

Auf einem Lastwagen fuhr ich den Khyber-Paß herunter, den Ebenen des Sub-Kontinents entgegen. Scharen schwer bewaffneter Paschtunen, furchterregend wie Ali Babas vierzig Räuber, kreuzten im Grenzgebiet unseren Weg.

Pakistan war zuerst ein Schock. Die ungeheuren Menschenmassen erschlugen mich fast. Lahore war so voll, daß ich es „La Horror" taufte. Man braucht halt einige Tage, um sich umzustellen, wenn man aus den Bergen kommt. Auf den Bahnhöfen herrschte ein ungeheures Gedränge, die Menschen benutzten die Fenster zum Ein- und Aussteigen. Viele fuhren „7. Klasse" auf den Trittbrettern und dem Dach mit. Den ersten Zug verpaßte ich, da ich die Einsteigetechniken noch nicht beherrschte. Ich lernte drängeln, schubsen, hasten. Man mußte wie ein Fisch mitschwimmen. Als ordentlicher Deutscher stände ich wohl jetzt noch am Bahnhof von Lahore.

Bei Amritsar überquerte ich die pakistanisch-indische Grenze zwischen den verfeindeten Brüdern. Bei der Grenzziehung soll man sogar ein Irrenhaus entzweigeschnitten haben, die Hälfte der Insassen lebt jetzt in Pakistan, die andere in Indien.

Amritsar, die Hauptstadt der Sikhs, war beherrscht von turban-, bartbinden- und säbeltragenden Männern, den Religionsvorschriften Guru Nanaks entsprechend. Den Mittelpunkt der Stadt bildet der „Golden Temple", mit den Begräbnisstätten der Religionsstifter. Ich hatte wieder das Glück, diesen Ort in seiner ursprünglichen Friedlichkeit erleben zu dürfen, denn wenig später brach auch hier die emotionale Pest aus, der „Golden Temple" wurde von der indischen Armee zerstört, der ganze Bundesstaat Punjab zum Ausnahmegebiet erklärt.

Die Bürgersteige in Indien waren voller blutroter Flecken, so daß mir die schrecklich vielen Tuberkulosekranken wirklich leid taten, bis ich herausfand, daß es sich nicht um Blutflecke handelte, sondern die Menschen dem indischen Nationalbrauch frönten Pan zu kauen und den roten Saft überall hinzuspucken. Ähnlich erging es mir mit den vielen weißgekleideten Männern, die Bäckermützen aufhatten. Ich wunderte mich, wieviel Bäcker es in Indien gab. Nur war die sogenannte Gandhi-Kappe gerade sehr in Mode und die Nationalfarbe weiß. Ich verstand, wie Vorurteile und Fehleinschätzungen entstehen, wenn man nicht ganz genau hinschaut.

Das Verkehrswesen erschien auf den ersten Blick chaotisch, da es keine Ampeln gab und die Leute scheinbar machten, was sie wollten. Sie fuhren intuitiv, nicht nach der deutschen StVO und es gab kaum Unfälle. Wie in der Arche Noah gab es von jeder Sorte zwei: zwei Sorten Fahrräder, zwei Sorten Busse, Lastwagen, Autos und Motorräder. Coca Cola und Plastikartikel waren noch unbekannt, folglich gab es keinen Abfall.

Das Zeitverständnis der Inder war völlig anders. Sie haben das gleiche Wort für „gestern" und „morgen", wobei „morgen" ein sehr weitgesteckter Begriff ist. Ein anderer Lieblingsbegriff lautet „in fünf Minuten", was auch in fünf oder sechs Stunden oder „ich will nichts mit dir zu tun haben" bedeuten kann. Wer sich als Europäer dieser Mentalität nicht fügt, geht hoffnungslos unter. Beharrt man nämlich auf deutscher Pünktlichkeit, werden die freundlichen Inder zu Wasserbüffeln. Dann geht nichts mehr. Man beißt auf Granit. So sagte Rudjard Kipling: „Osten ist Osten und Westen ist Westen und die Zwillinge werden sich nie treffen".

Ich saß wochenlang teetrinkend in den Straßencafe's New Delhi's, versuchte von allem und jedem vorbehaltlos zu lernen und fand allein für mich heraus, daß es weder Ost noch West gibt. Von da an war Indien ein Heimspiel für mich. Ich fuhr kreuz und quer durch Rajasthan und Zentralindien, speiste in zu Nobelherbergen umgebauten Maharaja-Palästen, schlief in „Eine Mark-Herbergen", fuhr 1. Klasse-Zug und saß eingequetscht in Überlandbussen.

Im Luxus-Zug „Taj-Express", ich führte gerade ein angeregtes Gespräch mit indischen Industriellen, fielen die ersten Läuse von meinem Kopf, um sich dann in den weichen Polstern zu verkriechen. So also betrieb die Kopflaus ihren Wirtswechsel.

In Goa genoß ich die sehr schmackhaften Haschischkuchen, die mir einen vierundzwanzigstündigen Filmriß bescherten, ich diese Bescherung aber nicht zu schätzen wußte und fortan lieber Schokoladenkuchen aß.

Am Vagator Beach traf ich Hansel, einen meiner Lehrer aus Berlin. Er war genauso orange gekleidet, wie der Engel, der mich in Teheran rettete. Er sagte, er hieße jetzt Videha und in Poona lebe ein Mann, der wie Jesus sei, da müsse ich morgen mit seinen Freunden hinfahren.

Im Garten des Meisters

Zwei Tage später stand ich am Tor des Shree Rajneesh Ashram's in Poona. Wußte weder, was Shree, noch Rajneesh, noch Ashram bedeuten sollte. Zaudernd blieb ich vor dem Tor stehen, trank Tee, rauchte ein paar Zigaretten und schaute. Freundliche Menschen aller Rassen und Altersstufen, die meisten von ihnen in orangene Gewänder gekleidet und mit einer Holzperlenkette um den Hals, gingen ein und aus. Ein älterer Neuseeländer riet mir, ein Zimmer in „Mobo's" Hotel zu nehmen, mich auszuschlafen und am nächsten Morgen um 7.30 Uhr zum Ashram zurückzukehren um Bhagwans allmorgendlichem Vortrag beizuwohnen. Ich fragte ihn, wer Bhagwan sei und er antwortete: „Junge, Bhagwan ist mein Lehrer, du mußt für dich selbst schauen".

Ich hatte keine Ahnung, daß ich am nächsten Morgen meinen Meister treffen würde, noch weiß ich bis heute, ob es nicht nur die ersten beiden Buchstaben in seinem Namen: „B.H." waren, die die Schundpresse von „Bildzeitung" bis „Spiegel" später so gegen seine Arbeit aufbrachten.

Meine erste Assoziation zum Namen Bhagwan war „Backwaren". Ich fragte nach und erfuhr, daß es der „Gesegnete" heißt. Ein volkstümlicher Titel, den die Inder allen Buddhas geben. Sie nennen auch Jesus - „Bhagwan Jesus". Shree heißt „Ehrwürdiger" und Rajneesh war einfach sein Vorname.

Ich sollte auch ein Sitzkissen mitbringen und einen Decke, denn es sei kalt morgens in der Vortragshalle, sagte der alte Neuseeländer. Am nächsten Morgen stand ich kurz nach sieben wieder beim Teeverkäufer in der Nähe des Tores, spürte eine Hand auf meiner Schulter und wieder war es Avida aus Teheran. „Was machst du denn hier?" Ich sagte nur: "Ich weiß nicht". Dann wurden wir, in die nach allen Seiten offene, unverglaste, von wunderschönen exotischen Bäumen und Pflanzen umgebene Halle eingelassen. Am Eingang stand ein Schild „Bitte Ruhe, nicht Husten und während des Vortrags die Halle nicht verlassen!" Im Morgenkonzert der Vögel suchte sich jeder sein dem Podium zugewandtes Plätzchen. Ich hüllte mich in die Decke ein, denn auch ein indischer Wintermorgen mit 9°C ist kalt. Ich nutzte die Wartezeit, um die etwa fünfhundert versammelten Menschen zu studieren. Die meisten trugen weite orangene Kleider und um den Hals eine Holzperlenkette mit dem Bildnis eines bärtigen Menschen, von dem ich annahm, daß es Bhagwan sei. Viele trugen europäische Kleidung, wohl Besucher wie ich, eine Anzahl älterer Menschen saß auf Stühlen, der Rest im Schneidersitz auf den Sitzkissen. Fast alle hatten die Augen geschlossen und kümmerten sich um ihr „Selbst".

Punkt acht Uhr fuhr ein alter roter Buick vor. Ein mittelgroßer, in eine einfache weiße Robe gekleideter, graubärtiger Herr unbestimmbaren Alters bestieg das Podium. Während er mit gefalteten Händen jeden im Raum zu begrüßen schien, wurde es so still, als ob die Zeit stehenbliebe. Er setzte sich, nahm einen Zettel und begann seinen Vortrag: „Die erste Frage ..." Oft machte er lange Pausen, durch die ich in wohlig-gedankenlose Stille versank. Plötzlich sagte er: „Genug für heute" und erhob sich, wiederum alle Anwesenden verabschiedend. Es war 9.45 Uhr. Mir war so still und glücklich, daß ich nicht aufstehen wollte. Nach einer Weile öffnete ich die Augen und sah, daß viele um mich herum ebenso berührt waren. Ich ging hinaus vors Tor, um zu Rauchen und wußte, daß ich hier studieren würde! Denn über das, was mir gerade geschehen war, hatte ich ja in den Büchern der christlichen Mystiker, der Sufis und der Buddhisten schon oft gelesen. Der Meister hatte mich endlich, gemäß des alten Sufisprichwortes: „Wenn die Zeit reif ist, offenbart sich der Meister", gerufen.

Die nächsten vier Wochen über erkundete ich dieses fünf Hektar große Gewächshaus, das die Inder „Ashram" - Ort der Ruhe nennen. „Mobo's" Hotel lag mir zu weit ab vom Schuß und ich zog in eine Jugendherberge ganz in der Nähe des Ashrams. In den Sälen und auf den überdachten Veranden der alten Villa konnte man für eine Mark pro Tag seine Matratze auf dem Mosaikfußboden ausbreiten, das Moskitonetz aufhängen. Hier traf ich glücklicherweise vier, fünf Besucher des Ashrams, die so alt wie ich waren, denn das Gros waren alte Säcke, zehn bis zwanzig Jahre älter als wir Zwanzigjährigen. Sie luden mich ein, mit ihnen in ihrer buntverglasten Veranda-Ecke zu wohnen. Wir schwatzten, lachten wie die Kinder von Torremolinos. Die Mädchen waren aus Frankreich und Italien, wir Jungs kamen aus Deutschland, Spanien und Japan. So lernt man Englisch.

Das äußerst vielfältige Meditationsangebot des Ashrams begann morgens um sechs Uhr mit der Dynamischen Meditation, einer wilden Mixtur aus Atmen, Schreien, Springen, Stille und Tanzen. Davor hatte ich Angst. Schaute es mir drei Morgende lang aus der Ferne an, beobachtete, wie gelöst die Menschen nach der Meditation aussahen und stürzte mich dann selber rein. Während der ersten Phase, in der intensiv und schnell durch die Nase aus- und eingeatmet wurde, spürte ich schmerzhaft die Blockaden in meinem Körper, besonders im Bereich des Nabels und meine ganze unterdrückte Sexualität. So war ich bereit für den zweiten Teil, der von apokalyptischer Musik begleitet wurde. Ein Schreien und Klagen um mich herum, Wut, Enttäuschung und Einsamkeit kamen raus, und auch ich schrie und klagte. Dann setzte Syntheziser-Musik im Takt des Herzschlages ein und wir sprangen mit ausgestreckten Armen rhythmisch, Hu, Hu, Hu, intonierend in die Luft. Der Stau in meinem Bauch begann sich zu lösen, ich bekam eine Erektion. Abrupt ertönte eine Stimme: "Stop!", und wir blieben zehn Minuten lang wie versteinert stehen. Der Schweiß rann mir in Strömen runter, die Muskeln taten weh, es war still und zeitlos in mir. Langsam, langsam bewegte ich zuerst meine Finger, dann den ganzen Körper und tanzte behutsam in den beginnenden Tag. Nach Ende der Meditation nahm ich, wie alle anderen, meine Augenbinde ab, ging weich und unschuldig wie ein großes Kind aus der Halle. Manch einer frühstückte jetzt, manch einer duschte, um frisch für Bhagwans Vortrag zu sein, manch einer ging wieder nach Hause, viele der indischen Schüler Bhagwans zur Arbeit.

Ich ging täglich zu Bhagwans Morgenvortrag, der in diesem Monat in Hindi war. Es waren fast nur Inder in der Halle versammelt, ich versank wohlig im Klang dieser mir unbekannten Sprache. Ab und an öffneten sich meine Augen durch das „Kling" und „Schilp, Schilp" eines Spatzes, der auf Bhagwans Mikrofon gelandet war. Bhagwan unterbrach dann seinen Vortrag und wir alle lauschten dem „Vogel-Buddha". Manchmal, wenn der Bambus im Wind knarrte, sagte Bhagwan: „Hört auf den Bambus" und schwieg.

Er sprach abwechselnd einen Monat in Hindi, einen Monat in Englisch, um allen seinen Schülern genüge zu tun. Im freien zweistündigen Vortrag brachte er mir Jesus, Buddha, Lao Tzu und Mohammed nahe, nahm bezug auf aktuelle politische Geschehnisse und erzählte zwischendurch, um dem Ganzen den tierischen Ernst zu nehmen, herrlich obszöne Witze. Und obschon ich nicht auf die Worte lauschte, genoß ich eine so exzellente Universalbildung, wie ich sie mir immer gewünscht hatte.

Jetzt gegen zehn Uhr erwachte mein Magen und ich frühstückte entweder sehr preiswert im Ashram oder an einem der unzähligen Stände auf den umliegenden Straßen. Von elf bis zwölf Uhr gab es „Vipassana", die uralte buddhistische Tradition des einfach Stillsitzens. Oder wahlweise Sufi-Tanzmeditation.

Staunend, quatschend, Kontakte knüpfend oder vor der heißen indischen Sonne flüchtend, vergingen die Mittagsstunden. Ich ging oft ins Café „Bund", aß gefüllte vegetarische Teigtaschen, trank einige Tassen Milchtee und fühlte Bhagwans Schülern auf den Zahn. Denn bevor ich mich auf etwas einließ, wollte ich schon wissen, woran ich war, mußte die Schüler herausfordern, mußte streiten, diskutieren, argumentieren. Meine Gesprächspartner, ein österreichischer Maler, ein ehemaliger deutscher Terrorist, mit dem bezeichnenden Namen Hans Furcht, ein dem Zölibat entflohener italienischer Kaplan und ein einbeiniger pensionierter australischer Soldat waren allesamt feine Kerle. Auch sie nannten mich liebevoll in Anlehnung an meinen Namen „Pater Ruppig". Sie standen mir jugendlichem Heißsporn stundenlang Rede und Antwort, teilten ihre Dummheiten und Schönheiten, Hoffnungen und Ängste mit mir. Gegen sechzehn Uhr pflegten wir dann gemeinsam zum Ashram aufzubrechen, zur „Kundalini-Meditation". Sie in ihren orangenen Gewändern, ich ganz in weiß oder in Blue Jeans. In der ersten Phase der Meditation schüttelten wir uns erst einmal die Gedanken, den Streit des Tages aus dem Körper, dann tanzte jeder für sich, für etwa zwanzig Minuten mit wie immer geschlossenen Augen, konnte durch die Bewegung wieder still sein, saß für zehn Minuten in Stille und legte sich dann hin. Tausende von Moskitos warteten schon auf uns, das tägliche Festessen. Wir lagen, sie aßen.

Ein jegliches hat seine Zeit ...

Reih' um, ohne Ansehen der Person, war jeder zu dem kleinen Abendtreffen mit Bhagwan eingeladen, während deren er in einer abseits gelegenen verwunschenen Halle, persönliche Fragen beantwortete, Schüler initiierte und Energieübertragungen vornahm. Diejenigen, die an der Reihe waren, duschten sich, legten frische Gewänder an, waren erfüllt von freudiger Erwartung. Die anderen freuten sich mit und gingen, wenn sie Lust hatten, gegen neunzehn Uhr zur allabendlichen Live-Musik in die große Halle. Manch einer tanzte für sich in der Abenddämmerung, manche tanzten zusammen oder saßen einfach still. Gegen einundzwanzig Uhr schloß der Ashram seine Pforten. Allein oder zu zweit ging man nach Hause, mit dem Hahnenschrei und der Dynamischen Meditation begann der nächste Tag.

Neben der täglichen Meditation gab es ein vielfältiges Angebot an mehrtägigen Gruppenprozessen. Ich nahm zuerst am „Enlightenment Intensiv" teil, einer Dreitagesgruppe, die auf der alten hinduistischen, und zuletzt von Raman Maharshi verwendeten Technik: „Sag mir, wer du bist?", beruhte. Man saß sich Paar um Paar gegenüber, ein Gong ertönte, der linke Partner sprach: „Sag mir, wer du bist?", der Rechte antwortete, was immer ihm in den Kopf kam. Zwanzig Minuten später ertönte wieder ein Gong und Bäumchen-wechsel-dich ging es, unterbrochen von kurzen Mahlzeiten und Spaziergängen den ganzen Tag so weiter. Man hatte immer weniger zu sagen. „Sag mir, wer du bist?", Schweigen und Freude. So, wie man saß, schlief man dann auch auf ausgerollten Futons. Das Badezimmer war ein Erlebnis: zwanzig Waschbecken, zwanzig Duschköpfe, zwanzig Kloschüsseln, zwanzig Pinkelsteine standen offen einsehbar an den vier Himmelsrichtungen im Raum. Das Herz rutschte mir in die Hosen. Wie sollte ich pinkeln, duschen, aufs Klo gehen, während vierzig andere Menschen pinkelten, aufs Klo gingen, duschten? An der Tür stand ein Schild: Wem dieser Ort zuviel ist, der kann seine Geschäfte ohne Bedenken und Schuldgefühle in den andern Einzeltoiletten und -duschkabinen des Ashrams erledigen. Ich mußte also nicht zwangsweise falsche Scham ablegen, sondern ich konnte, wenn ich wollte. Und wie ich wollte! Jeder war mit sich beschäftigt, ich war angenehm allein. Wäre irgendein Zwang dagewesen, hätte ich diesem Platz sofort den Rücken gekehrt.

Als nächstes besuchte ich eine Gruppe, die „Zentering" - Zentrierung hieß, sie baute sich aus den verschiedensten Übungen zur Erdung auf. Elemente des Tai Chi, der Eurhythmie, der Lehren Georges Gurdieffs wurden genutzt. Zum Abschluß wurden wir paarweise in den wuseligsten Basar der Millionenstadt Poona geschickt. Die Aufgabe war eine

Stunde lang den Basar zu durchstreifen, wie unsichtbare Beobachter. Ein Gewühl, daß mit dem Beginn des Winterschlußverkaufs in den Kaufhäusern nicht zu vergleichen ist. Wir hatten im Wechsel die ganze Zeit über „Schattati- Schamaui" zu sagen. Es war beglückend, berauschend und zentrierend. Seither schreckt mich keine U-Bahn, kein Amt, keine Ansammlung mehr.

Als drittes gab Bhagwan mir die Gruppe „Healing". Wohl auf meine Verblendung anspielend, Psychiater werden zu wollen. Es war aber eine Selbsterfahrungsgruppe. Der Gruppenleiter, ein arroganter amerikanischer Psychiater wurde verprügelt, im gegenseitigen Einverständnis stürzten sich zwei Gegengeschlechtliche übereinander und lebten ihre Sexualität vor aller Augen aus, unterdrückte Tränen wurden geweint, Wut und Einsamkeit herausgeschrien.

Wir saßen alle in einem Boot.

Dynamische und Kundalini Meditation erleichterten das Anschauen der inneren Spannung, Bhagwans Vorträge lösten sie Stück für Stück auf. Mit den Buddhas zu sitzen, ist wie in Licht zu baden! Alles fällt ab! Das Wort Guru ist überhaupt schön, es bedeutet: Einer, der andere frei macht, oder, eine Wolke, die schwer mit Regen ist und nichts anderes tun kann, als verdörrenden Pflanzen Leben zu spenden! Das schlimmste Schimpfwort in Indien ist: „Nu Guru!" - herrenloser Hund. Bei uns in Deutschland machten „Spiegel" und „Bildzeitung" das Wort „Guru" zum Schimpfwort, erhoben den „herrenlosen Hund" zum Lebensziel.

Ein Spiegelreporter und seine Frau besuchten den Ashram, ihre Ehe war längst auseinandergelaufen. Er hing von morgens bis abends in der Redaktion rum oder jettete saufend und zynisch durch die Welt. Sie versauerte zu Hause. Kein Wunder, daß es ihr in Poona so gut gefiel und sie aufblühte, wieder zur Frau wurde. Saufsack, statt zu lernen und sein Leben zu ändern, wurde so furchtbar eifersüchtig auf seine erblühende Frau, daß er eine beispiellose Hetzkampagne gegen Bhagwan startete, der willig nach und nach alle deutschen Zeitungen folgten. So wird Politik gemacht!

Der Star-Reporter des „Stern" hingegen weinte im Ashram bittere Tränen über seine Kindheit als NAPOLA-Schüler, sein sensationslüsternes Umherziehen in den Höllen der Welt, seine zerrüttete Ehe, seine drogenabhängigen Kinder. Er sah sein Journalistenleben als die Menschenverarschung, die sie war und konnte sich nicht weiter für Schlagzeilen prostituieren.

Mein Visum lief aus und ich mußte nach Bombay fahren, um es verlängern zu lassen. Außerdem gab Albert Mangelsdorff dort im Auftrag des Goethe-Instituts ein Konzert und ich hoffte zwei Fliegen mit einer Klappe schlagen zu können.

Doch das Leben lebt uns und es kommt immer alles ganz anders, besonders als man denkt. Ein Moskitostich am Schienbein brachte meinen linken Fuß zu unförmigen Klumpfußausmaßen, begleitet von Schüttelfrost und Halluzinationen. Zehn Tage lang lag ich stöhnend in „Stiffels-Hotel" am Gate Way of India, bis ich mich zum Visa-Büro schleppen konnte. Auf dem Weg dorthin fand ich mich in einem Reise-Büro einen Flug nach Sri Lanka buchend wieder. Am Clock-Tower im Herzen Colombos, der Hauptstadt von Sri Lanka, entließ mich der Alptraum, ein erfahrener alter Arzt brachte meinen Fuß auf seine natürliche Größe zurück. Der deutsche Konsul riet mir, mich vierzehn Tage in den Bergen bei Kandy zu erholen. Ich wohnte in einer kleinen Pension, die ein pensionierter Oberst und seine Frau führten. Vielleicht kommt daher das Wort „Pension", wer weiß das schon.

Er erzählte mir von den immer wiederkehrenden Massakern zwischen den beiden ceylonesischen Bevölkerungsgruppen. Sie kochte so wundervoll scharfes Essen, daß mir Rotz und Wasser liefen. Die beiden lieben Alten kamen zu dem Schluß, daß ich auf Sri Lanka zwei Sachen sehen müßte, den Zahn-Tempel in Kandy, in dem eine Reliquie Gautam Buddhas aufbewahrt wurde und einen uralten, ehemals deutschen Herrn, der seit vierzig Jahren in einer bescheidenen Klause als buddhistischer Mönch im Urwald lebte. Ich sollte aber nicht den Botanischen Garten von Kandy besuchen. Dann sollte ich nach Poona zurückkehren. Ich tat, wie mir geheißen, doch ritt ich auf des Teufels Rücken in den Botanischen Garten, kaufte von den Gärtnern eine Tüte frische Coca-Blätter und wurde alsbald von den furchtbarsten Halluzinationen a la Brueghel und Hyronimus Bosch gequält. Kam irgendwie in den Zoologischen Garten, in dem man auch Nilpferde hielt und auch ich mich für ein Nilpferd hielt. Ich geisterte durch die Stadt, sah mich mit blauer Zunge von Laternenpfählen hängen, wußte nicht mehr ein noch aus. Später hielt ich stundenlange irre Zwiesprache mit einem Glühwürmchen, das auf meinem Zeigefinger gelandet war und rhythmisch fluoreszierte. Den einzigen Ausweg sah ich im Selbstmord. Irgendwie aber kam ich nach Hause, schlief ein, Bhagwan stand neben mir, mein bisheriges Leben lief wie auf einer Leinwand ab, hin und wieder von Bhagwan kommentiert. Völlig erfrischt setzte ich mich am nächsten Morgen in den Zug, dann in einen weiteren Zug, in eine Fähre. Einfache Menschen, oder waren es Engel, beschafften mir Sitzplätze in den überfüllten Zügen, reisten mich zurück nach Hause zu Bhagwan.

Von Madras bis Solapur fuhr eine Familie mit mir, die ihren, mir gleichalten Sohn zur Einkleidung in ein Hindu-Kloster geleiteten. Wenig später traf ich in Poona ein, stürmte ins Ashram-Büro, erzählte meine kleine Geschichte und die sonst so strenge Arup fragte mich, ob ich übermorgen Sannyasin, Bhagwans Schüler werden wollte. Ich fiel aus allen Wolken, da es üblich war, daß Aspiranten vorher noch wochenlang Dynamische Meditation praktizieren mußten und war überglücklich. Flugs ließ ich meine afghanische Tracht orange färben, ging frisch gebadet und auch innerlich aufgeweicht zur abendlichen Einweihungszeremonie.

Vögel zwitscherten, Frösche quakten, Zikaden sangen ihr Lied, Gekkos leckten im Lampenschein Moskitos auf. Als Vierter wurde ich aufgerufen, setzte mich etwa einen Meter vor Bhagwan hin. Er sagte: „Schließ die Augen und hör den Geräuschen des Abends zu." Während ich mit geschlossenen Augen lauschte, schaute er mich an, schrieb meinen Mönchsnamen auf ein Blatt Papier, nahm eine Holzperlenkette in die Hand, sagte zu mir: „Das ist dein neuer Name - „Göttliches Geheimnis", und das Geheimnis ist, daß es kein Geheimnis gibt." Ich öffnete die Augen, er legte mir die Perlenkette um und seinen Daumen auf mein Drittes Auge. Ich saß der nichts fordernden bedingungslosen Liebe gegenüber, einem Spiegel, der meine eigene Zukunft zeigte, wußte, daß von jetzt an nichts mehr schief gehen konnte. Fühlte mich wunderbar durchschaut und angenommen. Im Hinausgehen gedachte ich der Worte „von unsichtbaren Mächten wundervoll geborgen ...", und weinte vor Glück. Ich war in die Mysterienschule aufgenommen.

Bhagwan änderte später seinen Namen in „Osho", und so will ich ihn ab jetzt schon nennen, denn als „Osho" lebt er in meinem Herzen.

Jeden Morgen erinnerte er uns daran, daß wirkliches spirituelles Wachstum nur dann möglich ist, wenn wir unsere Sexualität bejahen und ein erfülltes Liebesleben führen können. Er meinte damit eine herzliche, zärtliche Sexualität zwischen Mann und Frau. Nur durch die Jahrtausende alte Unterdrückung seien Perversion, Prostitution und Homosexualität entstanden. Machtstreben, Kriege, das ganze menschliche Elend seien hierin begründet. Das machte Sinn!

Ich schrieb ihm einen langen Brief über meine Angst vor Frauen, daß ich mit Zwanzig noch „Jungfrau" sei, mich besonders abends mein unterdrückter Trieb quälte, ich gerne Nachtwächter im Ashram werden würde oder ob dieser Wunsch Flucht vor der Liebe bedeute. Aufgeregt, aber befreit, erwartete ich seine Antwort. Er schrieb: „Sei Nachtwächter, deine Ängste sind natürlich und werden vergehen!" Ich durfte im Ashram arbeiten. Innerlich jubelnd, Osho's Brief in der Hand stürmte ich zu Lakshmi ins Büro. Die kleine drahtige Inderin unbestimmten Alters, Oshos Sekretärin, lachte mich an und sagte: „Da bist du ja! Du kannst morgen abend in der Buddha-Halle anfangen."

Lakshmi verwaltete den Ashram über Jahre mit eiserner Strenge und großer Liebe. Leider konnte sie nie über ihren Schatten springen, sich mit einem Mann verbinden und wurde so später zu einer intriganten Politikerin. Bis zu ihrem Lebensende verband uns trotzdem eine tiefe Freundschaft. Jeder hat seine Schattenseiten und ein Jegliches hat seine Zeit. Wäre sie in meinem Alter gewesen, hätten wir uns wunderbar vergnügt.

Die nächsten anderthalb Jahre sollte ich in „Buddha-Hall" verbringen. Mein Dienst begann abends um neun Uhr und endete um sieben Uhr nach der Dynamischen Meditation. Die ersten Monate waren hart. Ich saß im Dunkeln auf einem Stuhl in der Nähe von Oshos Vortragspodium, versuchte Stille zu finden, aber die Gedanken in meinem Kopf liefen amok. Dürstete nach Frieden, aber überfraß mich am Nachtwächteressen, um die innere Leere aufzufüllen. Dann von einer Nacht zur anderen zahlte die Mühe sich aus - ich saß und atmete, ich atmete und saß, fühlte mich wohlig all-ein, genoß den Abendwind, Zikaden und Fledermäuse, die Stimmen der Nacht.

Alle zwei Stunden ging ich zur Zigarettenpause vors Tor, gegen zwei Uhr morgens fegte ich, zusammen mit einem indischen Schüler, die große Halle. Der kam aus der Kriegerkaste und verabscheute diese Arbeit für „Unberührbare". Er lernte nie, sich dem Fegen hinzugeben und verschwand von einer Nacht auf die andere. Für Standesdünkel war eben kein Platz im Ashram.

Während der Schlafpause von 4-5 Uhr hatte ich wunderbar bunte, psychedelische Träume, wurde geweckt vom Frühaufstehergesang des indischen Kuckucks, machte dann den Einlaß zur Dynamischen Meditation, hatte ein Auge darauf, daß niemand über den Rand der Halle in den Garten stürzte. Um sieben Uhr früh war Feierabend. Ich zog mich um und setzte mich auf einen der für Nachtwächter reservierten Plätze, ganz dicht bei Osho. Manchmal fiel ich vor Müdigkeit im Sitzen um und wachte erst auf, wenn Osho „Genug für heute" sagte. Wir Nachtwächter durften das. Dann ging ich zum Schlafen nach Hause und ich hatte mir einen tollen Schlafplatz ausgesucht, ein kleines fensterloses Zimmer neben der Küche des Hotels „Sunder Lodge". Seither kann ich überall schlafen.

Alle sechs Monate konnten die im Ashram dienenden Mönche eine Energieübertragung von Osho empfangen. Ich lebte für diesen Tag! Er legte eine Hand auf meinen Hinterkopf, die Finger der anderen berührten meine Stirn. Mein Widerstand gegen die Hingabe tat höllisch weh, dann war ich durch - im satorihaften Niemandsland. Osho ließ mich ein wenig dort verweilen und sagte dann: „Komm zurück", ich wollte nicht, er sagte noch einmal: „Komm zurück, bitte!". Ich öffnete die Augen und er sagte mit einem zufriedenen Lächeln „Very good". Yogi, ein riesiger Kanadier, trug mich weg, ich blieb im glasklaren Wunderland und bekam nicht einmal mehr mit, als Osho das Chuang-Tzu-Auditorium verließ.

Einige Nächte später, es war für mich in Buddha-Hall so klar und still geworden, daß ich selbst die Bewegung einer Maus oder Schlange auf fünfzig Meter wahrnehmen konnte, legten sich unerklärlicherweise zwei Hände liebevoll von hinten auf meine Augen und eine Stimme sage: „ Ich liebe Dich". Mir aber rutschte das Herz in die Hosen. Die nächsten Nächte verbrachten wir eng umschlungen in ihrem Bett, dann hatten sich unsere Energien angefreundet, vermischt, waren eins geworden und ich durfte meine Entjungferung als etwas göttlich Schönes und den gemeinsamen Orgasmus als satorihaft erleben. Und wiederum spürte ich Osho's Lächeln - „Very good"! Nach dieser Nacht war meine Spannung im Nabel verschwunden, mein Gang wurde locker erdig, ich war so, wie ich es mir immer erträumt hatte zum Mann geworden. Ich bin Prem bis heute für diese Nacht dankbar.

Wenig später bekam ich einen Brief aus Deutschland, Erna machte sich tiefe Sorgen um mein Seelenheil. „Junge, was soll denn bloß aus dir werden? Nachtwächter, pfui! Kümmer dich doch mal um deine Zukunft!" Henri unterschrieb unterwürfig „Mit freundlichen Grüßen!"

Ich reflektierte - was hatten die Eltern in meinem Alter getan? Erna jubelte im Bund deutscher Mädchen, Henri ging unter in der Hölle des 2. Weltkriegs. Ich aber wurde für verrückt erklärt, während von den zweihundert Untergebenen meines Vaters nur noch acht, für immer gezeichnet, nach Deutschland zurückkehrten. Sie verstanden einfach nicht, daß das Leben Liebe ist. Ich stellte mir vor, wie furchtbar es gewesen wäre, hätten die deutschen Herrenmenschen die Welt erobert. Ich säße in schwarzer Uniform irgendwo in den Weiten Asiens als Gauleiter!

Mein Bruder der kleine Punk, eigentlich hieß er Frank, wurde dann ausgeschickt, um mich aus den Fängen des Gurus zu befreien. Unsere Erzeuger hatten aber die Rechnung ohne den Buddha gemacht. Der Punk verwandelte sich in Swami Anand Artig und kehrte orange gekleidet nach Hause zurück. Seither war ich erst recht der „mißratene Sohn" für die Frau Mama. Es war einfach köstlich.

Meine Nachtwächterkollegen kamen aus aller Herren Länder, hatten die unterschiedlichsten Lebensläufe. Der Älteste von uns, ein pensionierter Lehrer aus England, war fast 70 Jahre, ich das Nesthäkchen 20, aber man spürte keinen Altersunterschied. Don, ein schwarzer Lastwagenfahrer aus New York, erzählte von den Slums in Harlem, Paul vom Schafescheren in den Weiten Australiens, Mikiamo von seinem Restaurant in Tokio, Kirti von den Ferien bei seinem Cousin im Buckingham-Palast, Jean vom dreißigjährigen Leben unter Tage als Bergmann, Hans von seiner Zeit in der Kommune Nr. 1, Harish von seinen Erfahrungen als Riksha-Kuli in Kalkutta. Jeder lernte von jedem! Soziale Herkunft, Altersunterschiede und Hautfarben lösten sich zu einfach Menschsein auf.

Beim Mittagessen in der Kantine konnte man zwanzig verschiedenen Sprachen lauschen, mal wurde indisch, chinesisch oder italienisch gekocht. Der Landessitte entsprechend lebten wir rein vegetarisch. Ich ließ mir aus Deutschland einen geräucherten Aal und einen Schinken mitbringen, die aber für meine Vegetariernase so fürchterlich stanken, daß ich sie angeekelt zum Fenster rauswarf und den Straßenkötern ein einmaliges Festmahl bescherte.

Das indische Bier wird mit Glyzerin haltbar gemacht. Vor dem Trinken stülpt man die geöffnete Flasche kopfüber in ein mit Wasser gefülltes Glas und schaut zu, wie das Glyzerin rausläuft. Kein sehr erbauender Anblick! Da trank man lieber Fresh-lime-Soda. Einmal probierte ich das Haschisch-Rauchen, daß eine solche Wirkung auf mich hatte, daß ich im Restaurant mit dem Kopf in mein Nudelgericht fiel.

Ich lernte Motorradfahren und ließ mir den Führerschein auf den Namen Pater Ruppig ausstellen. In die Rubrik „Son of" ließ ich A. Bitch einsetzen, was im Englischen soviel heißt wie „Hurensohn" und die indischen Polizeioffiziere bei Verkehrskontrollen immer völlig durcheinander brachte und ergötzte. Spaß muß sein!

Mit dem Motorrad erlebte ich eh magische Sachen. Eines morgens fuhr ich durch eine von riesigen Bamian-Bäumen gesäumte Nebenstraße, als urplötzlich die Zeit anhielt und sämtliche Geräusche, selbst der Motorenlärm meiner Enfield, verstummten. Dann senkte sich in ungeheuer langsamer Zeitlupe einer der Bamianbäume auf die Hochspannungsleitung, jede Sekunde schien sich auszudehnen zu Minuten und Stunden und Ewigkeit. Da war keine Panik. Da war nur gelassenes Staunen und unendlich viel Zeit, ohne auch nur einen einzigen Gedanken. Jedes Detail war glasklar und wunderbar: Meine Hände am Lenker, das Glitzern des Sonnenlichts auf den Armaturen, die Struktur des Straßenbelags, der Wind auf meiner Haut, die Blätter und Früchte der Bäume, die einzelnen ewig dauernden Flügelschläge der Sittiche. Das Zerreißen der Hochspannungsleitung glich den anmutigen Bewegungen einer träge dahinschwimmenden Wasserschlange, die Enfield schien mich in einen Seitenweg zu schweben, wie ein luftschiffartiger tropischer Falter, alles strahlte in den wunderbarsten Farben. Ich war im Paradies. Dann surrte die Zeit irre schnell zurück auf normal: ein ungeheures Krachen und Peitschen, Angstschreie der Vögel, mir brach der Schweiß aus und die Knie zitterten unkontrollierbar. Der Baum lag fünfzig Meter weiter quer über der Straße und mir war nichts passiert.

Das war schon mein drittes Zeitlupenerlebnis mit dem Motorrad. Ich hatte meinen „Kredit" verbraucht, und fuhr nie wieder. Es war dies jedoch keine Entscheidung aus Angst, sondern einfach eine Tatsache, ein Befolgen, ein Sich-Fügen.

Da ich keinen Wunsch verspürte, irgendwann einmal Kinder zu zeugen, ließ ich mich sterilisieren. Das zahlte sich aus, denn ich sparte mindestens 300 000 Mark an Alimenten für nicht gezeugte Kinder aus drei Beziehungen. Meine Partnerinnen brauchten die Pille nicht zu nehmen und wir konnten uns sorgenfrei lieben. Meine Familie tobte mit Schaum vor dem Mund, denn ich als nächster Aufsichtsratsvorsitzender des Rupp-Clans hatte die Unverschämtheit besessen, dem über tausendjährigen Stammbaum die Spitze abzuschneiden.

Natürlich lernte ich auch die Eifersucht kennen. Und das war so: Meine italienische Freundin hatte sich richtig italienisch von mir getrennt, ich lag schmachtend und kochend mit nicht von ihr gebrochenem Fuß im Bett. Immer wenn die Ziege meiner Haushälterin meckerte, glaubte ich meine Liebste würde meinen Namen rufen und zu mir zurückkehren. Ich humpelte ans Fenster, aber es war immer nur die Ziege. Spaß muß sein!

Osho war gegen jede Art von Kult, auch seiner eigenen Person gegenüber. Er sprach davon, daß diejenigen, die sagen - mein Meister ist der einzig Wahre und der Größte überhaupt - und ihn schmalzig übertrieben überhöhen, diejenigen sind, die später den ersten Stein werfen. Der Lehrer sei nicht ein Ersatzvater, sondern ein Spiegel, oder eine Quelle, aus der man seinen Durst löschen kann.

Ein Kloster ist wie eine Miniaturwelt. Manche Mönche kommen hin, weil sie nichts besseres zu tun haben, manche, um sich den Bauch vollzuschlagen, andere erstreben Machtpositionen, die ihnen in der großen Welt verwehrt waren. Andere suchen die Mitgliedschaft in einem Klub und einige kommen zum Lernen, mit dem Ziel sich in

Wohlgefallen aufzulösen. Die selbsternannten Therapeuten, wie Paul und Michael wollten sich nur einen Namen machen, um später in der Welt groß abzukassieren. Man sah das, machte sich lustig über diese Pfauen, die am liebsten auf Oshos Sessel gesessen hätten und als seelische Analphabeten lehren, aber nicht lernen wollten. Menschen gibts!

Das Verwaltungsbüro schien eine ähnliche Spezies anzuziehen. Die schliefen beim morgendlichen Vortrag ein oder langweilten sich, wollten Karriere machen an einem Platz ohne Karrieren. Osho hatte eine wunderbare „Spielwiese" für uns geschaffen, komplett eingerichtet mit Bäckerei, Töpferei, Kunstschmiede und Schreinerwerkstatt, Gemüsefarm, Musikstudio. Die Dynamik seiner Präsenz machte es irgendwie unmöglich, daß jemand allzulange an einem Ego-Trip festhing. Entweder lernten wir über unsere Unzulänglichkeiten zu lachen oder gingen über den „bösen" Osho schimpfend fort.

So konnte ich die verschiedensten Persönlichkeiten studieren und die mich. Einige der indischen Schüler kannten Osho schon seit den 60er Jahren. Bescheiden erzählten sie von den Reisen mit ihm kreuz und quer durch das riesige Indien, gaben mir das Gefühl, daß jeder Mensch unvergleichlich und einzigartig ist, daß auch ich auf niemanden hinab und auf niemanden hinaufschauen mußte.

Farid, der aus Persien vor den Mullahs flüchten mußte und so seinen Meister, einen alten Sufi nicht mehr besuchen konnte, kam jedes Jahr für ein paar Wochen aus den USA nach Poona. Osho lud ihn dann zu den Abendversammlungen ein und lauschte Farids göttlichem Sitar-Spiel. Eine Sannyasin, die hinduistische Bezeichnung für Mönche und Nonnen, die auch Osho für seine Schüler übernahm, sagte zu Osho: „Wann wird denn Farid endlich dein Schüler?", worauf Osho antwortete: „Du verstehst gar nichts! Farid hat seinen Meister und kommt nur hierher, um aus der Quelle zu trinken. Er versteht mich mehr, als die meisten von euch."

Während meiner freien Woche ließ ich mir Shiatzu-Massagen geben oder genoß Akupunktur-Behandlungen bei unserem genialen persischen Arzt. Der beherrschte die Nadeln so, daß ich bei ihm außerkörperliche Erfahrungen bestellen konnte. Ich sah dann meinen Körper von oben oder vom Fenster aus. Andere Nadelkombinationen ließen mich in grenzenlose Stille versinken oder die Ekstase des Herzens fühlen. Spaß muß sein!

Die Nachtwächternächte waren wunderbar. Statt Kampfsport lernte ich Zen-Flöte, was ja auch eine Art Holzknüppel ist. Liebte den immerklaren Sternenhimmel, das Knarren des Bambus im Wind, die Rufe der Flughunde, die unvorstellbar gewaltigen Monsungewitter, sah die Pflanzen wachsen und die Frösche über Oshos Podium hopsen. Außer den Fröschen betrat nur Osho das Podium ... Eines nachts weckte mich ein gewaltiges Krachen im Kopf. Dann sprach eine Stimme - wessen wohl? - tief in meinem Inneren: „Das ist mein Versprechen. Dies ist Dein letztes Leben." Es passieren einem schon verrückte Sachen im Kloster!

In einer anderen Nacht befand ich mich in einem Zustand großer Verzückung und es bildeten sich fingernagelgroße Brandblasen um mein Herzchakra herum. Als ich Osho über solche Erfahrungen und Wachträume befragte, antwortete er: „Solche Dinge kommen und gehen. Genieße sie und bilde dir nichts darauf ein."

Ein andermal beklagte ich mich über die Trennung von einer indischen Freundin. Er sagte einfach das Richtige: „Finde jemand anders." Ich erwiderte: „Kann ich nicht." Er konterte: „Dann nimm ein paar Therapiestunden bei Paul." Beim dreckigen alten Paul?, dachte ich und folgte problemlos Oshos erstem Rat.

Vidya, eine der Administratorinnen des Ashram, war eine ganz eigenartige Person. Sie hatte so furchtbare Alpträume, daß ihre nächtlichen Schreie das ganze Gelände durchdrangen. Tagsüber schikanierte sie dann wen sie konnte. Drohte mir an, mich versetzen zu lassen, um mir am nächsten Morgen völlig ausgewechselt einen Platz in der ersten Reihe anzubieten. Ob sie einfach nur scharf auf mich war? Später machte sie mit Sheela ganz dumme Sachen und mußte im Gefängnis meditieren lernen. Aber da sind wir noch nicht ...

Ich lernte Brother Martin kennen. Der war vor Schmerz fast wahnsinnig geworden, als er mit ansehen mußte, wie sein Lehrer Dr. Martin Luther King vor seinen Augen ermordet wurde.

Ich traf Carlo aus Texas, der Auftragskiller für die Mafia gewesen war, ein Buch von Osho gelesen und daraufhin seinen Beruf aufgegeben hatte. Auch Gautam Buddha hatte solche Schüler gehabt, man muß nur an die Geschichte von Angulimal, dem furchtbaren Wegelagerer denken, der sich aus den kleinen Fingern seiner Opfer eine Halskette gemacht hatte, bis er auf den furchtlosen Buddha traf, der zu ihm sagte: „Um mich umzubringen, bist du dreißig Jahre zu spät gekommen:" Woraufhin Angulimal Fingerkette und Keule mit der orangenen Robe vertauschte und noch zu Buddhas Lebzeiten erleuchtet wurde.

Was wissen wir schon?

Ann war über dreißig Jahre Prostituierte in London gewesen. Sie konnte so schrecklich fluchen, daß einem Angst und Bange wurde und hatte ein riesen Herz.

Veronique hingegen war Hausfrau und Oma, wohnte in einem großen Haus in der Provence und war Annes beste Freundin.

Mascha Rabben erzählte mir von ihrer Filmkarriere, Sylvie Winter vom Leben als Top-Model. Chaitanja Deuter, Stefan Mikus, Govindas, Karunesh und die ganze Garde der New-Age-Musiker kamen nachts in die Buddha-Hall, um im Mondschein zu spielen.

Don, mein schwarzer Zweimeter-Zweizentner-Freund sagte eines abends zu mir: „White Boy, um zu überleben, mußt du kämpfen können." Ich antwortete von schwarz zu schwarz, wie es sich gehört: „Black Ass, sowas brauche ich nicht." Er zeigte mir all die schmutzigen Tricks aus den Slums.

Osho warnte zu jener Zeit vor dem Antichrist Ajatollah Chomeiniak und dessen Schergen. Die an der Riesenuniversität von Poona studierenden Prügelperser versuchten daraufhin den Ashram zu stürmen. Dons Kenntnisse kamen mir sehr zustatten. Don war schlimmer als Bud Spencer und ich wie eine Stechmücke mittendrin.

Auch die faschistische Hinduorganisation Siv Sena mochte den Osho nicht leiden und ein Verwandter des Ghandi-Mörders wurde ausersehen, ihm den Garaus zu machen. Das Wurfmesser flog daneben. Der Meister beendete ungerührt seinen Vortrag. Das Gerichtsverfahren gegen den Attentäter Vilas Tupe wurde aus dem Grunde eingestellt, daß die ganze Angelegenheit ja gar nicht gefährlich gewesen sei, da Osho zu Ende geredet hätte. Einen Buddha bringt eben nichts aus der Ruhe.

Der Ashram war zu dreivierteln jedermann zugänglich. Das Lao-Tzu-Haus, in dessen Auditorium die Abendtreffen stattfanden, war Oshos Refugium. Ein Dutzend Schüler wohnte dort, deren Zimmer teilweise erheblich größer waren als sein eigenes, das er „meine kleine Höhle" nannte. Den größten Teil dieses Grundstücks, zu dem etwa dreißig Menschen Zutritt hatten, nahm ein verwunschener Garten ein. Kurz vor meinem zweiundzwanzigsten Geburtstag fragte mich Lakshmi, ob ich dort als Wächter arbeiten wolle. So betrat ich kleiner Mönch am nächsten Tag Oshos Garten, wurde den Gärtnern, Köchinnen und Wächtern vorgestellt, durchs Haus geführt und konnte noch gar nicht fassen, daß ich wunschlos dort sein durfte, wo so viele andere mit ihren Wünschen nie hinkamen. Wahrscheinlich brauchte ich ganz einfach diese „Medizin". Am Abend schlüpfte ich scheu wie ein Mäuschen durch das schmiedeeiserne Tor. Meine zukünftigen Kollegen, die mir wie riesige Bulldoggen vorkamen, beschnüffelten mich kritisch und ich begann meinen Dienst unter einem uralten Mandelbaum. Ein fast lebensgroßer Tiger aus Holz kauerte dort, ich lehnte mich an seinen Rücken und versank in der Magie der Nacht. Die Mandeln waren reif, die Flughunde umschwirrten mich, ließen wie zum Spott ab und an eine angekaute Mandel auf mich fallen. Pünktlich um zwölf Uhr Mitternacht sah ich Oshos Schatten durch die Vorhänge, das Licht ging aus, ich saß und atmete und atmete und saß, spürte einen nie gekannten wohligen Druck auf meinem Dritten Auge. Es war, als ob ich die ganze Zeit über 'natürlich stoned' sei oder wie: daß meine Augen gleichzeitig in mich hineinschauen konnten und hinaus in die Welt und ein beobachtendes vorurteilsfreies Bewußtsein in der Mitte war. Eine völlig neue Lebensqualität und wie ich glaube, eine typisch männliche Erfahrung. Ich nehme mein Herzchakra, mein Hara, meine Hände und Füße durch das Dritte Auge wahr, während die wirklichen Frauen, die ich kenne, ihr Drittes Auge, Hände, Füße und Hara direkt über das Herzchakra wahrnehmen. Da gibt es keine Wertungen, das eine ist fraulich, das andere männlich.

Ich sah morgens um sechs Uhr Osho das Licht wieder anmachen, sagte in Gedanken - „Danke Osho und Guten Morgen". Um sieben Uhr wurde ich von einem herzensguten Holländer abgelöst. Scheu und unsichtbar, wie aus einer anderen Welt kommend, verließ ich Lao-Tzu-Haus, ging vorbei an den oft noch morgenmüden Mitschülern, die auf den Vortrag warteten.

In den nächsten Wochen lernte ich wunderbare Menschen kennen. Mukta, eine griechische Reedersgattin, die das Lao-Tzu-Haus für den Ashram gekauft hatte, die mit unverwechselbarem Akzent englisch sprach und zusammen mit zwei Mönchen und den beiden ehemaligen Angestellten des Vorbesitzers den Garten pflegte. Einer der beiden, Maliji genannt, war ein so unschuldiger, einfacher Mensch, der beim Jäten, Pflanzen oder Bewässern förmlich mit dem Garten verschmolz. Er als einziger, durfte in der Stunde von elf bis zwölf Uhr durch den Garten laufen, während Osho seine Vorhänge zurückgezogen hatte und aus dem Fenster schaute.

Bahadur Singh, wie der Maliji kein Schüler Oshos, der ihn aber schon seit Jahren begleitete und seine Wäsche machte, gab mir ebenfalls zu denken.

Rabya und Lalita kümmerten sich um seine Bibliothek, fünfzigtausend Bücher säumten die Korridore im Erdgeschoß.

Zwei wunderbare Menschen, Haridas und Pratab waren die Hausmeister, der einäugige Asheesh baute Möbel und Schränke. Vivek und Chetna waren Oshos Haushälterinnen, zwei Inderinnen bereiteten sein Essen zu.

Der alte Maitreya und Manisha waren die Chronisten.

Lakshmi und Arup verwalteten den Ashram.

Viele von ihnen leben noch heute in Poona, einige erleuchtet und alle bescheiden.

Aber es gab auch unangenehme Menschen, wie den Startherapeuten Paul, der unausgesetzt davon träumte, Oshos Nachfolger zu werden, und Hugh, einen schottischen Galan, der sich ein paar Jahre Oshos Leibwächter nannte, nichts als den Frauen hinterher rannte und finsterböse auf vielen Fotos von den Abendtreffen dieser Zeit zu sehen ist. Hugh kam sich ungeheuer wichtig vor, er meinte wir Leibwächter würden Osho beschützen. Ich lachte nur darüber, denn ich wußte, wer hier wen beschützte. Nach den Abendtreffen pflegte Lakshmi für ein bis zwei Stunden in Oshos Zimmer zu gehen, ihm die Fragen der Mönche vorzulesen, die immer mit einem Foto versehen waren, seine Antworten aufzuschreiben und das Tagesgeschäft mit ihm zu besprechen. Ihre Aufgabe war es auch, vorher die große Haustür abzuschließen. Wann immer ich am Tor saß, zwinkerte sie mir zu und ich konnte mir dann auf der Kontrollrunde sicher sein, daß sie absichtlich vergessen hatte die Tür abzuschließen, um mir zu ermöglichen durch die Stille des Hauses zu waten, wie Alice im Wunderland, mich verzaubert mit geschlossenen Augen, verbotenerweise auf den Treppenstufen gegenüber Oshos Zimmers niederzulassen.

Unzählige Nächte saß ich durch zwanzig Zentimeter Wand von ihm getrennt auf seiner Veranda, während er ruhte. Dieser Nachtwächterposten war so psychedelisch, daß ihn die meisten meiner Kollegen mieden, wie der Teufel das Kreuz. Ich profitierte überhaupt sehr viel von den unbegründeten Ängsten meiner Kollegen. Der kleine Orloff überließ mir seinen Job während der Abendtreffen und ich konnte zwei Stunden mehr pro Tag die Präsenz des Meisters zum Meditieren und Wachsen nutzen.

Eines abends nahm ich wie üblich Platz am Tigerrücken unter dem Mandelbaum, der stille Garten aber war in Unruhe. Gefahr und Wut lagen in der Luft. Ich telefonierte um Verstärkung, aber niemand wollte mir glauben. Endlich konnte ich einen Kollegen dazu bewegen, den Garten abzusuchen, hörte aus fünfzig Meter Entfernung seine verzweifelten Hilfeschreie. Irgend etwas riß mich und ließ mich zum Tiger werden, sprang mich mit irrsinniger Schnelle zu Oshos Fenster, ließ mich den bewaffneten Eindringling niederstoßen und wegschleifen. Wieviel Energie man doch in extremen Situationen hat. Ich fühlte wiederum Osho lächeln und mich von ihm beschützt. Er dachte sich wohl, wird der Kleine diese Aufgabe bestehen? Falls er überhaupt was dachte! Am nächsten Morgen ging ich nicht zum Vortrag, sondern direkt zu Lore, die mich wie den Tiger ritt.

Wenig später wußte ich intuitiv, daß die erste Poona-Zeit zu Ende ging. Aufbruchstimmung lag in der Stille der Nacht, wie wenn das

Kloster seine Aufgabe erfüllt hatte, um sich zu gegebener Zeit an einem anderen Ort neu zu formieren.

Osho hatte aufgehört zu sprechen, auch weihte er abends kein Schüler mehr ein und kam nur noch morgens für eine Stunde in die Buddha-Hall, um mit uns in Stille zu meditieren.

Das tiefe Schweigen von zweitausend Menschen schien uns noch empfänglicher zu machen, uns tiefer einsinken zu lassen in die Präsenz des Meisters. Ich fühlte mich wie eine Feder, die schwerelos im Kosmos schwebt, ich fühlte mich auch wie ein lächelndes Drittes Auge und wenn Osho sich dann von uns verabschiedete, tauchte ich langsam, langsam mit unschuldigen Augen aus samtiger Tiefe auf.

Auch seine Schlafgewohnheiten hatte er verändert. Sein Schlafzimmer war nicht mehr, wie sonst von Mitternacht bis sechs Uhr früh dunkel, sondern wurde von Zeit zu Zeit in unregelmäßigen Abständen von Lichtsynfonien erhellt, wenn er rhythmisch mit dem Dimmer spielte. Das hatte etwas unendlich magisches und kraftvolles an sich. Stellt Euch doch einfach vor, wie sich das für mich anfühlte, zwei Meter von seinem Fenster entfernt am Mandelbaum im dunklen Märchengarten. Es war gleichzeitig der Tanz von tausend Elfen und mysteriöse Schwerarbeit des Buddhas. Ich werd' wohl nie herausfinden, was dies alles zu bedeuten hatte.

Große Veränderung hing in der Luft.

Und wirklich bestieg Osho eines morgens den Rolls Royce und flog nach Amerika.

Er hatte uns viele Jahre Zeit gegeben mit ihm zu meditieren, zu wachsen und unsere Sexualität zu befreunden. Diejenigen, die ihre Zeit nicht genutzt hatten, Oshos Gegenwart für selbstverständlich hielten und ihn einfach konsumierten, klagten bitterlich, als ihr „Altersheim" von einem Tag auf den andern aufhörte zu existieren.

Ich reflektierte, was ich in den vergangenen dreieinhalb Jahren im Garten des Meisters erlebt hatte.

Ich hatte das Glück gehabt, meinen Meister zu finden, oder sollte man sagen, an der Angel des Meisters zu hängen, hatte viele tausend Stunden mit ihm gesessen und so gut dich konnte Stille und Frieden getrunken. Natürlich war ich nach wie vor genauso „full of shit", aber es wurde spielerischer und leichter sich seine eigenen Unzulänglichkeiten anzugucken. Die gesellschaftliche Arroganz, die mir meine Familie eingetrichtert hatte, als Juniorchef uralter Familien mit meinen Siegelringen, die mich an Stammbäume fesselten, war noch nicht verschwunden, aber mir mehr und mehr bewußt geworden. Eine Überheblichkeit, in der man einherstolziert als Verwandter Bismarck´s, von Katte´s, Karl Martell´s und Wiedukind´s, verschwägert, versippt mit allen Verbrecherdynastien, um hinter gewaltigen Stammbäumen Unsicherheit und Minderwertigkeitsgefühl zu verstecken. Denn letztlich waren diese Vorfahren doch nichts als besonders erfolgreiche Raufbolde, Wegelagerer, Frauenschänder, kurzum ein Schrecken der Menschheit. Sie zettelten Kriege und Verwüstung an, starben gewaltsam und ließen sterben. Und trotzdem war ein Teil von mir immer noch so konditioniert, daß er darauf stolz war. Erst Jahre später sollte mein Siegelring an einem Rosentopf in Osho´s Garten zerbrechen . Ich bin halt ein langsam wachsender Mönch.

Mein kleiner Bruder war ein Jahr im Ashram gewesen und hatte bei mir gewohnt. Selbst Erna und Henri waren für vier Wochen zu Besuch gekommen.

Immer noch war ich von dem vergeblichen Wunsch beseelt, ihnen meine Welt nahezubringen und heischte nach Mamis und Papis Anerkennung. Montags bis samstags besuchten sie Osho´s morgendliche Vorträge, er beantwortete sogar eine von Ernas Fragen. Aber sonntags gingen sie zu Bischof D´Souza zum Beichten. Ich glaube, daß Wahlverwandschaften viel wichtiger sind, als familiär erzwungene. Warum kann man sich nicht einfach gegenseitig in Ruhe lassen und anerkennen, daß man nichts miteinander zu tun hat? Säh ich meine Eltern, unbekannterweise auf der Straße, würde ich nicht auf die Idee kommen, sie anzusprechen und in mein Leben einzuladen.

Jahre später gab Osho dem Henri eine Energieübertragung, die ihn von seinen Alpträumen aus dem 2. Weltkrieg heilte, aber Henri verdrängte die Dankbarkeit schnell.

Mir fällt noch ein, daß Henri meine Freundinnen lüstern zu betrachten und Erna sie mit spitzer Freundlichkeit zu schrumpfen pflegte. Verzeiht das weite Ausholen, eigentlich war ich ja beim Reflektieren über die dreieinhalb Jahre im Kloster, aber ich mußte mir einfach Luft machen. Was mir an meinen Frauengeschichten auffiel, war, daß ich an jeder, die mich küsste oder mit mir schlief, hing wie an der Mutterbrust. Dumm das! Ich bin wirklich ein langsam wachsender Mönch.

Ich hatte in der Präsenz Oshos eine heilende Liebe kennengelernt, die bedingungslos und ohne Ansehen der Person über alle ausgeschüttet wurde. Ich kann mich glücklich schätzen und möchte auch zu so einer Liebe werden.

Osho's Freunde

Mir war wenige Wochen vor seiner Abreise eine merkwürdige Geschichte passiert: Bekannte hatten mir von einem Hindu-Buddha namens Ramdullah Bapu erzählt, mit dem sich Osho in den 60er Jahren oft getroffen habe und der manchmal in Bombay am Marine Drive wohnte. Ich konnte an diesem Tag nicht einschlafen, mußte mich einfach in ein Taxi nach Bombay setzen, die drei Treppen zu Bapu's Wohnung hochsteigen, anklopfen, mit klopfendem Herzen. Eine freundliche Inderin im Sari öffnete mir, führte mich wie selbstverständlich in eins der Zimmer. Bapu lächelte mich an, sagte: „Ich wußte, daß du kommst, setz dich zu mir." Ich nahm auf dem Boden platz, lehnte mit dem Rücken an der Couch, auf der er saß. Er tätschelte meinen Kopf, alle Gedanken verließen mich und ich war einfach nur noch da ...

Die nächsten zwei Stunden sprach er auf Hindi mit den drei oder vier anwesenden Schülern, von denen einer, ein älterer Herr, dann auf englisch sagte: „Pater soll ein paar Fragen stellen." Bapu legte wiederum seine Hand auf meinen Scheitel und antwortete: „Pater hat keine Fragen, er fühlt mich auch so." Sie sprachen weiter und plötzlich war meine Audienz mit den Worten: „Grüß Osho von mir und komm mich in Gujarat besuchen" beendet. Jubelnd fuhr ich nach Poona zurück. Ich hatte einen weiteren Buddha kennengelernt. Die Stille und der Friede ihrer Ausstrahlung waren völlig identisch. Und trotzdem war Bapu Bapu und Osho mein Meister. Es wäre mir nie in den Sinn gekommen von einem zum anderen zu laufen, wie ein herrenloser Hund.

Wen wunderts, daß ich während der stillen Morgenmeditation in der ersten Reihe direkt vor Osho saß, ihm mental Bapus Grüße übermittelte und noch mehr als sonst in seiner Präsenz versank.

Zehn Tage nach Oshos Abreise war ich in Madhapur, einem kleinen Dorf an der Küste Gujarats. Bapu lebte dort sehr zurückgezogen auf einem Gehöft, daß von Mango- und Palmenhainen umgeben war. Er war unterwegs, niemand wußte wann und ob er zurückkommen würde. Ich erkundete die Gegend. Nebenan war ein Steinbruch. Wie im Mittelalter schlugen Hunderte von Männern in der gleißenden Hitze mit einer Art Axt Quader aus dem weichen Gestein, Frauen und Kinder schleppten sie über Treppchen und Leitern nach oben. Babys wurden gestillt, einfache Mahlzeiten zubereitet. Die Männer waren groß und hager, trugen weiße Reiterhosen, Reiterjacken und Mützen wie der deutsche „Michel". Sie hatten große unschuldige Augen und obwohl in diese Gegend kaum Europäer kamen, gab es keinerlei Auflauf meinetwegen. Die Frauen trugen bunte Röcke und ein rückenfreies Oberteil ohne BH. Später erfuhr ich, daß dieser Stamm die Vorfahren der Zigeuner sind. Auf der anderen Seite der Farm lagen in ausgedehnten Mango-Hainen verwunschene Tempelchen. Dichte Wälder, in denen schon Lord Krishna seine Flöte spielte, bedeckten die Hügel. Abends erfüllte das Miau-Miau-Geschrei der wilden Pfauen und das Geläute der Tempelglöckchen die Luft.

Irgendwann kam Bapu mit einem Korb voll Mangos zurück. Er hielt mir eine vor die Nase, lachte und sagte: „Pater, weißt du was das ist?" Ich wieherte vor Lachen und wieder waren alle Gedanken weg. Bapu war ein indischer Zen-Meister. Nach einer Weile sagte er: „Sehr gut. Du kannst einen Monat hierbleiben, aber wenn du auch nur einmal vergißt, daß du Osho's Schüler bist, mußt du sofort gehen."

So saßen wir jeden Abend mehrere Stunden in Stille. Tagsüber streifte ich durch die wunderbare Natur. Dann war der Monat um und nach knapp vier Jahren Abwesenheit, landete ich in Frankfurt.

Oma Hilde hatte mich das letzte Jahr über unterstützt und mir auch den Rückflug bezahlt. Der Tod des tyrannischen Schießopa tat ihr wahnsinnig gut. Sie machte weite Reisen und nahm sich, mit über 80 Jahren, eine Wohnung in der Nähe ihrer Tochter.

Erna und Henri machten sich lustig über mich und meinen nach Amerika „geflohenen" Guru, bezogen sie doch ihre Bildung ausschließlich aus Tageszeitung und Fernsehen. Fernsehen konnte ich überhaupt nicht gucken, ich lebte lieber aus erster Hand und ging vier Monate auf dem Bau arbeiten.

Aus Amerika trafen Neuigkeiten ein: Osho wohnte in New Jersey und das neue Kloster wurde vorbereitet. Es sollte im rückständigen Oregon auf einer 100 Quadratkilometer großen Farm namens „Muddy Ranch" entstehen, die Sheela zu völlig überhöhtem Preis von mafiösen Geschäftsleuten aus ihrer Verwandtschaft gekauft hatte. Osho schwieg, mischte sich in nichts hinein, ließ seine Schüler ihre Machtkämpfe ausfechten und ich ahnte, um welche Lernthemen es sich in der nächsten Kloster-Phase handeln würde: Geld, Macht, Korruption und Faschismus.

Aber bis dahin war noch Zeit und ich fuhr wieder nach Indien, um außer Bapu zwei weitere Buddha-Freunde Oshos zu besuchen: J. Krishnamurti und den Dalai Lama.

Zuerst machte ich einen Abstecher nach Poona. Der einst so lebendige Ashram lag verweist da. Gärten und Häuser waren heruntergekommen, etwa dreißig mürrische indische Mönche versahen lieblos ihren Dienst. Ich suchte meinen Lieblingsteich im Lao-Tzu-Garten auf, wo früher eine marmorne Buddhastatue und eine Kröte in Eintracht miteinander lebten. Der Buddha war weg, die Kröte in Form einer hutzeligen Inderin in Oshos Zimmer gezogen und spielte den Papst. Es war wie im Märchen.

Ich quartierte mich im Hotel „Sunderban" ein und traf dort als einzigen weiteren Gast, meinen persischen Freund Farid, der irgendwie nicht mitgekriegt hatte, daß Osho nicht mehr in Poona weilte. Aber es gab ja noch den im Herzen des Basars gelegenen Begräbnisschrein der großen moslemischen Mystikerin Hazrat Babajan, die von den Frauen aller Religionsgemeinschaften verehrt wurde. Ihr Grab war immer noch erfüllt von ihrer erleuchteten Stille und Freude. Morgens und abends meditierten wir dort für jeweils eine Stunde. Für Farid war es, wie mit seinem Meister zu sitzen, für mich, wie mit Osho zu sein.

Dann fuhr ich zu Bapu nach Madhapur, der mir diesmal zur Begrüßung eine Banane vor die Nase hielt und mich so wiederum in gedankenlose Verzückung versetzte. Er machte solche Sachen oft mit seinen Schülern, und es funktionierte immer. Er gab mir wiederum einen Monat Zeit bei ihm zu sein. Unter seinen Schülern waren viele reiche Kaufleute, deren Geld er dazu verwandte, Krankenhäuser, Schulen und andere soziale Projekte zu stiften. So fuhr er jede Woche für zwei bis drei Tage weg und ich nutzte seine Abwesenheit, nach Somnath, einem der zwölf, Jyotish Linga genannten Haupttempel zu Ehren Lord

Shivas zu fahren, die an ganz besonderen geomantischen Punkten errichtet waren. Zu Sonnenauf- und -untergang bliesen die Brahmanen-Priester etwa eine halbe Stunde lang auf Muschelhörnern, schlugen Gongs, Rasseln und Glöckchen, riefen so die Präsenz Shivas herab, die dann den ganzen Tempel mit Liebe, Güte und Stille erfüllte.

Während einer anderen Reise Bapus, besuchte ich das Hauptheiligtum der Anhänger Krishnas, des flötespielenden Hindugottes auf der kleinen Insel Beth Dwarka. Auch hier war eine wundervolle Atmosphäre und ich verstand Hochachtung jeder Art wirklicher Religiosität gegenüber zu empfinden und mich dem hinzugeben.

Eines abends sagte Bapu zu mir: „Jetzt ist es Zeit für dich zu gehen, grüß Osho von mir!", legte mir noch einmal die Hand zum Segen auf den Kopf und ging in sein Zimmer. Gut ein Jahr später, er war gerade mit seiner Sekretärin von einer Besprechung in die Wohnung am Marine Drive zurückgekehrt, legte er sich auf das Sofa, sagte: „Das war's", und verstarb so in bester Zen-Meister-Manier.

Am Morgen meiner Abreise riet mir Hiralal seinen alten verrückten Onkel Jivanlal Thanki in Porbandar, der Geburtsstadt Mahatma Ghandis zu besuchen. Schwupp saß ich vor dem nächsten Buddha. Der war im Nebenberuf Wahrsager der indischen Filmstars und gab auch mir Auskünfte über meine Zukunft. Als Bezahlung wünschte er sich, daß ich mich wie er in Wohlgefallen auflösen würde. Noch bin ich sein Schuldner ...

Das sanfte Schaukeln der Hollywood-Schaukel, auf der wir eine ganze Weile schweigend saßen, hat sich mir fürs Leben eingeprägt.

Stunden später traf ich auf der Straße einen alten Bekannten, der sofort Feuer und Flamme war, mit mir nach Bodh Gaya zu fahren, zum Bodhi-Baum unter dem Gautam Buddha vor 2500 Jahren erleuchtet wurde. Auf dem Weg dorthin wollten wir das Dorf besuchen, in dem Osho aufgewachsen war und den Maulshree-Baum in Jabalpur, unter dem er Erleuchtung fand. Buddhas scheinen mit Vorliebe bei Vollmond unter Bäumen erleuchtet zu werden.

Es wurde eine magische Reise. Osho hatte so viele Anekdoten über den Tuchladen seines Vaters erzählt, über den opiumsüchtigen Barbier gegenüber, der seinen Kunden nur die Hälfte des Bartes abnahm, dafür aber umsonst; über seine Jugendfreundin Sashi, die in der Nähe eines kleinen Tempels im Fluß ertrank; über seine Lehrer, seine Streiche ...

Mehr als dreißig Jahre später saß nun ich auf dem Stuhl des jetzt auch schon sehr, sehr tatterigen Sohnes des Barbiers, der bei mir flaumbärtigen Ausländer eine Ausnahme machte und mich beidseitig rasierte. Ich trank Tee mit Oshos Onkeln im Stoffladen, blickte vom Tempel auf den Fluß, durchstreifte den kleinen Ort, wobei mir immer mehr Anekdoten einfielen und mich zum Lachen brachten. Wir fuhren weiter nach Jabalpur, wo Osho in den sechziger Jahren als Philosophie-Professor lehrte, schauten von seiner Wohnung aus auf das Fenster, in dem der Nachbar früher täglich die Plastikrosen gegossen hatte, saßen bei Vollmond unter dem Maulshree-Baum, ohne erleuchtet zu werden, denn nichts wiederholt sich und alles hat seine Zeit.

Wir wohnten vor den Toren der Stadt im Hause Vijai-Bhais, der das kleine verwunschene Tal mit seinen schwarzen mannsgroßen Findlingen gekauft hatte, auf denen zu gleicher Zeit und Stunde Maharishi Mahesh Yogi, der Begründer der Transzendentalen Meditation, und Osho zu meditieren pflegten. Maharishi scheint mit seinen Millionen Anhängern beim Rezitieren von Mantren stecken geblieben zu sein, was Osho oft als Coca Cola, Coca Cola, Coca Cola... verspottete. Aber was wissen wir schon. Um Spiel und Spott der Buddhas zu verstehen, müßten wir wohl erst selbst Buddhas werden.

Vijai-Bhai, der noch Raman Maharshi und Meher Baba gekannt hatte, war vom Dalai Lama zu dessen Einweihungen und Belehrungen nach Bodh Gaya eingeladen worden. Er riet uns, noch einige Tage in seinem Haus zu bleiben, was nicht hieß, daß wir uns mit seinen beiden schönen Töchtern vergnügen sollten und dann, falls wir uns trauten nach Bodh Gaya zu fahren. Wir würden dort sicherlich mit offenen Armen aufgenommen werden. Magisch und anstrengungslos ergab wie immer eins das andere. Nach zweitägiger Zugfahrt kamen wir im völlig überfüllten Bodh Gaya an. Tausende von Tibetern waren zusammengekommen, aberhunderte Mönche sämtlicher buddhistischer Richtungen hatten sich versammelt, um den Lehren des Dalai Lamas zu lauschen. Als wir an die Pforte des Klosters, das auch das Temple Management Committee beherbergte, klopften, öffnete uns ein ehrwürdiger etwa siebzigjähriger Mönch: „Willkommen, Willkommen! Mein Name ist Jagat. Ihr wohnt bei mir!" Ohne es zu wissen hatten wir den Chef der indischen Buddhisten getroffen. Der alte, doch so jugendliche Herr fragte uns, wie lange wir schon Oshos Schüler seien, wo wir gewesen seien, wie es Osho in Amerika gefalle, lachte zwischendurch wie ein Kind und wies uns eine weißgetünchte Mönchszelle zum Schlafen zu.

Die nächsten Tage besuchten wir die Vorträge Seiner Heiligkeit des Dalai Lama, der auf einem erhöhten Steinsitz zu Füßen des Bodhi-Baumes thronte, umgeben von einer Unzahl buddhistischer Mönche und Laienbrüder. Es war, als ob die Zeit um zweieinhalbtausend Jahre zurückgedreht worden sei und ich zu Füßen Gautam Buddhas saß. Gleichwie es auch der Garten Gethsemane hätte sein können oder bei Franz von Assisi.

Eines morgens gegen sechs Uhr weckte uns Jagatji. „Laßt uns zu Seiner Heiligkeit gehen." Aus dem Schlaf fuhren wir blitzschnell in unsere Roben und liefen hinter ihm her. Der Dalai Lama hatte gerade, abgesichert von schwerbewaffneten Agenten des indischen Geheimdienstes, die ihn vor Attentaten der chinesischen Regierung schützen sollten, seine Morgenandacht beendet und kam mit seinem immer präsenten unauslöschbaren inneren Lächeln aus dem kleinen Tempel hinter dem Bodhi-Baum. Da standen wir vier auf der Wiese, auf der schon Gautam Buddha auf und ab gegangen war. Jagatji stellte uns mit den Worten vor: „Hier sind Oshos junge Mönche." Der Dalai Lama nahm meine Hände und fragte mich schelmisch: „Wie geht's Osho?", worauf ich antwortete: „Das wißt Ihr besser als ich". Er lachte zufrieden. Die Audienz im Morgenkonzert der Vögel dauerte etwa fünfzehn Minuten und ich wußte gar nicht, wie mir geschah. Das einzige, was ich behielt war, daß Seine Heiligkeit mir riet, wann immer es mir möglich sei nach Tibet zu fahren. Das sei sehr wichtig für mich. Jauchzend, wie Kinder gingen wir zurück zu unserer Klause. Zum Abschied fragte Jagatji uns, ob wir wüßten, daß J. Krishnamurti in drei Tagen in Bombay sprechen würde. Wir machten uns sofort auf den Weg.

Zur Abenddämmerung hatten sich Krishnamurtis Schüler auf einem von Bamyan-Bäumen überschatteten Schulhof versammelt. Hunderte von Krähen flogen in ihre Schlafplätze ein. Die Atmosphäre war erfüllt von ihrem Krah-Krah und unser aller Erwartung des Meisters. Ein hagerer Gentleman, hoch in den Achtzigern, betrat, körperlich klapprig, seelisch geistig aber von ungeheurer Ausstrahlung, das Podium. Aus dem Stehgreif begann er seinen Vortrag. „Hören sie die Stille, begreifen sie das Wunder des Lebens..." Nach etwa einer Stunde, jemand in der ersten Reihe mußte eingeschlafen sein, fuhr er auf: „Sir, sie verfolgen mich seit über dreißig Jahren, warum vergeuden sie ihre und meine Zeit? Ich könnte die Wand gegen meinen Kopf hauen." Urplötzlich waren alle wach und saßen kerzengerade. Es war so still, daß man eine Stecknadel hätte fallen hören können. Dann sagte er: „Danke, daß sie mir zugehört haben" und entschwand. Ich ging völlig erfüllt zur Straße, zündete genüßlich eine Zigarette an, rauchte selbstversunken, als ein Auto direkt vor mir am Straßenrand hielt. J. Krishnamurti kurbelte das Fenster im Fonds herunter, legte die Hände zusammen und schaute mir kleinem Mönch eine Ewigkeit lang in die Augen ...

Dalai Lama? Spuckt das? Hare Krishna, Krishnamurti. Gautam Buddha, eine neue Margarine-Sorte? So in etwa waren die fachmännischen Kommentare meiner Verwandtschaft in Deutschland. Nur Vater Brumm, der katholische Dorfgeistliche hörte begierig meinen Erzählungen zu und segnete mich.

Das amerikanische und andere Abenteuer

Mein Portemonnaie war leer, so füllte ich für einen Weinhändler Flaschen ab, fuhr Ware aus und bediente in einem seiner Läden. Der Mensch hatte zuviel Geld, also verspielte er es im Kasino. Ich aber fuhr während meines Urlaubs in das neue Kloster nach Oregon, USA. Mir mißfiel das kulturlose Amerika, ohne jede Infrastruktur ins Indianerland gekotzt, voll falscher Freundlichkeit und bar jeder Gemütlichkeit, von Anfang an. Nur die weit über hundert Meter hohen Mammutbäume nördlich von San Francisco, trösteten mich. Mehr als dreitausend Jahre alt, wußten sie, daß auch die Herrschaft der Weißen an ihrem Gedächtnis vorbeiziehen würde, wie Staub im Wind.

Zentral-Oregon ist eine gottverlassene, baumlose Einöde, der nur hier und dort Wacholder und Salbeibüsche trotzen. Zerfallende Geisterdörfer und aufgegebene Gehöfte säumten die Straße zur „Muddy Ranch". Ab und an begegneten mir heruntergekommene Gestalten in zerbeulten Pickups, die ihre Gewehre stolz im Rückfenster der Wagen zur Schau stellten. Es regnete und die Ranch versank im Matsch.

Osho hatte sich eine lange Periode des Schweigens auferlegt, wie viele Mystiker das von Zeit zu Zeit tun und sich in seine Klause zurückgezogen. Nur dreimal im Jahr unterbrach er die Klausur, um an jeweils drei bis fünf Tagen mit seinen Schülern in Stille zu sitzen. Eine solche Periode sollte in Kürze beginnen. Tausende von Schülern strömten aus allen Ecken der Welt auf die Ranch, wo eine riesige Zeltstadt errichtet worden war. Circa dreihundert, meist amerikanische Schüler, die verstreut auf dem Gelände in Wohnwagen hausten, hatten alles vorbereitet, ja sogar eine Versammlungshalle gebaut. Die Stimmung war geprägt von Wiedersehensfreude, Lachen und der Erwartung der „Belehrungen in Schweigen". Das Sitzen mit Osho war unbeschreiblich. Ich sog den ungeheuren Frieden, der von ihm ausging mit jeder Pore auf, wurde ganz still und friedlich und sagte auch Stunden später noch kein einziges Wort.

Auf dem Rückflug nach Berlin saß die deutsch-amerikanische Bea neben mir. Wir zogen zusammen. Sie arbeitete als Serviererin, ich als Möbelpacker. Wenn ich morgens vom Betriebshof zum ersten Umzug fuhr, wurde gleich an der nächsten Ecke angehalten. Theo, der Fahrer, sagte dann unter allgemeinem Gelächter: „Ich muß mal kurz meine Tante besuchen" und kam dann mit Weinbrand und Jägermeister zurück. Frisch angesoffen konnte der Tag beginnen. Seltsamerweise akzeptierten mich die anderen als Vegetarier und Nichttrinker. Wir arbeiten für sieben Mark schwarz die Stunde, die tätowierten Kollegen kamen aus dem Knast, ich aus dem Kloster. Nach drei Monaten hatte ich genug gelernt und wir, Bea und ich, beschlossen unsere Freude im Bett in bare Münze umzusetzen.

Wir fuhren nach Nürnberg, um Hauptdarsteller in Pornofilmen zu werden, da man uns zugesagt hatte, daß wir es nicht mit Fremden treiben mußten. Ein buntes Völkchen hatte sich im Studio, dem eine Peepshow samt Bordell angeschlossen war, versammelt. Zuhälter mit ihren Pferdchen, ein paar von der Straße aufgelesene Rammler, und wir. Es konnte losgehen. Selbst in den Drehpausen waren wir so geil, daß wir uns in unser Zimmer verzogen... Die Zuhälter bewunderten mich ob meiner scharfen Braut, hielten mich für einen der Ihren, erzählten vom Ludenleben. Auch die Nutten mochten mich. Ich lernte und lernte. Wir verdienten gut und reisten nach Hamburg, um auf der Reeperbahn unsere Karriere in einem kleinen Club als „Live act" fortzusetzen. Der Anreißer, die Bar- und anderen Damen schlossen uns in ihr Herz, erzählten, warnten uns davor, ebenso abzustürzen wie sie. Andere Menschen sammeln Briefmarken, ich sammele Erfahrungen. Als nächstes wollte ich als Stricher arbeiten, aber man wollte mich nicht, mit der Begründung ich sei nicht schwul. Schade! Auch dieses Semester war erfolgreich beendet, wir zogen zurück nach Berlin und machten eine Agentur für Hauswurfsendungen auf. Ich beschwatzte Ladenbesitzer nutzlose Broschüren in Briefkästen stopfen zu lassen, Bea organisierte den Vertrieb. Wir verdienten gut und ein großer Agenturbesitzer wurde auf uns aufmerksam. Der hatte ein riesen Büro, mit Kunstrasen und einer lebensgroßen Spielzeugkuh. Aus dem Schreibtisch sprudelte eine „Amts-Leitung" herrlich kühles Warsteiner vom Faß. Autoschieber, Einbrecher, ein Bankdirektor und Tim, der Druckereibesitzer besoffen sich dort. Dank meiner Indienkenntnisse bekam ich das lukrative Angebot, in Bombay und Delhi falsche Hunderter kofferweise an den Mann zu bringen. Ich lehnte dies ebenso ab, wie die Offerte für das illustre Konsortium ein Spielkasino auf

Mauritius zu führen. Statt dessen fuhren wir nach Oregon. Ich heulte auf der Autofahrt von San Francisco nach Portland Rotz und Wasser, denn unsere Beziehung ging zu Ende. In dem Jahr mit Bea hatte ich mehr gelernt, als viele im jahrzehntelangen Ehe-Einerlei.

Bea war in den nächsten Jahren verständlicherweise völlig fasziniert vom schnellen Geld. Zuerst tat's noch die Peepshow, doch dann reizten die 150,-DM in 15 Minuten und sie wurde freischaffende Prostituierte. Zum Glück gabs damals noch kein Aids und Bea endete nicht, wie viele ihrer Kolleginnen. Perverserweise findet man noch heute auf fast jeder Berliner Litfaßsäule die Werbung für eine große Peepshow. Das abgebildete Modell, dort sehr knackig anzusehen, mit Sternchen auf den Brüsten, sah aber schon Ende der 80er Jahre gar nicht mehr knusprig aus; im Krankenhaus und hingerafft vom HIV ...

Als einer der ersten war Osho schon 1983 die Bedrohung durch Aids bewußt und er verschrieb uns allen Kondome für den Geschlechtsverkehr. Er empfahl uns monogam zu leben, da die kurze Zeit der sexuellen Befreiung durch die Pille mit dem Auftreten von Aids unwiderruflich zu Ende gegangen war. Er riet uns, zusätzlich, uns alle sechs Monate testen zu lassen. Er betrachtete Aids als eine Art spiritueller Krankheit der Welt, basierend auf Lebensunlust und gesellschaftlich bedingtem „Todestrieb". Schwulen Schülern antwortete er auf ihre Fragen: „Ganz einfach: laßt die Homosexualität sein. Geh in dich und trau dich mit einer wirklichen Frau zu sein". Uns Heterosexuellen legte er ans Herz, tantrisch monogam zu leben. Den wenigen HIV-infizierten Schülern riet er, eigene Meditations-, Therapie-Zentren und -gemeinschaften zu gründen, sich zur Krankheit zu bekennen und sie durch gemeinsame Meditationen aufzulösen. Leider scheint die Aids-Szene heute beherrscht zu sein von Opfer-Mentalität, Menschen, die sich endlich mit etwas brüsten können, wie Kaffeekränzchen-Weiber, die über nichts als ihre Weh-Weh-chen reden, damit sie überhaupt etwas zu reden haben und es wird nicht meditiert, nicht gefeiert, nicht erlöst.

Traurig das!

Wieder fünf Morgende mit Osho in Stille sitzen zu können, war ein riesen Geschenk. Mich befremdete aber die eher abgekühlte Stimmung zwischen den Schülern und eine wachsende Arroganz derjenigen, die auf der Ranch lebten.

Ein paar Tage später war ich wieder in Berlin und zog in die örtliche Gemeinschaft der Sannyasins, die gerade die Diskothek „Far out" eröffnet hatten, ein Meditationszentrum und eine Baufirma betrieben. Ich schränkte meine Werbetätigkeit ein und stieg als Buchhalter sofort ins Management auf. Die Aufgabe einen gemeinwirtschaftlichen, man könnte fast sagen, in seiner Struktur kommunistischen Betrieb, mitzuleiten, reizte mich. Freitags und sonnabends war ich zum Ausgleich Türsteher in der Diskothek. Der Gedanke, zusammen zu Leben und zu Arbeiten hörte sich gut an. Die Realität sah völlig anders aus. Eine kleine Clique frühstückte morgens bei „Bovril", speiste französisch vom Feinsten, trug goldene Uhren und exklusive Kleidung. Das Gros der Mitarbeiter jedoch wurde kurz gehalten, teilte sich zu dritt oder viert ein Zimmer, bekam vom gemeinsamen Fond für die Sechstagewoche 200 Mark im Monat ausgezahlt. Das Management gab an einem Abend bis zu tausend Mark bei Trüffeln, Filets und Beaujolais aus. Dabei gab es auch wirklich gute Weine auf der Karte, aber neureich bleibt eben neureich. Offiziell waren sie natürlich alle Vegetarier und das Prassen und Saufen fand unter strengster Geheimhaltung statt. Die teure Kleidung war nur zu Repräsentationszwecken angeschafft. Meditiert wurde schon gar nicht. Eine sehr unglückliche, mit Akne übersäte Frau, spielte Bischof. Die Schüler sprachen nicht mehr von Osho, sondern über Geschäfte. War nicht meine Welt!

Mein lieber Schwanz hatte sich irgendwie Feigwarzen zugelegt, die alle drei Wochen vom Hautarzt weggeätzt wurden. Das war mindestens genauso ätzend, wie das Leben in der falschen Gemeinschaft. Ich verließ die Truppe und ging zu Marietta, der großen alten Dame des Besprechens, in Behandlung. Nach Mönchstradition weinrot gekleidet, die Holzperlenkette mit Oshos Bild um den Hals, stieg ich, herzklopfend die drei Stockwerke zu ihrer Wohnung hoch, innerlich zitternd, ob sie mich „bunten Vogel" wohl behandeln würde. Eine runde alte Frau machte mir auf, nahm das Foto von Osho an meiner Halskette in die Hand und sagte „Kommen sie rein. Sie können sich glücklich schätzen, hat der Mann eine Energie!" Sie behandelte mich dreimal innerhalb einer Woche, indem sie ihre Finger in die Nähe meines Hosenstalls hielt und dabei ganz leise etwas murmelte. Dann nahm sie mir das Versprechen ab, sie, wann immer ich in Berlin sei, zu besuchen. Die Warzen waren weg, ich schloß meine Firma und war auch weg.

Flog nach Newark, New Jersey, USA, besuchte Lakshmi, Oshos ehemalige Sekretärin und meine Mentorin, die sich grollend ausgerechnet nach Woodstock zurückgezogen hatte. Draußen lag der Schnee meterhoch, es war bitterkalt, mein Schnurrbart auf den wenigen hundert Metern zu ihrem Haus eingefroren. Während des ganzen Treffens sprach sie nur darüber, wie es ihr gelingen könnte, Sheela zu besiegen. Kein Wort von Meditation. Auch sie wollte nur versuchen, Osho für ihre persönlichen Zwecke auszunutzen und das Kloster zu beherrschen. Tränen der Enttäuschung wurden auf der Rückfahrt zu Eiskristallen auf meiner Daunenweste. Warum hatte Lakshmi nichts gelernt?

In Westchester County bekam ich Arbeit und Logis als Gärtner und Förster. Das zig Hektar große Grundstück mit Eichenwäldern und zwei Villen gehörte den geschiedenen Frauen der Erben einer Schnapsdynastie. Die waren kaum da und plagten sich ab, ihre jährlichen Millionen-Dollar-Alimente auszugeben. Das muß sehr schwer gewesen sein, beide hielten sich mehrere Hunde und einen Psychiater. Auch eigene Kinder hielten sie sich, in dunklen Abstellräumen... Auch eine eigene Tankstelle, schwarze Dienstboten und italienische Liebhaber... Die Scharen der Brandgänse aber, die für ein-zwei Tage auf den ausgedehnten Wiesen Rast machten und mich, hielten sie nicht. Ich schlug tote Eichen aus dem Wald, verschaffte ihnen Kaminholz für hundert Jahre mit der Axt, machte jeden Abend einen Gang in den Weinkeller, um mit Kennerblick einen 48er Aloxe Corton, einen 51er Lafitte oder ähnliche Kostbarkeiten direkt aus der Flasche zu genießen. Mein Lohn war schlecht, der Wein hingegen mehrere Jahresgehälter wert. Aber auch Weintrinken wird langweilig und so wurde ich Chefbuchhalter im „Castle", der Villa, in der Osho zwei Jahre zuvor gelebt hatte. Ich kam mir vor, wie „Dutch Schultz" oder „Meyer-Lanski". Da war nämlich wieder ein Bischof zugange, die mit ihrem schwulen Prinzgemahl, ein extravagantes Leben führte, dem ich durch korrupte Buchführung Berechtigung verschaffen sollte. Nuri, oder hieß sie Nira, hatte eine jahrzehntelange Karriere als Domina hinter sich und was läge da näher, als sich im Alter als Bischof zu versuchen.

Später schrieb sie ein Buch darüber, wie sie sich selbst von Aids geheilt hätte. Na Prost Mahlzeit.

Glücklicherweise lernte ich Gloria kennen. Wir bestiegen das V-Empire-State-Building, grausten durch Mad-Hatten. Sie kochte wundervoll Pasta in einem kleinen Haus in New Rochelle, aber leider blieb es beim Petting.

Ich flog für ein paar Tage auf die Ranch. Man hatte eine „Mall" errichtet, die typisch amerikanisch-spießige Laden- und Freß-Passage. Sheela, Vidya und Konsorten trugen schwere Colts, denn wenn man sich nicht selbst befriedigen kann, bleibt einem nur die Hoffnung, andere auf den Friedhof zu bringen. Hanswurste, mit Uzi-Maschinenpistolen, bewachten Oshos mittäglichen Ausritt im Rolls Royce, drohend schwebte ein Helikopter mit Scharfschützen über der Szene.

Osho strahlte unendliche Güte und Mitgefühl aus, viele seiner Schüler ungeheure Dummheit. Der Buddha redet und schweigt, schweigt und redet, versucht dies und jenes, alles und nichts und wird meist, auf Grund der Verblendung seiner Schüler gekreuzigt, vergiftet, geächtet, geviertelt, ertränkt.

Die Dollars waren aus meiner Börse gelaufen, es war Frühling und ich hatte nichts als ein Flugticket nach New York. Das Leben aber ist gut und nichts als gut. Es lebt uns... Es führte mich mit knurrendem Magen auf New Yorks 5th Avenue. Mal wieder legte sich eine Hand auf meine Schulter, sprach: „Hallo, Pater bist du's?" Da ich es war, gab Tosh mir 300 Dollar. Ich war am nächsten Tag in Brüssel, traute mich zwei Geschäftsleute anzusprechen und wurde gerne nach Düsseldorf mitgenommen. Das Leben lebt uns. Hatte dann noch zwei Mark achtzig in der Tasche, die mich mit der Straßenbahn zu Oma Hilde brachten. „Jungchen, daß du gerade jetzt kommst! Ich habe mein Haus verkauft. Wenn ich tot bin kann ich eure Freude nicht mehr genießen." Es gab mein Lieblingsgericht: Überbackene Spaghetti mit Schinken und 200 000 Mark. Das Leben lebt uns!

Ich besuchte die Eltern, doch nur mein Hund Moses wedelte mit dem Schwanz. Ich hatte eine Flasche Dom Perignon mitgebracht, denn meine Erzeuger hatten ja auch gerade 200 000 Mark geerbt. „Junge, wie kann man soviel Geld für Sekt ausgeben, wenn die halbe Welt hungert." Ich dachte an die Vorratsschränke im Keller, in denen hunderte abgelaufener Konservendosen vor sich hinschimmelten und schlug vor, diese an die Welthungerhilfe zu schicken, deren Vorsitzender zu jener Zeit ein gewisser Herr mit brauner Vergangenheit war. Es folgte ein hysterischer Anfall der Frau Mama.

Auf der Commerzbank wedelten dann auch die Bankhunde mit ihrem Schwanz.

Ich verbrachte eine Weile in der Düsseldorfer Osho-Kommune, wo ich wieder auf einen Bischof traf, diesmal war es eine frustrierte Chefpilotin-Gattin... Ich machte mich schnell unbeliebt und setzte meine Studien in Köln fort. Da ich dank Oma finanziell unabhängig war, konnte ich auch dieses Zentrum gründlich untersuchen. Ich lernte Verputzen, Regipsen und Fliesenlegen, Bier zapfen und Toiletten reinigen. Auch hier hatte sich alles verselbständigt: Eine kleine Clique, die im wirklichen Leben wahrscheinlich Sozialhilfe beziehen müßte, mißbrauchte das Kloster, lebte wie Maden im Speck. Noch ahnte ich nicht, daß dies alles von Sheela gesteuert wurde, begann aber stutzig zu werden, da ja überall die gleichen Zustände herrschten. Sheela und ihre engsten Mitarbeiter besuchten regelmäßig die Kommunen, schmissen unliebsame Mönche raus, setzten ihre Leute überall an die Spitze. Sie in Köln zu sehen, war für mich ein Riesenschreck. Sie benahm sich wie eine Königin, war angezogen wie der Papst, die Leute lagen ihr zu Füßen, gehorchten ihr aufs Wort. Sie hielt Brandreden -wir seien die Speerspitze der Menschheit, eine verfolgte Minderheit, die sich eng zusammenschließen müßte, um gegen die böse Welt zu überleben. Auf die Frage, warum keine Zeit zum Meditieren mehr war, antwortete sie: „Wer braucht schon Meditation, arbeiten sollt ihr!" und alles jubelte. Um das Maß voll zu machen, brachte sie ein Büchlein mit, eine Art Mao-Bibel, die wir alle beherzigen sollten, mit dem seltsamen Titel „Rashneeshismus", vollgestopft mit aus dem Zusammenhang gerissenen Worten Oshos und Eigenerfindungen. Wir seien gerade dabei, d i e Religion des 21. Jahrhunderts zu gründen.

Mit Osho hatte das nichts mehr zu tun. Und mir kam der Verdacht, daß sie nur auf den richtigen Zeitpunkt wartete, um ihn zu beseitigen und dann als Nachfolgerin sein Werk vollkommen zu zerstören. Sie hatte ständig stark vergrößerte Pupillen, was mich auf Drogenmißbrauch schließen ließ.

Wohlhabende Mönche wurden gedrängt, ihr Vermögen abzugeben, denn Osho habe zu Sheela gesagt: „Es gehöre sich nicht Privateigentum zu haben." Auch mich versuchte man zu bearbeiten, ich aber kaufte mir lieber eine Rolex, denn für Manipulationen im Stile von - Sheela hat gesagt, Osho hat gesagt - war ich ein zu alter Hase. An die Buchhaltung ließ man mich in Köln natürlich nicht ran, denn ich hätte schnell das höchst kriminelle Firmengeflecht durchschaut. Ungeheure Mengen Geld flossen da zusammen, wurden per Kurier in die Schweiz verschoben.

Als mir meine teure Lederjacke, eine kleine Buddha-Statue und später auch Geld gestohlen wurden, verließ ich den ungastlichen Ort und fuhr mit meiner Freundin Petra nach Mount Abu in Rajastan.

Bunt blühende Bäume, der Duft der „Königin der Nacht", uralte Jaina-Tempel umgaben das Bikhaneer-Palace-Hotel. Wir waren die einzigen Gäste im heruntergekommenen, vormaligen Maharaja-Palast. Verwaiste Billardtische, mottenzerfressene Jagdtrophäen zeugten von vergangenem Glanz. Bis in die frühen siebziger Jahre hatte Osho an diesem verwunschenen Ort regelmäßig Meditationsseminare abgehalten. Die Hoteldiener und der Besitzer erzählten begeistert von dieser Zeit, verwöhnten und umhegten uns. Wo viele Menschen meditiert haben, fällt es einem ganz leicht, selber still zu werden. So saßen wir stundenlang schweigend im Garten und ich spürte Osho's Lächeln in meinem Herzen. Begriff, daß er all die furchtbaren Dinge um Sheela für noch eine Weile geschehen lassen mußte, um uns ein für allemal die Lektion zu erteilen, wie Dogmen, Kirchen und Fanatismus nach dem Ableben der Meister entstehen. Weise vorausschauend baute er zu Lebzeiten vor, ließ Gift und Falschheit an den Tag treten und verhinderte so, daß nach seinem Tod solche Dinge noch einmal passieren konnten.

„Wenn das so ist Osho, dann sollte ich mir das ganze Theater ja vor Ort ansehen", dachte ich. Obwohl ich natürlich große Angst hatte, dorthin zurückzukehren, erinnerten mich Sheela und ihre Bande doch allzusehr an Hitler und Goebbels, Stalin und Berija. Auch die Zeitung, die sie herausgaben, war ähnlich aufgemacht wie der „Stürmer" oder die „Rote Fahne".

Wenig später war ich in Oregon und wurde trotz meiner bekennenden Opposition ins Lager gelassen. Dort passierten lustige Sachen. Man hatte einen, mehrere hundert Mann starken, bewaffneten Sicherheitsdienst gegründet, für die vierzig obersten Aufseher schwarze Cadillac-Limousinen angeschafft, die mich ungeheuer an die Volvos des DDR-Politbüros erinnerten. Um das Maß voll zu machen, hatte eine kleine Gruppe von Hollywood-Millionären mit einem Bruchteil ihres Geldes mehr als neunzig Rolls-Royce angeschafft, die Osho dann abwechselnd benutzen durfte. Nach Auflösung des Lagers verkauften sie die Flotte mit beträchtlichem Gewinn an texanische Milliardäre.

Sheela hatte auf dem Lagergelände eine Stadt gegründet und wollte bei den nächsten amerikanischen Kommunalwahlen sogar den gesamten umliegenden Regierungsbezirk übernehmen. Zur Beschaffung der nötigen Wählerstimmen, wurden unter dem Deckmantel von Sozialarbeit über zweitausend Obdachlose aus ganz Amerika zusammengekarrt und in getrennten, bewachten Teilen des Lagers untergebracht. Mir wurden vier Obdachlose zugeteilt. Herzensgute, einfache Menschen, die mir das Unrecht und den Rassismus der amerikanischen Gesellschaft nahe brachten. Tom und Leroy hatten auf New Yorks 42th Straße gebettelt. Washington, der dritte Schwarze, in New Orleans an der Pulle gegangen. Ramon kam aus den Slums der mittelamerikanischen Einwanderer. Wir bauten hölzerne Fußbrücken über die zahlreichen kleinen Bäche, zersägten Eisenbahnschwellen, legten Gärten an, hörten Blues, soffen mexikanisches Bier bei der Arbeit. Da das Essen in der Kantine saumäßig war, lud ich sie oft ins Lagerrestaurant ein, wo die Wohlhabenden schlemmten. Das erstemal waren sie ungeheuer scheu, denn keiner von ihnen hatte je mit einem Weißen zusammen im Restaurant gesessen. Wir hatten einen Mordsspaß.

Eines morgens kam Ramon nicht zur Arbeit, wenige Tage später verschwanden auch die anderen drei. Statt dessen tauchte ein ZK-Mitglied bei mir auf und erklärte, meine Freunde hätten auf Grund familiärer Verpflichtungen nach Hause gemußt. Sheelas Wahlbetrug hatte nicht funktioniert. Der Mohr hat seine Schuldigkeit getan, der Mohr kann gehen. Am selben Tag sprach mich Sheela honigsüß im

Restaurant an - mir ging der Ruf nach, millionenschwer zu sein - und ich erzählte ihr, daß ich in Mount Abu zum Meditieren gewesen war. „Wer meditiert denn heute noch?" „Ich!" Also packte ich und fuhr nach Palm Springs, California.

Da ich weiterhin in Amerikacka bleiben wollte, kaufte ich für dreitausend Dollar eine Heirat und bekam die Green-Card. Meine Angetraute wollte daraufhin ihre ehelichen Rechte geltend machen, aber frühere Erfahrungen hatten mich gelehrt, wie herabwürdigend Sex ohne Liebe ist.

Ich machte den amerikanischen Führerschein, in Deutschland war ich immer schwarz gefahren, kaufte einen gebrauchten Lincoln Continental, Baujahr 64, ein riesen Schiff, das über 200 km/h Spitze machte, mühelos Straßenschilder ummähte und locker 40 Liter fraß. In Laguna Beach traf ich Hernandez, einen ehemaligen Flugkapitän. Aus Jux beschlossen wir Zimmerleute zu werden. Wir besorgten Handkreissägen, Verlängerungsschnüre, Hammer, Wasserwaage und Bohrmaschinen, denn nichts anderes braucht man, um in Amerika ein guter Zimmermann zu sein. Für einen Bauunternehmer setzten wir Dachstühle auf einstöckige Vorstadthäuser, die zu unserer großen Überraschung später nicht einmal abgerissen werden mußten. Die kalifuckingfornische Sonne färbte mich tiefbraun, nachmittags genoß ich den Pazifik.

Da ich noch mal im Lager nach dem Rechten schauen wollte, charterten wir ein zweimotoriges Privatflugzeug und flogen über die herrlichen Rockies nach Oregon. Wir landeten unangemeldet auf dem Privatflughafen des Geländes und es gab einen riesigen Aufstand. Aber wer mit dem eigenen Jet kommt, muß so reich sein, daß man es nicht mit ihm verderben sollte, denn wer weiß, ob man ihn später nicht noch gut melken könnte. Obendrein erzählte ich Sheela, daß ich groß ins Smaragd- und Edelsteingeschäft einsteigen wollte. Man offerierte mir großzügig ein Büro im Lager. Tränenlachend flogen wir zurück auf den Bau.

Ich war ein wahrhaft amerikanischer Zimmermann geworden und es schlitterte mich ins nächste Abenteuer. Irgend etwas sollte mich auch jetzt davor behüten, auf diesem neuen Trip stecken zu bleiben. Der Unterschied zwischen mir und der RAF bzw. den Idioten vom 2. Juni war ja nicht groß gewesen, nur daß das Auto nicht ansprang und ich auf meinen Schutzengel hörte. Auch, daß ich nicht Zuhälter, Einbrecher oder Bankangestellter wurde, war ja nur auf höhere Kräfte zurückzuführen. Irgendwie scheinen mir nach und nach alle Facetten meines Inneren gezeigt zu werden; der Verbrecher und der Mönch, Gewalttätigkeit und Hingabe, Licht und Dunkel. So dunkel, daß ich manchmal gar nicht hingucken mochte. Jetzt war es Zeit meinen inneren Angeber, Geschäftemacher und die Geldgier anzuschauen. Und wo wäre das besser gegangen, als in Palm Springs, California.

Fern der Heimat halten die Deutschen besonders gut zusammen und so wurde ich von der Deutschen Kolonie mit offenen Armen aufgenommen. Man traf sich in „Teds Wirtshaus". Da mein Stammbaum beeindruckend und meine Geldmittel beträchtlich schienen, beschloß Theodor, der daheim in Österreich Brötchenverkäufer gewesen und jetzt außer „Teds Wirtshaus", Bäckereien und weitere Restaurants betrieb, und mich stark an Ernie Schwarzenigger erinnerte, aus mir einen richtigen amerikanischen Business-Man zu machen.

Im Handumdrehen hatte er für mich eine schwere Mercedes-Limousine und einen Bungalow im Country-Club gefunden. Eine Woche später war ich Peter P. Rupp, Präsident & Chairman, Paret International Ltd., Palm Springs CA...

Zwei Bekannte aus alten Poona-Tagen hatte es irgendwie nach Laguna Beach verschlagen und aus Jux stellte ich beide ein, um nicht allein zu sein. Schneller als wir denken konnten machten Gerüchte über den steinreichen deutschen Grafen mit seinen Leibwächtern die Runde. Aldo und Jannis konnten ja nichts dafür, daß sie so brutal aussahen. Wir fühlten uns eher wie eine moderne Ausgabe der Marx´Brothers und beschlossen, das Spiel mitzuspielen. So trug ich immer ein Bündel Hundert-Dollar-Scheine von einem Gummiband gehalten, zusammengerollt in der Hosentasche und ließ Aldo gelangweilt davon zahlen. Sowas macht Eindruck. Im Nu waren wir im Geschäft. Honorarkonsul Immermeyer bot mir „Seerosen" von Monet, „Sonnenblumen" von Van Gogh, diverse Velasques und einen Max Ernst samt, natürlich gefälschten, Expertisen und Provenienzen zur Vermittlung an meine höchst adlige, europäische Verwandtschaft an. Die Anwälte Kurz und Bock versuchten mich mit dem grauen Kapitalmarkt und riesigen Immobilienschwindeleien. Eine Gruppe exilierter Unterrather Zuhälter offerierte verschobene Luxus-Limousinen und furchtbare Dienstleistungen zum halben Preis. Smaragd- und Diamantenschmuggler suchten meine Nähe. Unser Fax spuckte stündlich neue Träume und Alpträume aus, über die wir zuerst lachten, wenn Darlehensangebote über Milliarden Schweizer Franken ganz lapidar 1,5 zu 4,5 % abzüglich Disaggio (ich weiß nicht, vielleicht schreibt man es auch mit einem „g") eintrafen, die uns dann, nach mehreren Flaschen Roederer Cristal, einlullten, einfingen, ergierten, während uns gleichzeitig Pornofilme errigierten.

Mein Kopf fing an hochzurechnen: 40 Millionen im Jahr könnte das Edelsteingeschäft bringen, dann wären da die Provisionen aus der Vermittlung von Immobilien, Ferienobjekte an der Costa Brava, Luxushotels in Frankfurt, Hamburg, Paris und Cannes; 10 Millionen p.a. aus dem Vertrieb der „Original"-Lithos von Dali und Chagall, deren Original-Platten eben nicht vernichtet worden waren, sondern statt der garantierten, handsignierten Auflage von je 100-300 Stück in Wirklichkeit Tausende, mit Unterschriftenstempel versehene, im Umlauf waren und weltweit an Zahnärzte und Rechtsanwälte als Anlageobjekte verscheuert wurden.

Mir schwirrte der Kopf. Long John Silver's Papagei krächzte unablässig in mir: „Doublonen, Doublonen ...".

Ich flog nach Rio, Paris, London, Berlin, Bombay und Stuttgart. Manchmal saß ich an einem Tag mit fünf elektrischen Stühlen und tausend Jahren Zuchthaus am Tisch. Daß der CIA nicht an mich herantrat, wundert mich noch heute. Aber, daß die Buddhas an mich „herantraten" wunderte mich noch mehr.

Ich wollte ja gar keine Ersatzbefriedigung, ich wollte in den Armen einer geliebten Frau liegen und in erleuchteter Stille versinken.

Innerhalb von drei Monaten hatten Aldo, Jannis und ich zwei Drittel von Oma Hildes Spielgeld verträumt und alles löste sich auf, so schnell wie es begonnen hatte. Ich ließ mir flink neue Visitenkarten drucken,

Pater Ruppig
Phantom Spinnologe
immer unterwegs

und fuhr zurück nach Oregon, denn das sommerliche Sitzen und Schweigen mit Osho wollte ich mir nicht entgehen lassen. Es war wunderschön wie immer, vielleicht sogar erst recht, da die Meditation durch, neben Osho stehende und auf Wachtürmen in der Halle verteilte, grimmige Scharfschützen garniert wurde. Auch hatte Sheela einen Stacheldrahtzaun um sein Haus ziehen lassen und eine Wachmannschaft postiert.

Das große Finale war nahe. Urs, Sheelas Ehemann, ein Schweizer Nationalbürger und angeblicher Liebhaber kleiner Jungen, schwänzelte hinter meinen vermeintlichen Millionen hinterher. Ich sagte: „Alles Lüge" und wurde endlich aus dem Lager verbannt.

Die nächsten Wochen faulenzte ich am Meer, spielte Billard und meditierte. Eines morgens wußte ich, es war soweit. Mußte mich einfach ins Auto setzen und trotz Acht und Bann nach Oregon rasen. Ich erreichte die Ranch genau zur richtigen Zeit, denn Sheela und ihre Bande waren wenige Stunden zuvor geflohen. Die Verbrecher hatten die Rechnung ohne den Buddha gemacht. Der sprach morgens und abends zu den Schülern, wetterte und wetterte, hielt uns den Spiegel unserer Dummheiten vor, machte „groß reine".

Ich war nicht der Einzige, der dem lautlosem Ruf zurück auf die Ranch gefolgt war. Chaytanja Hari Deuter, Prastl, Tathagart, der verrückte Anandadas von „Amon Düül" und viele andere alte Freunde und Rebellen waren wie aus dem Nichts auf einmal wieder da.

Sheelas Schergen verschwanden, oder versuchten sich reinzuwaschen, indem sie uns mehrwöchige, kostenlose, luxuriöse Wiedergutmachungsaufenthalte spendierten. Ich durfte sogar mein eigenes Auto auf dem Gelände benutzen, als besonderes Privileg. Ich sagte diesen Wendehälsen ins Gesicht, was ich von ihnen hielt und ärgerte sie so gut ich konnte.

Von einem Tag zum anderen schaffte Osho das Tragen roter Kleidung und der Holzperlenkette mit seinem Bild ab, tötete somit den Religions-Wahnsinn und warf uns auf uns selbst zurück.

Während viele Sannyasins von einer glorreichen Zukunft der Ranch träumten, da der Papa endlich eingegriffen hatte, spürte ich den Wind der Veränderung. Hörte mich eines abends in Gedanken sagen: „Tschüs Osho, bis zu einer anderen Zeit an einem anderen Ort".

Ich fuhr wieder gen Süden, meditierte zwei Tage am Mount Shasta, dem majestätischen, heiligen Vulkanberg der Indianer, ließ mich noch einmal von der gewaltigen Stille der Redwoods (Mammutbäume) verzaubern, ließ mich in Monte Rey von meiner Scheinehe-Frau scheiden und gelangte schließlich nach Big Sur.

Auf dem abgelegenen Anwesen meiner Freunde erreichte mich die Nachricht, daß Osho kurz bevor die Nationalgarde und Spezialeinheiten das Kloster stürmen wollten - wohl um ein neues Jonestown oder Wacko zu veranstalten - ins Flugzeug gestiegen war und in dem Städtchen Charlotte verhaftet wurde. Die Ranch wurde daraufhin nicht gestürmt. Der Buddha büßte für die Dummheiten seiner Schüler, wurde während der mehrwöchigen Haft radioaktivem Material ausgesetzt und litt bis zu seinem Tod an der Strahlenkrankheit.

Sheela und Co kamen für einige Zeit ins Gefängnis, wurden vorzeitig entlassen und setzten sich in die schöne Schweiz ab, wo sie viele Millionen Dollar gebunkert hatten. Die sollten nun geteilt werden. Aber oh weh!, einer der Bande war schneller gewesen, war auf und davon. Man vermutete ihn in Thailand bei der Knabenliebe und setzte Häscher auf ihn an. Die kamen zu spät. Das Aidsvirus war schneller gewesen und die Beute blieb verschollen. Die betrogenen Betrüger zerstritten und zerstreuten sich. Die vorbestrafte Sheela bekam selbstverständlich Aufenthaltsrecht in der Schweiz, niemand hinterfragte ihre Ehe. Es wurde gemunkelt, daß das Geld, mit dem sie passenderweise ein Altersheim eröffnete, aus ihrer Agententätigkeit für den CIA stammte. Wenn man schon kein großes Lager mehr führen kann, dann wenigstens ein Altersheim. Macht muß sein.

Ich war dabei, mich von Amerika zu verabschieden und stürzte in neue Abenteuer. Micky, der bisher mittellose mitvierziger Tunichtgut, tauchte plötzlich mit Mercedes und Rolex auf. Seinen richtigen Namen weiß ich nicht. Ist auch gut so, da er mit seinen Drogenverbrechen immer noch von Interpol gesucht wird. Plötzlicher Drogenreichtum macht aus harmlosen Hippies Schweizer Bankkonten-Millionäre, eiskalte Geschäftsleute ohne jegliche Gewissensbisse. Auch meine Bekannten Warze, Caveman und Ratte hatte dieser Virus erwischt. Mit eigenem Labor und weltweitem Netz. Alle hatten irgendwie dasselbe Psychogramm, sie konnten nicht lieben und kamen mit Frauen nicht zurecht. Ich glaube, alle Dealer, Geschäftsleute und Politiker leiden daran, daß sie in ihrer natürlichen Sexualität gestört sind und geben sich der Ersatzbefriedigung von Macht und Geld hin.

Micky hatte absolut reines Ekstasy dabei. Wir heizten den kleinen Swimmingpool, von dem aus man einen berauschenden Ausblick über die Berge und den Pazifik hatte, legten uns nackt in das heiße Wasser und schluckten die Ekstasy-Tabletten. Nach etwa zehn Minuten waren Verstand und Gedanken ausgeschaltet, ein ungefähr zehn Zentimeter großer Kreis um mein Herzchakra herum wurde der Mittelpunkt der Welt, samtig und weich. Und von dort verschmolz ich, künstlich, chemisch, für die nächsten drei /vier Stunden in sanftem Pulsieren mit meiner Umwelt. Aber es war ein synthetischer Zustand, dessen Nebenwirkungen auch nicht durch das literweise Trinken von Wasser ausgeglichen werden konnte. Später stellten sich die charakteristischen Katererscheinungen ein, Schlaflosigkeit, Zähneknirschen und unstillbarer Durst. Psylocebin, der magische Pilz, ist auch nicht besser. Gaukelte mir Scheinrealitäten vor: eine Gruppe Wanderer am Strand, beispielsweise, hatte plötzlich Gänseköpfe und schnatterte oder ich verlor mich in der Textur der Sandkörner. Es waren fruchtlose Fluchten, wo man doch durch liebevolle Meditation so herrlich ernten kann. Drogen jeglicher Art geben eine scheinbare Bewußtseinserweiterung, aber kein Bewußtseinswachstum. Das einzige, was eine Drogenerfahrung bewirken kann, ist zu erkennen, daß es viel mehr gibt, als unser Eintagsallerlei, Furcht und Haß, Gedankenbrei. Ich kann jeden Techno-, Schlafmittel-, Alkohol- oder anderen Yunkie gut verstehen. Aber Meditation und Liebe sind der einzige Weg raus. Bevor man in den Himmel kommt, muß man in die vermeintliche

Scheiße packen, will sagen, sich ohne wegzuschauen mit all seinen Schwächen akzeptieren.

Ich ließ mich nicht versuchen, ich wollte meditieren und lieben. Jeden Dealer holt sein Schicksal ein. Micky zittert immer noch vor der Polizei, Warze hängt an der Nadel, Caveman fuhr sich im Drogenrausch zum Krüppel, Ratte spielt hirngeschädigt Guru unter einem anderen Namen.

Einige Nebendarsteller landeten im Knast. Ich nenne hier nur Kinky Königrecht, der trotz allem nichts gelernt hat und jetzt auf esoterischen Heiler macht, um andere klein und sich selbst groß zu machen. Früher verkaufte er Ekstasy, jetzt Gott. Erfüllten Geschlechtsverkehr hat das arme Schwein bis jetzt nicht gehabt.

Ein anderer Fall ist Berni. Dem bekommen seine Drogen-Millionen auch nicht. Früher ging er in die Herrentoiletten im Düsseldorfer Hofgarten zur schnellen Abfuhr, jetzt hält er sich manchmal Freundinnen, handelt mit Heroin und Gold und ist, nach wie vor, hinter Artie her. Weil der ihn nicht erhört, flüstert Berni ihm obstruse Geschäftsideen ein, die dem kleinen Artie einen riesigen Schuldenberg beschert haben.

Lernen, bereuen und loslassen ist schön! Neulich traf ich nach vielen Jahren einen Bekannten auf der Straße, mit dem ich mich früher furchtbar und ausdauernd zu streiten pflegte. Wir freuten uns so über unser Wiedersehen, daß wir uns spontan umarmten und in Lachen ausbrachen, über unsere alten Dummheiten. Ich glaube, so würde es mir mit all den Menschen gehen, mit denen ich zusammengerasselt bin, die ich als Arschlöcher oder sonstwas titulierte und die mich wahrscheinlich ebenso sahen. Was sich neckt, das liebt sich. Ein herrlicher Spaß!!!

Die Karawane zieht weiter

Osho machte gerade eine abenteuerliche Weltreise und hielt sich für ein paar Wochen in Nepal auf. Sun und ich besuchten ihn dort. Mehrere Morgende wachte ich mit dem Impuls auf, ihn etwas über Tibet fragen zu müssen, da ich das Gefühl hatte, schon in seinem letzten Leben vor siebenhundert Jahren in Tibet sein Schüler gewesen zu sein. Zuerst traute ich mich nicht, befürchtete von ihm für solch eine dumme esoterische Frage in aller Öffentlichkeit eine kräftige „Backpfeife" zu bekommen. Doch dann faßte ich mir ein Herz, ging zur lieben Vivek, seiner Haushälterin und trug ihr mein Anliegen vor. Sie war begeistert und kam wenig später, eine Postkarte schwenkend, aus Oshos Zimmer. „Das ist von Osho für dich", sagte sie und gab mir eine Postkarte mit dem Bild des Potala in Lhasa. Außerdem ließ Osho mir mitteilen, daß es sehr wichtig für mich sei nach Tibet zu fahren.

Erst Apa, dann der Dalai Lama und jetzt er. Warum legten mir meine Lehrer eine Reise nach Tibet so eindringlich ans Herz?

Nachdem Osho aus Nepal abgereist war, gingen Sun und ich bergwandern. Sun hatte oft Bauchweh, da sie zu der Zeit noch abführmittelabhängig war, was eine Folge von frühkindlichem Mißbrauch war. Wir fanden nie heraus, ob es ihr Vater, ein widerlicher Geselle, war und was hätte es auch genützt, wenn ich das arme Schwein totgeschlagen hätte. Jedenfalls waren diese traumatischen Erlebnisse Schatten über die Sun nicht springen konnte. Ich mußte furchtbar weinen, als sie mir, an meiner Brust liegend, all ihren Kummer erzählte. In der folgenden Jahren gingen wir immer wieder miteinander und auseinander, ihr Leiden trieb sie manchmal weit weg von mir, zu Prostitution und Geschlechtskrankheiten, dann wieder ganz nahe zu mir. Sie sagte oft: „Bei dir kann ich sein, wie ich bin". Doch verstand ich das damals nicht, ich war zu verliebt in sie, aber eigentlich war ich wohl der beschützende Onkel. Sun ist ein fabelhafter Mensch, ich hoffe, daß wir irgendwann herzlich unsere turbulenten neun Jahre begreifen können.

Jedenfalls waren wir dann auf dem Muktinath-Trail, zwischen Jomsom und Kagbeni, auf knapp 4000 Meter im heulenden Wind. Für mich war es ein Hochgenuß, eingemummt mit Sonnenbrille und Gesichtsschutz im Sturm zu tanzen. Für sie war es die Hölle. Irgendwann wurden ihre Augen leer, sie murmelte nur noch was von Schnee und Erfrieren, obwohl weder Schnee lag und es mindestens fünf Grad waren. Ich trug dann beide Rucksäcke und zerrte sie an der Hand bis zu einem kleinen Rasthaus hinter dem „Tal der weinenden Geister", wo außer dem Wirt und uns ein einziger weiterer Gast saß. Eine weinende Tibeterin mit leeren Augen. Zuerst war ich machomäßig wütend. Hier am Arsch der Welt mit zwei verrückten Frauen zu sitzen, wo ich doch nur mal locker zu den heißen heiligen Quellen von Muktinath hochspazieren wollte. Dann wurde ich ganz ruhig und betete zu Osho und den anderen Buddhas, wußte, daß mir hier nichts Schreckliches widerfahren sollte und wußte, daß ich meine Hände auf Sun`s Kopf legen sollte. Eine halbe Stunde später waren beide o.k..

Wir gingen dann noch die letzten Kilometer ins Gasthaus von Kagbeni, wo wir mir bisher unbekannte entfernte Verwandte trafen, die Retteps vom Wolfgang-See. Die Vergangenheit läßt einen wohl nirgends los.

Daß Sun sich sexuelle Erfüllung nicht vorstellen konnte, wunderte mich überhaupt nicht mehr, im Gegenteil bewunderte ich, daß eine mißbrauchte Frau sich überhaupt noch darauf einlassen kann, sich mit einem Mann zu verbinden. Aus verständlicher Furcht werden die meisten lesbisch und die Jungs, aus Mißachtung und Unterdrückung heraus, schwul.

Jedenfalls sei Sun hier aller Dank für unsere verrückten neun Jahre ausgesprochen, die mich dann schließlich zu Ruthie, meiner weiblichen Entsprechung führen sollten.

Im Frühjahr erlebten Sun und ich absurde Abenteuer in Indien. Als emanzipierte Frau trug sie im züchtigen Indien natürlich keinen BH, sondern durchsichtige Seidenblusen. Auf dem Weg zu den wunderbaren Tempeln von Kajuraho mußten wir in einem verschlafenen Städtchen am Arsch der Welt übernachten, wohin sich vielleicht alle paar Jahre mal ein Europäer verirrte, gewiß aber keine Walküre. Am Morgen waren schon Hunderte von Männern vor unserem kleinen Hotel versammelt, irgendwie schaffte ich es Sun zum Bahnhof zu ziehen, jeder Schwanz auf Beinen wollte das deutsche Busenwunder bestaunen. Es wurde eng. Unter großer Mühe riegelte ich uns im Warteraum der ersten Klasse ein. Draußen johlte und tobte die Menge. Glücklicherweise saß ein älterer Herr bei uns, den ich mit hundert Rupien Bakschisch durch den Hinterausgang zum örtlichen Polizeiposten schickte. Eine stattliche Polizeieskorte bahnte uns den Weg zum Zug. Ich ersparte mir fortan Reisen mit Sun.

Omas Spielgeld war genüßlich verlebt, verreist, verfeiert. Von den letzten hundert Mark kaufte ich Kaviar, Lachs, Champagner und Weißbrot, stieß auf Hilde an und harrte der Dinge, die da kommen mochten oder nicht. Das Angebot amerikanischer Ekstasy-Dealer, Generalvertreter für Europa zu werden, lehnte ich ab. Menschen vergiften war nicht meine Sache. Ich wäre auch bestimmt und zu Recht im Gefängnis gelandet. Hingegen befreite ich einen tüddeligen Mietshausbesitzer von seinen Finanzsorgen, indem ich in wochenlanger Geduld aus Schränken und Kellern wahllos verstreute Belege heraussuchte und korrekte Steuererklärungen erstellen konnte. Er war so glücklich, daß er mir ein Flugticket und genug Geld für ein Jahr Indien schenkte. Wenige Tage nach Osho traf auch ich wieder in Pune ein. Das Leben lebt uns.

Die Schüler strömten zurück nach Pune. Viele Bekannte hatte ich seit Jahren nicht getroffen, die unangenehmen Leute waren „durchs Erbsensieb gefallen" und verschwunden, hatten Platz gemacht für viele neue Gesichter. Die Atmosphäre war heiter und gelöst. Die Sannyasins schienen allesamt erwachsener und spielerischer geworden zu sein.

Wer wollte, half ein paar Stunden in der Küche, beim Renovieren, im Garten oder wie ich als Guard. Im Nu sah der ganze Platz noch schöner aus, als vor sechs Jahren, bevor das amerikanische Abenteuer seinen Lauf nahm. Teiche und ein künstlicher Wasserfall waren angelegt, die ausgedehnten Gärten liebevoll bepflanzt, die Häuser schwarz getüncht, mit blaugetönten Fenstern. Nur die Baugenehmigung für das Dach der Buddha-Halle ließ noch auf sich warten.

Osho sprach jeden Morgen und Abend im kleinen Chuang-Tzu-Auditorium, das nur etwa fünfhundert Schülern Platz bot. Die Eintrittskarten wurden reihum gerecht verteilt, und eine Videoschaltung live zu einer weiteren kleinen Halle gelegt, so daß niemand ausgeschlossen war.

Gegen halb acht fand ich mich im Auditorium ein, schloß die Augen, lauschte den Vögeln und der sanften Musik, die kurz vor Oshos Erscheinen einsetzte. Osho kam herein und blieb, die Arme rhythmisch zur Musik bewegend, ein paar Minuten vor uns stehen. Von Zeit zu Zeit hielt er urplötzlich an, worauf die Musik stoppte. Und nicht nur die Musik stoppte, auch die Zeit hielt an. Es war als ob ich ganz sanft in mich hinein fiel, einfach nur noch da war. Mein Atem schien stillzustehen und es war ein einziges Wohlgefallen. Dann bewegte Osho sich wieder, die Musik setzte ein und ich öffnete die Augen. Nach mehreren dieser Energieübertragungen begann er mit dem Vortrag, erläuterte die Werke der verschiedensten Meister oder beantwortete, aufgelockert durch die unmöglichsten Witze und Anekdoten, unsere Fragen. Nach etwa zwei Stunden stand er auf und verabschiedete sich von uns, während wiederum meditative Musik gespielt wurde. Wenn ich aus dem Auditorium kam, sahen meine Mitmenschen ausnahmslos schön für mich aus, Blumen und Bäume erstrahlten intensiv, ich fühlte mich wunderbar klar und still und tief mit der Erde verbunden. Osho sagte oft, daß er durch die Energieübertragungen solche Zustände initiieren könne, aber wir sollten sehr aufmerksam dabei sein. Unsere Aufgabe sei es, selbst und völlig unabhängig von ihm dorthin zu kommen und schließlich zu bleiben. Erwartungen an ihn, das zur Routine werdende Besuchen der Vorträge oder das einfach Konsumieren der Energieübertragungen, ließ er nicht zu. Es fielen dann ganz einfach von Zeit zu Zeit die Vorträge ohne Vorankündigung aus, um uns auf uns selbst zurückzuwerfen und nicht eine Gott-Papa-Geschichte auf ihn zu projizieren. Es war herrlich!

Wenn es meine Zeit erlaubte, nahm ich tagsüber an stillen Zen-Sitzen oder der Kundalini-Meditation teil. Nichts ist für immer. Ich wollte, ohne mich unter Druck zu setzen, soviel wie möglich in mich aufnehmen. Ein tibetanisches Sprichwort sagt: „Wir wissen nicht, was eher kommt, der nächste Morgen oder das nächste Leben".

Auch zu Beginn und Abschluß des Abendvortrags pflegte Osho die Zeit anzuhalten. Im Gegensatz zum Morgen aber zu sehr dynamischer Musik und unter ungeheuer kräftigen Bewegungen seinerseits, die mir oft auf so angenehme Weise alle Sinne raubten, daß ich im Sitzen umpurzelte. Mein Wachdienst im Lao-Tzu-Garten gab mir weitere wundervolle Stunden der Meditation. Ich fühlte mich wie ein Fisch im Wasser. Die Monate vergingen zeitlos...

Mein Geld verging auch, obwohl die täglichen Gebühren für Oshos Vorträge, einschließlich sämtlicher Meditationen sich nur auf ca. zwei D-Mark beliefen, man für umgerechnet zehn D-Mark zweimal herrlich speisen konnte und meine Miete nur siebzig D-Mark im Monat betrug. Ich bezahlte die Miete für mehrere Monate im voraus und landete einen Tag später in Frankfurt. Ich wollte irgendwo irgendwas arbeiten. Noch vom Flughafen aus rief ich meinen Freund Rosch in München an. „Wieso willst du arbeiten? Ganz München ist im Flugzeugspiel-Fieber." Ich setze mich in den Zug und eine irrwitzige Komödie begann. Noch am selben Abend schleppte mich Rosch auf eine Flugzeugspiel-Party. Mehr als hundert Leute standen in dem großen Haus um Tische verteilt. Der Prosecco floß in Strömen. Rosch steckte mir zweitausend Mark zu, die ich an einem der Tische einzahlte, um Flugzeugpassagier zu werden. Zwei Stunden später war ich zum Kapitän aufgestiegen und mir wurden achttausend Mark ausgehändigt, die mich in den Ruhestand versetzten. Nur so konnte nämlich der Nächste Kapitän werden. Ich verstand die Welt nicht mehr. Drei Tage später fand derselbe Irrsinn bei einem Filmproduzenten statt. Wieder wurde ich Kapitän und das Spiel, das noch wochenlang durch München geisterte, wurde mir langweilig. Ich hatte zwölftausend Mark verdient. München ist halt eine schöne Stadt.

Wenig später saß ich bei Ernst in Österreich. Der war Geistheiler, nahm 15 Mark pro Behandlung und hatte mich ein paar Jahre zuvor in nur einer Sitzung von einer Analfistel geheilt. Er freute sich, wenn ich ihn besuchte und ihm in seinem Bauernwohnzimmer bei der Arbeit zuschaute. Die Patienten saßen auf Stühlen unter Marienbildern und -statuen, reihum kamen sie zu ihm auf die Couch, er legte für ca. dreißig Minuten die Hände auf, machte verrückte Handbewegungen, jodelte zwischendurch und trank, kettenrauchend ein Bier nach dem anderen. Manchmal klingelte das Telefon und ohne die Behandlung zu unterbrechen, kurierte er jemand auf die Ferne. Zwischendurch schickte er mich Zigaretten und Bier holen, wurde aber den ganzen Tag über nicht müde oder besoffen. Als der letzt Patient gegangen war, erzählte er mir seine Lebensgeschichte: Er war Nebenerwerbslandwirt und Maurer gewesen. An einem Morgen auf dem Weg zur Arbeit, konnte er plötzlich die Gedanken der Leute im Bus hören und sah alle nackt. Schreiend verließ er den Bus und wurde ins Irrenhaus gesteckt. Nach ein paar Monaten erschien ihm die Mutter Maria und offenbarte ihm, wie er sich selbst und andere heilen könne. Wenig später wurde er entlassen und praktizierte, den Sonntag ausgenommen, zwölf Stunden täglich.

Meine nächste Station war Nicco mein Jugendfreund und langjähriger Schüler J. Krishnamurtis. Krishnamurti war zwar schon 1986 verstorben, aber wenn wir zu seinen, auf Kassette aufgenommenen Vorträgen meditierten, war er unsterblich präsent. Dasselbe widerfuhr mir mit Jesus Christus, wenn ich mit Hugo, einem wirklichen Christen, in der Stille der uralten katholischen Dorfkirche saß, oder bei Gabriela Video-Belehrungen des Dalai Lama lauschte. Meine Freunde hatten mit ihren Lehrern verblüffend ähnliche Meditationserfahrungen gemacht, wie ich mit Osho. Jeder von uns ging seinen Weg und respektierte den anderen. Wir wären nie auf die Idee gekommen, uns gegenseitig bekehren zu wollen.

Zum Abschluß besuchte ich Marietta in Berlin, die über die Jahre zu meiner Wahlmutter geworden war und mein Wachstum mit ungeheurer Liebe verfolgte.

Nach Poona zurückgekehrt, arbeitete ich die ersten Monate nicht im Ashram, um auszuprobieren, ob ich auch auf meiner Veranda schön meditieren konnte. Es ging hervorragend. Da man aber nicht den ganzen Tag auf dem Arsch sitzen kann, sondern als Ausgleich Bewegung braucht, begann ich eine steinige, unfruchtbare Fläche vor meiner Wohnung umzugraben, die Felsbrocken wegzuschleppen. Bestellte dann einige Ochsenkarrenladungen Mutterboden und Kuhmist, legte einen kleinen Teich an, in den ich Papyros pflanzte, wählte in verschiedenen Gärtnereien Philodendren, Crotons, viele Hibiskus-Arten, grünen und gelben Bambus und eine Vielzahl anderer Pflanzen aus. Wenige Tage, nachdem ich fertig war, sprach Mukta, die Chefgärtnerin des Lao-Tzu-Gartens mich an, ob ich nicht Lust hätte, mich um Oshos Rosen zu kümmern. Osho liebte Rosen. Da sie aber in seinem tropisch-halbdunklem Garten nicht gedeihen konnten, kaufte ich bei den umliegenden Rosenzüchtern etwa fünfhundert herrliche Rosenstöcke in großen Tontöpfen, die ich im prallem Sonnenschein, den sie so lieben, in einem anderen Teil des Ashrams hegte und pflegte. Nach dem Morgenvortrag arrangierte ich dann fünfzig Töpfe direkt vor seinem Schlaf- und Eßzimmer zu einem buntblühenden Bukett. In der Stille des Gartens kamen mir die Gedanken in meinem Kopf oft ungeheuer laut vor. Ich ließ dann die Arbeit ruhen und meditierte eine Weile. Wenn ich wieder still geworden war, machte ich weiter, denn ich wollte Osho nicht mit meinem Gedankenschrott stören.

Sechs wundervolle Monate verbrachte ich im „Garten des Meisters", bis ich eines Tages spürte, wie er zu mir zu sagen schien: „Mach jetzt Platz für einen jüngeren Schüler".

Das Dach von Buddha-Hall war fertig geworden und Osho sprach nur noch abends zu den ca. 5000 versammelten Schülern. Während eines Vortrages begann ein fürchterliches Monsun-Unwetter. Sintflutartig stürzte der Regen herab, ununterbrochen zuckten die Blitze, krachte der Donner. Die Moskitonetze am offenen Hallenrand rissen, der Bambus ächzte unter den Sturmböen. Oshos Worte waren kaum noch zu verstehen. Viele Schüler wurden unruhig. Ich hörte Osho die Anweisung geben: „Geht ganz tief in euch hinein und betrachtet das wunderbare Tosen. Nichts wird passieren. Vertraut mir!" Immer tiefer sank ich in mich hinein, wurde mehr und mehr eins mit den Naturgewalten, bis mich das hysterische Lachen einiger nicht vertrauender Schüler aus der Meditation riß und Osho abrupt die Halle verließ. Viele meiner Freunde berichteten, daß sie sich selbst nie zuvor so nahe gekommen waren. Es hätte der perfekte Abend zur Erleuchtung werden können. Osho kam erst wieder, nachdem sich die Hysteriker vor der versammelten Gemeinschaft entschuldigt hatten.

Die Atmosphäre im Ashram wurde von Tag zu Tag dichter und intensiver, als ob Osho Vollgas geben würde. Er entwickelte neue Meditationstechniken und schloß seine Vorträge mit einer etwa zwanzigminütigen geführten Meditation ab. Im Winter '88 sprach er ein paarmal über vier Stunden lang zu uns. Ach, es hätte bis zum Morgengrauen weitergehen können! Dann wiederum blieb er wochenlang in seinem Zimmer, um Kräfte zu sammeln, denn die Strahlenkrankheit zerstörte seinen Körper mehr und mehr. Wir meditierten dann abends ohne ihn in Buddha-Hall, und seine Präsenz war stärker als je zuvor.

Die wunderbarste der neuen Techniken hieß „Mystic Rose Meditation", ein Prozeß, der sich über drei Wochen erstreckte und aus drei Phasen bestand. In der ersten Woche mußten wir, etwa fünfzig Teilnehmer, täglich drei Stunden lang in einem abgedunkeltem Raum lachen. Man glaubt gar nicht, wieviel man lachen kann und wie schnell die Zeit dabei vergeht. Am sechsten/siebten Tag begann das Lachen eine tiefe Traurigkeit ans Licht zu bringen, der wir aber noch nicht folgen sollten, da erst vom achten Tag an, für jeweils drei Stunden Weinen angesagt war. Längst vergessener und verdrängter Schmerz kam mir hoch, mal in Bildern, mal einfach so. Dann öffneten sich Erlebnisse aus vorherigen Leben und schließlich der Schmerz der ganzen Welt, während die Tränen flossen und flossen und flossen. Gegen Ende der Phase wurden es Tränen der Dankbarkeit und des Glücks. Ich war in einem Zustand, den ich nur in Jesus-Worten am Kreuz ausdrücken kann: „Dein Wille geschehe, dein Königreich komme".

Das erste, was mir in der Weinphase hochkam, war ein Bild von mir als Zweijährigen, mit den Fingern im Vogelbrunnen spielend. Ein Urbild von Unschuld, dem die ganzen Schrecken von Kindheit und Pubertät folgten. Dann ging es weiter zurück und ich hörte für zwei Tage immer und immer wieder in meinem Kopf Joseph Goebbels schreien: „Wollt ihr den totalen Krieg?" und ganz Deutschland massenpsychotisch antworten:"Jaaaaaa, Sieg Heil, Sieg Heil, Sieg Heil!" Wie konnten diese Menschen nur so dumm sein. Wenn meine Eltern und ihre gesamte, am Nazireich beteiligte, Generation die Schrecken des Terrors und des Krieges verarbeitet hätten, wären mir diese Tränen wohl erspart geblieben. Aber zwischen der Nazi-Generation und uns gab es nur Verdrängung und keine Evolution. Und so sind die Deutschen heute genauso unzivilisiert wie damals und solange sie die Chance zum aufrichtigen Bereuen nicht nutzen, wird aus ihnen auch nichts. Solange Väter nicht mit ihren Söhnen, Mütter nicht mit ihren Töchtern sprechen und lachen und weinen, bleibt alles eine einzig dunkle, böse Sache.

In der letzten Phase saßen wir drei Stunden täglich in Zen-Meditation. Für die Dauer des Prozesses hatten wir ein Schweigegelübde abgelegt, das wir im Notfall zu kurzem Austausch mit einem anderen Teilnehmer brechen durften. Als einzige andere Aktivität gingen wir abends zum Vortrag.

Kurz nach einem Vortrag im Frühjahr '89, von dem ich noch nicht wissen konnte, daß es Oshos letzter Vortrag gewesen war, fuhr ich zurück nach Deutschland.

Diesmal klappte nichts. Meine Freundin hatte sich von mir getrennt und bis in den Herbst fand ich keine Arbeit. Ich saß und wartete und trank Unmengen Rotwein, während mein Vertrauen auf eine harte Probe gestellt wurde. Plötzlich, wie immer, lichteten sich die Wolken und ich fand mich als Faktotum im Atelier eines Malers wieder. Ich war Diener, Koch und Laufbursche, fuhr fertiggestellte Werke kreuz und quer durch Deutschland zur Kundschaft.

Im Dezember träumte mir, ich säße in Oshos Garten und Chetna, eine der beiden Haushälterinnen, führte mich in Oshos Zimmer, wo er mit Vivek sprach, die dann auf mich zukam und mich umarmte. Am nächsten Abend bekam ich Nachricht aus Poona, daß Vivek gestorben war. Den Traum von ihr werde ich nie vergessen.

Deutschland war im Wiedervereinigungsfieber. Unglaubliche Dinge passierten. Ich verspürte einen starken Drang, so schnell wie möglich nach Poona zu fahren, aber der Verkauf zweier Werke des Malers, an denen ich zu fünfzig Prozent beteiligt war, zögerte sich Woche für Woche hinaus. Ich saß innerlich wie auf Kohlen.

Dann kam der 19.01.1990! Gegen Mittag umgab mich plötzlich eine tiefe Stille, in der ich für etwa eine Stunde blieb. Am Abend wankte ich sturzbesoffen von der Arbeit nach Hause, denn der Maler und ich hatten einige Flaschen Wein geköpft. Ein Bekannter machte mir weinend die Tür auf. Ich wurde schlagartig nüchtern und sagte: „Nein!". Er schluchzte: „Ja!". Die nächsten Stunden saß ich wie versteinert in einem Sessel, stürzte, schrecklich und schön zugleich, abgrundlos in mich hinein. Dann begannen die Freunde und Bekannten von überallher anzurufen und meine Tränen flossen dick und lautlos.

Mein geliebter Meister war gestorben!

Auf der einen Seite war tiefe Trauer, als wenn mir Vater, Mutter, Geliebte und Kinder zugleich gestorben wären und das Leben war mir öd und leer, sollte ich doch das Schönste, was ich je gesehen hatte, nie mehr erblicken können. Auf der anderen Seite hörte ich Oshos Worte: „Seid nicht traurig, wenn ich gegangen bin, ich bin euch dann noch viel näher als früher. Aufgelöst in jeder Blume, jedem Vogel, jedem Stern bleib ich immer bei euch", und verspürte eine tiefe Stille durch die Wahrheit seiner Worte. Die nächsten drei Tage verbrachte ich in der Abgeschiedenheit meines Zimmers, konnte nichts essen, nur ein wenig Wasser trinken. Freudige Stille und unsägliche Trauer wechselten sich pausenlos ab. Es war wie Achterbahn fahren. Dann setzten die Gefühle sich und machten einer heiteren Gelassenheit Platz. Ich verstand, warum ich nicht in Poona hatte sein können. Das ganze Geschehen dort zu erfahren, hätte mich völlig überfordert. Ich dankte der Existenz und ging arbeiten. Der Maler hatte am Wochenende die Bilder verkauft und ich war am nächsten Tag in Poona. Über dem Ashram hing eine zarte Stille. Sanft und sprachlos umarmten sich die Schüler, die Geräusche schienen gedämpft wie ein Nebel und durch alles hindurch strahlte Oshos Lächeln. In der Buddha-Hall meditierten wir jetzt abends vor einem leeren Sessel, wie Osho es angeordnet hatte. Das Chuang-Tzu-Auditorium war zur Andachtskapelle geworden, in der, auf seinen Wunsch hin, die Urne aufbewahrt wird. Für mich ist es der stärkste Meditationsplatz der Welt!

Osho hatte in seinem Testament kategorisch ausgeschlossen, daß irgend jemand sich zu seinem „Nachfolger" erheben konnte und uns Schüler gewarnt, daß in den ersten fünf Jahren nach seinem Tod viele Scharlatane auftauchen würden, um uns zu verführen. Auch sagte er, daß Medien vorgeben würden ihn zu channeln, was alles Humbug sei, denn er habe gesagt, was zu sagen war. Die Verwaltung des Ashrams übertrug er einundzwanzig Schülern, die sich jede Woche sonntags im Samadhi, der Andachtskapelle trafen, um jede Entscheidung einstimmig zu fällen. In diesem Verwaltungsrat hatte er, weise vorausschauend, wunderbare und machthungrige Schüler eingebunden. Die Machthungrigen schieden nach und nach frustriert aus und wurden ergänzt durch wahre Schüler.

Lieben, Lernen, Leiden

Im Sommer fuhren Sun, die mir ihr Herz wieder geschenkt hatte, und ich nach Köln. Ich arbeitete als Rausschmeißer in einer großen Diskothek, ohne mich ein einziges mal zu prügeln, sie ließ sich zur Sekretärin fortbilden.

Ich praktizierte jeden Tag Chi Gong im Stadtpark und wurde ein ziemlich guter Magnetiseur.

Dann zog Sun in ihrer Sprunghaftigkeit plötzlich nach Berlin.

Ich fühlte mich ohne sie schrecklich alleine und probierte meine Fähigkeiten als Magnetiseur aus. Manchmal war es sehr erfrischend und erfolgreich, manchmal warf es mich in tiefe Depression. Nachdem ich eine bucklige Zwergin behandelt hatte, deren Energien nicht wie bei normalen Menschen yin- und yang-mäßig die Körperhälften entlang liefen, sondern sich im Buckel kreuzten, fühlte ich mich sau elend. Auf der einen Seite hatte diese Erfahrung wohl mit der nicht erfüllten Sexualität der buckligen Zwergin zu tun, auf der anderen Seite erinnerte mich diese Behandlung sehr an meine nachpubertäre Jugend, wenn ich mich nackt vor den Spiegel stellte, mit verschränkten Beinen, so daß man nur meine Schambehaarung sah, so daß ich ein Mädchen hätte sein können und ich mir wünschte ein Mädchen zu sein, um nicht Mann zu sein, wie mein Vater zu morden, zu beherrschen, Zoten zu reißen und widerlich zu sein. Aber eigentlich wünschte ich mir einfach nur Mensch zu sein, weder Mann noch Frau. Mich wunderts wirklich, daß ich nach meiner Kindheit nicht schwul oder ein Transvestit geworden bin, sondern meine wirkliche Männlichkeit mehr und mehr genießen kann.

Dann bekam ich das Angebot, für sehr gutes Honorar Toilettenmann einer Nobeldisco zu werden. Als alter Zen-Mönch nahm ich natürlich sofort an, reinigte, angetan mit Schlips, Siegelring und Boss-Hosen die Toiletten und wurde oft für den Geschäftsführer gehalten. Während ich eines morgens so vor mich hin schrubbte, spürte ich eine Präsenz hinter mir und eine Stimme in meinem Kopf sagte: „Guten Morgen Pater, mein Name ist Dr. Wen Chih und ich werde dir in den nächsten Monaten während deiner Arbeit beibringen, wie man wirklich gut behandelt". Mir standen die Haare zu Berge, da ich viele Jahre zuvor Osho eben über diesen Dr. Wen Chih hatte reden hören, und mich der Vortrag seltsam tief berührt hatte. Da stand nun, im halbvollgepissten Kloraum ein zweitausend Jahre alter Geist hinter mir. Ich sollte sozusagen im „Fernstudium" lernen. Nach drei Monaten war mein Unterricht beendet und ich fuhr nach Poona, um mein Können auszuprobieren. Ich behandelte spaßeshalber ein paar Hundert meiner Mitschüler und mußte feststellen, daß ich mich das erstemal in meinem Leben zu etwas berufen fühlte und das auch in Zukunft berufsmäßig ausüben wollte.

Jeden Tag saß ich eine Stunde im Samadhi, die zeitlos wie eine Minute verging. Osho hatte nicht gelogen, er war jetzt wirklich noch näher bei jedem von uns. Genauso, wie es Nicco mir von Krishnamurti erzählt hatte und Hugo von Jesus. Der Ashram blühte weiter auf. Immer mehr Menschen kamen zu Besuch, um zu meditieren und sich fortzubilden.

Sun war ja nach Berlin gezogen und ich wollte zu ihr, nach der deutschen Wiedervereinigung aber erstmal die neuen Bundesländer anschauen. So fuhr ich kreuz und quer. Leipzig, Dresden, Jena, Anklam, Usedom und Rügen, besuchte das Haus meines Urgroßvaters auf dem Darß, fuhr nach Rheinsberg und nach Naumburg an der Saale. Völlig pleite erreichte ich Berlin und meldete mich bei einer Heilpraktikerschule an.

Einen Job, in einer der vielen von mir ausgeübten Tätigkeiten hätte ich sofort bekommen, aber ich wollte nicht wiederholen, nicht verharren, sondern etwas völlig Neues lernen. So blieb mir nichts anderes übrig, als ein wenig Schulden zu machen und viel Bier zu trinken. Als ich genug Bier getrunken hatte, rief Tschech an, ob ich die Sommerferien über schwerstbehinderte Kinder betreuen wollte. Das war's! Ich lernte Windeln, Füttern, Wünsche und Bedürfnissen von den Augen abzulesen, Schlaflieder zu singen, Ekel zu überwinden und Geduld. Außerdem wurde die sechswöchige Schichtarbeit so gut bezahlt, daß meine Teilnahme am Heilpraktikerkurs abgesichert war. Charlotte, die Leiterin des Behindertenprojekts riet mir, weiterhin Kinder zu betreuen und eine entsprechende Zeitungsanzeige aufzugeben.

Das ergreifendste Erlebnis hatte ich mit einem kleinen Jungen, der von einem sehr seltenen Enzymdefekt gequält wurde und gefesselt im Rollstuhl saß, da er sich sonst die Finger abgebissen hätte. Der kleine Walter konnte nur noch recht unverständlich sprechen, denn als Autokannibale hatte er sich Ober- und Unterlippe abgefressen. Er nannte mich „Alter", ich mußte „Junger" zu ihm sagen. Wir tranken Bier zusammen, er alkoholfreies, aber es mußte aus einer „Flensburger" Flasche sein. Manchmal konnte ich ihm die Fesseln abnehmen, zusammen waren wir stärker als seine Krankheit. Eines nachmittags fuhren wir zu einem uralten heiligen Buchenhain. Walter wurde ganz andächtig und sagte plötzlich zu mir: „Pater, du guter Zauberer, ich früher böser Zauberer", weinte herzzerreißend, atmete dann tief aus und sagte „Schön".

Auf meine Annonce hin bekam ich zwei Jahresverträge mit dem Berliner Senat und war plötzlich Einzelfall- und Familienhelfer. Nebenher lief die Heilpraktiker-Ausbildung. Anatomie und Pathologie kamen mir seltsam vertraut vor, erinnerten sich mir wie im Schlaf. Dann boten mir die Eltern meiner „Kinder" auch noch eine tolle Wohnung im vierten Stock ihres riesigen Mietshauses an, mit Stuck, Balkon, Blick auf das Charlottenburger Schloß und - sau billig! Gottes Wege sind wirklich seltsam. Obendrein reservierten die guten Leute auch noch Praxisräume im Gartenhaus für mich.

In den Jahren nach Osho's Tod geschahen seltsame Dinge. Namhafte Verlage rissen sich plötzlich darum seine Bücher zu veröffentlichen, wir Schüler wurden zu Respektspersonen, zu Zeitzeugen, die dafür bewundert werden, daß sie Jahre im „Garten" des Meisters verbracht hatten. Zu Osho's Lebzeiten wurden wir deswegen belächelt, verspottet und gemieden. So geht das. Aber was gibt es da überhaupt zu bewundern, wir waren doch einfach unseren Herzen gefolgt und Vergangenes ist vergangen. Nur hier und jetzt ist die unsterbliche Präsenz der Buddhas für uns alle da. Meine Abenteuer sind Schall und Rauch. Hier ist der Platz und jetzt ist die Zeit, sich hinzugeben, für mich genauso, wie für jeden anderen Menschen.

Kurz, nachdem ich die staatliche Prüfung zum Heilpraktiker bestanden hatte, besuchte ich, wie so oft, Mutter Marietta. Wir tranken Kaffee, aßen Kuchen, bis sie unvermittelt verkündete: „Ich werde in einem Jahr sterben. Jetzt können wir endlich anfangen. Setz dich hin und schreib dir auf!" Ich weinte Tränen der Dankbarkeit. Nie hätte ich mir träumen lassen, daß sie mir die „Kunst des Besprechens" vererben würde. Das ganze nächste Jahr über trafen wir uns meist dienstags. Wenn ich zu ungeduldig war, ließ sie mich aufschreiben, wie man Pilze einlegt oder schickte mich Zutaten für eins ihrer Lieblingsgerichte einkaufen. Als sie mir gerade den Spruch gegen Gürtelrosen übertragen hatte, klingelte das Telefon. Ich hörte nur: „Ich bin zu alt um Hausbesuche zu machen. Ich schicke ihnen meinen Lehrling, der kann das genauso gut wie ich und ist in einer halben Stunde bei ihnen". Mir rutschte das Herz in die Hosen. Marietta freute sich diebisch. Also befreite ich die alte Dame in drei Sitzungen von ihrer furchtbar schmerzhaften Gürtelrose. Es funktionierte überhaupt alles, was Marietta mir beibrachte. Nicht umsonst war ja über Jahrzehnte die deutsche Film- und Fersehszene zu ihr gekommen, selbst Mick Jagger und Elisabeth Taylor sollen bei ihr gewesen sein. Aber ohne Ansehen der Person hatte sie von jedem fünfzig Mark pro Behandlung genommen. Jeden Zauberspruch mußte ich auf ihr Geheiß sofort an Sun weitergeben, obwohl die schreckliche Angst vor Marietta hatte. Mir gegenüber betonte sie immer wieder, jeder Mensch könne die „Kunst des Besprechens" lernen.

Zum Sterben hatte sie sich Weihnachten ausgesucht und mich instruiert, nicht mit den versammelten Aasgeiern zur Beerdigung zu kommen, sondern ihr später am Tag einen ihrer Lieblingswitze zu erzählen und ja keine Blumen mitzubringen. Auch solle ich später die "Kunst des Besprechens" allen Menschen zugänglich machen. Ich würde wissen, wann der richtige Zeitpunkt gekommen sei und mich vor niemandem fürchten. Den 24. schaffte sie nicht, aber den 7.. Sie hatte sich um weniger als drei Wochen verrechnet. Eigentlich hatten wir vorgehabt, noch einmal zusammen Kaffee zu trinken, Witze zu erzählen und so den Abschied zu feiern. Nach dem Lehrer war mir nun auch die wirkliche Mutter gestorben. Ich war furchtbar traurig. Alte Wunden brachen auf...

Lustig wurde es erst wieder, als ich erfuhr, daß sie es irgendwie hingekriegt hatte am 19. Januar eingeäschert zu werden, so wie Osho. Seitdem habe ich einen Doppel-Feiertag und spüre sie beide lächeln. Sie hatte mir versprochen, daß wir uns bald wiedersehen würden und ich bin mir sicher, daß auch Osho in Kürze reinkarnieren wird. Für die dogmatischen seiner Schüler wäre das so schlimm, wie für den Papst, wenn dem Jesus begegnen würde.

Meine Praxis entwickelte sich dank der „Kunst des Besprechens" zur Goldgrube. Aidspatienten, Gürtelrosen, Akne, Bandscheiben, Schilddrüsen, Diabetes, Alzheimer und Arthritis. Alle erhielten Linderung. Die heiligen Urheber der Zaubersprüche taten ihre Arbeit, der ich mich freudig fügte. Ich arbeitete von früh bis spät, während Sun sich mit Hinz und Kunz vergnügte. Unsere Beziehung ging zu Ende. Kollegen aus ganz Europa reisten an, um von mir Chi Gong und Reiki zu lernen.

Als ich meine Reiki-Ausbildung erhielt, gab es in Deutschland vielleicht fünfzig Reiki-Lehrer aus drei verschiedenen Kartellen, die den Markt fein säuberlich unter sich aufgeteilt hatten. Je nach Kartell und Klientel mußte man zwischen zehn- und zwanzigtausend Mark dafür berappen. Und das alles im Namen des bescheidenen und demütigen Herrn Usui? Ich betrachtete die sogenannten Reiki-"Meister" etwas näher. Das waren Immobilienhändler, Börsenspekulanten, Fensterputzer und Kneipiers, getrieben vom Rascheln der Tausender. Die kauften Eigentumswohnungen und Bauernhöfe, vernaschten gerne ihre Studenten und Studentinnen, mußten raffen, raffen, raffen... Und doch war Reiki die effektivste Entspannungsmethode überhaupt, das zeitgemäße Chigong für Faule, das Yoga der Gegenwart. Ich erinnerte mich an die furchtbar harte Arbeit als Möbelpacker für 7,- DM die Stunde, die Plackerei auf dem Bau, das Kleingeld, das Sekretärinnen und Verkäuferinnen so gerade über Wasser hält und war mir klar, daß ich niemandem seinen Urlaub oder sein Bierchen wegnehmen durfte. Ich gab zwei kleine Annoncen auf, mit für jeden erschwinglichen Preisen und hatte damit, ohne es zu wollen einen Stein ins Wasser geworfen, der Kreise und Kreise und Kreise zog und Reiki zur Volksbewegung machte. Meine Reiki-Studenten zogen aus nach Amerika,

Japan, ja bis Korea und Südafrika, bildeten ihrerseits Reiki-Lehrer aus, die wiederum Reiki-Lehrer ausbildeten, usw. und sofort... Wir schätzen, daß so bis 1997 etwa eine halbe Million Menschen zu Reiki gefunden haben. Und das ist erst der Anfang! Denn Reiki kann auch ganz einfach aus unserem Buch gelernt werden.

Trotzdem überfiel mich mehr und mehr eine innere Leere. Manchmal wachte ich schweißgebadet auf, Oshos Worte in den Ohren: „Pater, es ist leicht zu mir zu kommen, wenn man nichts hat, aber ungeheuer schwer, wenn das Ego durch Geld und Erfolg gestreichelt wird". Äußerlich war ich der King. Meine Erzeuger gaben plötzlich mit mir an. Der kleine Artig, ließ sich von mir den Flug nach Berlin, sowie die Reiki-Ausbildung spendieren. Innerhalb von vier Tagen hatte er das gesamte Reiki-System erlernt und fing an in seiner fernen Heimat ein Schweinegeld mit diesem Geschenk zusammenzuraffen.

Die verschiedensten Menschen kamen in die Praxis, von jedem lernte ich, durch viele litt ich, alle halfen mir, ja forderten mich auf, Krankheit wirklich zu verstehen. Oft stieg ich schluchzend hoch in meine Wohnung. Verglich dann unzählige Lebensläufe meiner Patienten, verzehrte mindestens so viele Flaschen Rotwein, bat die Meister um den Schlüssel und bekam ihn dann auch: „das Diagramm der `Vergangenheit`". Denn trotz der verschiedenen Krankheiten, mit denen sie zu mir kamen, lagen die Ursachen doch bei allen in der Lieblosigkeit der Kindheit und dem daraus resultierenden Dauerschockzustand der Seele, der sich dann über Jahrzehnte und Jahrzehnte in den verschiedensten, sich mehr und mehr verschlimmernden Krankheitssymptomen äußerte. Der ursprüngliche Schock zog Kreise und Kreise, wie ein Stein, den man in einen stillen Teich wirft.

Wurde der Stein der Lieblosigkeit gegen die Seele geworfen, bekamen die Menschen zuerst kalte Füße, kalte Hände. `Ich bekam kalte Füße` heißt ja bei uns: ich hatte Angst. Angst macht Bettnässen, Stottern, Nägelkauen, Unruhe, Lethargie und noch mehr Angst. Es folgen Bauchweh, Mandelentzündungen, Neurodermitis, chronische Bronchitis. Allergien und noch mehr Angst und Verkrustung. Das fließend geborene Menschenkind wird zum Krustentier und so geht's weiter bis zu Herzinfarkt, Krebs, Aids, Selbstmord, Umweltzerstörung und Krieg.

Angst macht unsicher und Unsicherheit macht anfällig für religiösen Fanatismus, für „Ein Kurs in Wundern", für sogenanntes Channeling (das schrecklichste Beispiel geben uns die Hirnrissigkeiten der magersüchtigen Jane Roberts), Engelseminare, Chris Grisley und wie die durchgestauten Vertreter des esoterischen Supermarktes auch immer heißen mögen.

Schön schlau, sagt der Pfau. Aber wie kriegst du den Stein wieder aus dem Wasser? Viele Tränen mußten geweint werden und genausoviel Wein, bis mir klar war, daß der Schlüssel `warme Hände, warme Füße` hieß. Folglich empfahl ich den Patienten zu Hause zu meditieren. Schön naiv! Wie kann jemand zu Hause meditieren, wenn alles Scheiße, leer und energielos ist. Lebensenergie mußte her! Und dann wußte ich auf einmal, in einem neuen Quantensprung, wie diese Lebens- und Meditationshilfe aussah. Es war der „Christus Generator". Es funktionierte. Unsere Mitmenschen saßen zu Hause mit dem Generator, ihre Wohnungen wurden zu Tempeln und sie selbst bekamen wieder warme Füße, warme Hände.

Prompt folgte das nächste Problem: was tun mit wiedererlangter Lebensenergie. Natürlich nur eins - sich den Augen der Buddhas hingeben. Und so bekam jeder Patient eine repräsentative Auswahl von Fotos östlicher und westlicher Buddhas mit nach Hause, denn Jesus sagt: „Ich bin das Tor, komm folge mir. Ich bin das Tor, geh durch mich hindurch". Ohne die Buddhas ist alles verlorene Zeit, gibt es kein Vorhaben, keinen Himmel und keine Stunde.

Leise spürte ich, wie so oft, den Wind der Veränderung, konnte aber noch nicht weg. Bis dann Onkel Nordmann nach mir rief, der seinen Tod kommen fühlte und bewußt im Angesicht seines geliebten Meisters Paramhansa Yogananda die Welt verlassen wollte. Ich legte einen kleinen Christus Generator auf seine Brust und hielt für etwa eine Stunde seine Füße. Wenn er ausatmete wurde das ganze Zimmer violett-blau, mit weiß flimmernden Punkten, als ob die Seele aus seinem Scheitel heraustreten wollte. Nach Ende der Behandlung öffnete der alte Mann die Augen und sagte unter Freudentränen zu mir: „Dich haben die Gurus geschickt. Jetzt habe ich keine Angst mehr vor dem Tod". Zutiefst berührt fuhr ich nach Hause und trennte mich am selben Tag von Sun, für die damit der Weg zu ihrem Traumprinzen freigegeben war, der auch im wirklichen Leben ein Prinz ist. Und wenn sie nicht gestorben sind, leben sie glücklich und zufrieden in Goa. Ich trennte mich auch von meiner Praxis, nachdem ich drei jungen Kollegen die „Kunst des Besprechens" beigebracht hatte. Außerdem trennte ich mich von Wohnung, Auto und einer kurzen heißen Affäre, die mir meine Männlichkeit wiedergegeben hatte und die sich passenderweise Musch nannte.

Ich ließ noch schnell von meinem Studenten Wölfi einen Bestseller über Reiki schreiben und vogelfrei und frei wie ein Vogel fuhr ich zum kleinen Orloff nach Hamburg. Caput Singh, ein Bekannter aus alten Poona Tagen, hielt dort Vipassana-Kurse ab. Tagsüber saßen wir sechs Stunden in Stille, danach soffen wir im Irish Pub planmäßig fünf-sechs Guinnes, um rauszufinden, ob wir den Rausch wegmeditieren konnten. Das klappte zwar nach einer halbstündigen Irrfahrt durch die Hölle bei der Spiegelmeditation, war aber schön blöd. Caput Singh behauptete in Zentral-Indien ein Osho-Meditationszentrum aufbauen zu wollen und wir gaben ihm zwanzigtausend Mark. Ich wurde zwar stutzig, als Caput sich mehr und mehr wie Osho zu kleiden begann, dessen Bewegungen und Gestik nachahmte, uns irrwitzige, unerfüllbare Übungen mit dem Versprechen verschrieb, wenn wir diese drei Monate lang jeden Tag für sechs Stunden ausüben würden, wir durch ihn erleuchtet werden würden. Auch forderte er mehr und mehr Geld. Bald imitierte er Osho so gut, daß ich ihm seine Behauptungen, Oshos Nachfolger zu sein, zeitweilig abkaufte. Nur wenige Male, als er sich unbeobachtet fühlte, sah ich sein wahres Gesicht: es war voller Gier und Furcht. Trotzdem kam ich nicht los, fühlte mich manipuliert und meiner Seele beraubt. Caput schmeichelte mir dann, versprach mich zu seinem Lieblingsschüler zu machen, gab mir weitere „geheime" Übungen, die nur für mich seien und über die ich mit niemanden sprechen dürfe. Ich fühlte mich immer unwohler. Und doch fuhr ich ganz allein mit ihm nach Indien. Er hatte mich voll im Griff, nutzte virtuos meine Schwächen und Ängste, versprach mir Erleuchtung und forderte im nächsten Moment Geld, beauftragte mich, ihm die wohlhabenden Schüler Oshos zuzuführen. Es war ein Alptraum. Ich war von einem Scharlatan und Sektenführer gefangen, einem Seelenfresser. Wir fuhren kreuz und quer durch Indien und gelangten schließlich zu seinem Haus in Indore. Er kaufte Farbfernseher, Kühlschrank und ein

Auto, zwangsverheiratete seine Tochter und ich wachte auf. Weinte zuerst über meine Dummheit und dann mußte ich nur noch Lachen und Lachen und Lachen ...

Die blaue Blume

Ich flog schmunzelnd zurück zum Pune-Ashram. Am Tor wurde ich begrüßt: „Halloo Pater, wir dachten schon, das Geld hätte deine Seele gefressen!". Ich erwiderte lachend: „Ich hoffe, der Pater hat das Geld gefressen und die Seele freigelassen".

Ich tankte drei Wochen auf, ging morgens zur Dynamischen Meditation, meditierte in Oshos Samadhi, genoß den Ashram, diese Oase des Friedens, der Stille, des Lachens. Meine Freunde, denen ich von meinen Dummheiten mit Caput Singh berichtete, erzählten, daß nach Oshos Tod bestimmt ein Dutzend solcher selbsternannten Nachfolger versucht hätten, auf Seelenfang zu gehen. Ich sei nicht der Einzige, der in solch eine Falle gelaufen wäre. Früher hatte ich mich totgelacht über die armen Schweine, die in die Arme von Scientologie, Mun-Sekte, Neuapostolischer Kirche, Opus Dei, der Bildzeitung oder anderer autoritärer Dummheit getappt waren. Jetzt war ich selbst für einige Monate so ein armes Schwein gewesen. Eigentlich war der Caput Singh ja nur repräsentativ für unser aller Eltern und deren Eltern: schmeicheln, drohen, kleinmachen, Schuldgefühle erzeugen. Durch solche Erfahrungen verlieren wir, bedauerlicherweise, nach und nach das Vertrauen in das Schöne, Gute und Wahre.

Man lernt nie aus!

Die Sangha, also die Gemeinschaft der Mönche oder Schüler um den Buddha, ist eine wunderbare Angelegenheit. Menschen aller gesellschaftlicher Klassen, Religionszugehörigkeiten, Kulturen und Altersgruppen, treffen hier mit all ihren Vorurteilen gegeneinander, aufeinander, miteinander.

In der Sangha, dem Buddha-Feld, dem Ashram oder Gewächshaus der Meister, haben wir die Möglichkeit alle Vorurteile hinter uns zu lassen. Die echte Gemeinschaft, ist wie ein zwangloser liebevoller Spiegel, in dem wir , mitunter unter Tränen, uns unseres Menschseins erinnern. Das ziellose Ziel dieser seit Jahrtausenden von den Buddhas geführten Experimente scheint mir zu sein, sich selbst und somit auch alle anderen Mitmenschen zu lieben.

Jedem von uns, so verkrustet wie wir sind, fällt das natürlich erstmal schwer. So auch mir. Wir sitzen alle in einem Boot. Immer im Rattenrennen, auf der Flucht vor uns selbst, wie der Hamster im Rad.

Um das alles zu verstehen, müßt ihr schon selbst die Werke Krishnamurtis, Oshos, des Dalai Lamas, Gurdieffs, Yoganandas ... lesen, fühlen und sich ihnen aussetzen. Ich bin ja selbst, so wie ihr, auf dem Weg.

Einer inneren Stimme folgend fuhr ich nach Mahakaleshwar, dem kraftvollsten der großen Shiva Tempel in Zentral-Indien. An den Treppen zum Heiligtum stand ein nackter, mit Asche eingeriebener, Hindumönch und schaute mich aus unendlich tiefen Augen an. Ich erwiderte seinen Blick, wurde ganz still und zeitlos, war bereit den Schrein zu betreten. In der Mitte des kleinen Raumes befand sich ein etwa ein Meter hoher, blumengeschmückter Findling. Priester schlugen Zimbeln und brannten Räucherwerk ab. Ehrfürchtig legte ich meine Hände zusammen und berührte mit dem Scheitel den Stein, das Shiva Linga. Ich wuchs, und wuchs so groß, daß die ganze Welt in meinem Kopf Platz hatte. Sanft halfen die Priester mir auf und setzten mich an die Wand des Heiligtums, wo ich eine Zeitlosigkeit schnurrend verweilte. Auf dem Rückweg lächelte mich der nackte Mönch zufrieden an.

Es zog mich weiter nach Haridwar, der heiligen Stadt am Oberlauf des Ganges. Mir unbegreiflicherweise, verirrt sich kein Europäer in den Stadtteil Sadhu Bela, wo die etwa vier Kilometer lange, hinter dem gewaltigen Deich verlaufende Straße, von malerischen Hinduklöstern gesäumt wird. Aberhunderte, orangegekleidete Mönche sämtlicher Hindu-Orden sind mit ihren Bettelschalen und Wanderstöcken unterwegs. Vom Deich aus erblickt man im Süden die Gangesebene, nach Norden hin bei klarer Sicht die Eisriesen des Himalaja. Nach Osten und Westen umschließen dicht bewaldete Hügel das Tal der „Mutter Ganga". Träge fließt sie jetzt im Sommer, in nur zwei Arme geteilt, durch das weite Tal, unzählige, urwaldbestandene Inseln umarmend. Morgens und abends ist das Ufer gesäumt von meditierenden oder das rituelle Bad nehmenden Mönchen. Auch ich nehme mein Bad. Das Wasser ist wunderbar klar und auf unerklärliche Art und Weise verspürt man seine wahrhafte Heiligkeit. Ob es daran liegt, daß hier seit Tausenden von Jahren unzählige Menschen meditiert haben und durch ihre Verehrung diese Heiligkeit geschaffen haben, ob es einfach an der Geomantie des Ortes liegt? Ich weiß nur, daß ich nirgendwo anders so lebendiges Wasser gefühlt habe. Oft durchschwamm ich, nur mit dem traditionellen Lendentuch, dem Lungi, bekleidet, die Schuhe an meinem Wanderstab über den Kopf haltend den Ganges, der hier im Sommer weniger als hundert Meter breit ist. Dann durchstreifte ich stundenlang die unberührten Inseln, traf auf Hirsche, wurde von den großen scheuen Baumaffen beäugt. Im Gesang der unzähligen bunten Vögel, unter den blühenden Bäumen, fühlte ich mich wie im Garten Eden. Spätnachmittags schwamm ich irgendwo flußaufwärts zurück und bald betrachteten die Mönche mich als einen der ihren. Ein alter Hindu-Sannyasin, der den Ehrentitel Yogi Raj - Beherrscher des Yoga - trug, machte lustige Dinge mit mir. Er pflegte mich anzuschauen, intonierte dann laut und andauernd OM, worauf sein OM in meinem Herzen vibrierte, als ob ich singen würde. Am meisten aber beeindruckte mich ein uralter buckliger Mönch mit schlohweißem Haar, der eine solche Güte ausstrahlte, daß ich jedesmal in Tränen ausbrach und einfach in Demut seine Füße berühren mußte. Ich nannte ihn den „Buckligen Buddha".

Auch ein anderer uralter Laien-Mönch fällt mir ein. Der hatte sich als Tee-Stuben-Besitzer versteckt. Schon morgens um Fünf, in tiefster Dunkelheit, hatte er für die Frühaufstehermönche vor der Morgenandacht geöffnet. Sein Tee war erstklassig. Er fütterte die streunenden Hundchen mit frischen, selbstgebackenen Brötchen, rauchte dabei sein Chilum, schenkte den, Tasse für Tasse frisch gebrauten Milchtee, wie in einer Teezeremonie ein, sprach fließend Englisch und war restlos glücklich. Fotografieren lassen wollte er sich nicht von mir. Er meinte, statt dessen solle ich lieber die Grabkapelle von Ma Anand Mai, in einem weit entfernten Stadtviertel Haridwars, besuchen. Anand Mai war, neben Vimala Thakar und Hasrat Babajan, eine der herausragendsten weiblichen Buddhas unseres Jahrhunderts. Sie war mit Krishnamurti und Yogananda befreundet und ihr Grabmal für mich wie eine riesige Gebärmutter.

Gleichzeitig ist Haridwar, als die heiligste der Hindustädte, auch der konservativste Platz Indiens. Der Verzehr von Fleisch, Fisch und sogar Eiern ist strengstens untersagt, ebenso wie der Verkauf und Genuß von Alkohol. Selbst für uns Westler wäre es undenkbar, Hand in Hand mit einer Frau gesehen zu werden. Und trotzdem war Haridwar für mich als männlicher Mensch ein paradiesischer Platz. Gleichwohl hat Indien jedemenge starker freier Frauen hervorgebracht. Mit unserem westlichen Denken kommen wir dieser Kultur nicht bei.

Der Name eines anderen magischen Ortes erklang in meinem inneren Ohr und ich folgte diesem Ruf nach Dharmsala, der Residenz Seiner Heiligkeit des 14. Dalai Lama. Der Dalai Lama ist für mich der Hüter des Herzens der Welt. Der ganze Ort ist durchdrungen von seiner Präsenz. Tausende von Tibetern leben hier am Fuße des Himalaja im indischen Exil.

Und ..., ich traf Serge Goldberg, einen weißhaarigen fast achtzigjährigen Amerikaner, der seit vielen Jahrzehnten Zen-Buddhismus praktizierte. Beim gemeinsamen Abendessen in der „Pine Lodge" kamen wir ins Gespräch. Da er lange in Japan gelebt hatte, erzählte ich ihm von Reiki. Auch von meinem Kampf gegen die Reiki-Mafia und wie ich es geschafft hatte, diese wunderschöne Energiearbeit vielen Menschen zugänglich zu machen, indem ich Reiki für jeden erschwinglich lehrte und Wölfi den Reiki-Bestseller schreiben ließ. Er antwortete: „Das hast du schon ganz gut gemacht. Natürlich ist es kein Zufall, daß wir uns hier treffen. Die Zeit ist reif. Ich werde dir beibringen, wie jedermann Reiki praktizieren kann, ohne einen Lehrer zu benötigen. Mein Zen-Meister hat mir das in den vierziger Jahren gezeigt. Versprich mir, ein Buch darüber zu schreiben." Er gab mir das Ritual der Selbsteinweihung weiter und ich versprach, alles zu veröffentlichen.

Mein ganzes Leben wurde ich von Lehrer zu Lehrer weitergereicht und auf Pilgerreisen geschickt. Geheimes Wissen wurde mir anvertraut. Dabei bin ich nichts besonderes, gehe genauso aufs Klo wie jeder andere, bin traurig oder wütend, saufe oft zuviel und spiele gerne Skat. Oft fühle ich mich unwürdig, aber ich versuche mein Bestes, so wenig das auch sein mag.

Jetzt führte das Leben mich nach Kashmir, denn ich sollte am Grab Jesu meditieren und hoch zur Amarnath Höhle steigen. Das ehemals liebliche Srinagar mit seiner verwunschenen Altstadt und dem malerischen Dal-See, an dessen Ufern hunderte luxuriöser Hausboote vertäut waren und der übersät war von Lotusblüten, war zum Alptraum geworden. Viele Häuser lagen in Schutt und Asche, an jeder Kreuzung standen sandsackbewehrte Machinengewehrnester. Scharfschützen hatten allenthalben auf den Dächern und selbst auf den Straßen Stellung bezogen. Das nächtliche Quaken der Frösche wurde immer wieder vom Tak-Tak-Tak der Schnellfeuergewehre unterbrochen. Die Stadt war wie ausgestorben. Die Läden geschlossen und verrammelt, die Hotels vom Militär requiriert. Auch auf dem Dal-See hatten nur noch wenige Hausboot-Pensionen geöffnet. Nach mehreren vergeblichen Versuchen, bei denen ich durch Straßenkämpfe zum Rückzug gezwungen wurde, kam ich endlich zum Grab Jesu im Herzen der Altstadt, nahe der Rozbal Moschee. Den Schlüssel zu der bescheidenen, grün gestrichenen Kapelle bekam ich im Gemischtwarenladen an der Ecke. Ich schloß auf, umrundete sein Grab dreimal, setzte mich auf den kalten Steinfußboden und schloß die Augen. Eine stille, zum Nazarener passende, Heiterkeit entströmte dem Grab und hüllte mich ein. „Dein Wille geschehe..."

Über das Felsenkloster Aishmugam wollte ich nach Pahalgam fahren, um mir dort eine kleine Karawane für die Expedition zur Amarnath-Höhle zusammen zu stellen. Dort hatten vor fünftausend Jahren Lord Shiva und seine ebenso erleuchtete Gefährtin Parvati die berühmten 112 Meditationstechniken der Hindus entwickelt. Die Fahrt nach Aishmugam glich Filmberichten aus dem Vietnam-Krieg. Endlose Militärkonvois, das Dröhnen der Kampfhubschrauber, Reisfelder durchkämmende Eliteeinheiten. Auf der anderen Seite erfreuten mich Haine riesiger Walnußbäume, verwunschene Dörfer und die vielen Ziarat genannten Schreine der Sufi-Meister.

Der Mufti von Aishmugam erzählte mir, daß im Kloster ein Wanderstab Jesu aufbewahrt werde, der magische Qualitäten habe und Seuchen, Überschwemmungen und Hungersnöte bannen könne. Dann führte er mich tief in den Berg hinein, zum Allerheiligsten der Moschee, in dem der Sarg des heiligen Klostergründers stand und an dem immer ein Ehepaar Andacht hielt. Der Sufi-Weg wird oft als der Weg der Verzückung bezeichnet. In jedem ihrer Schreine hatte ich das Gefühl, daß die zeitlose Energie durch den Bereich meines Kehlkopfes in mich hineinfloß, wie ein weicher labender Strom aus Liebe. Man hielt mich allgemein für einen Moslem, da mir mein Dolmetscher die wichtigsten Verhaltensregeln, die Gebetshaltungen und die erste Sure des Korans beigebracht hatte.

Auf der holprigen Landstraße nach Pahalgam zogen Nomaden mit ihren riesigen Ziegen- und Schafherden zu den über viertausend Meter hoch gelegenen Sommerweiden. Stolze, hagere Männer mit großen Kinderaugen, die Frauen unverschleiert und Zigarette rauchend. Reisfelder und Maulbeerplantagen, reißende Bergbäche und Gruppen majestätischer Ahorne säumten die Straße.

In Pahalgam, dem ehemaligen Luftkurort mit Schweizer Flair, mietete ich drei Pack- und zwei Reitpferde nebst Treibern, besorgte Zelte und Proviant für die zehntägige Expedition.

Ich saß das erste Mal in meinem Leben auf einem Pferd und Jonny, der alte Wallach, galoppierte und trabte mich die ersten zwanzig Kilometer nach Chandanwari, ohne daß mir der Arsch weh tat. Am selben Tag stiegen wir den Pishu-Paß hoch und kampierten auf 3700 Metern Höhe. Die dünne Luft machte meinen Schlaf leicht, aber trotzdem erholsam, die Träume psychedelisch bunt. Im Morgengrauen stand ich auf, weckte meinen Koch und Dolmetscher, der mir dann Kaffee kochte und das Frühstück bereitete und wanderte mutterseelenallein los, während die anderen das Lager abbauten.

Den ganzen Tag über sah ich kein Schwein, nur Murmeltiere und blaublühende Iris. Badete nackt unter einem Wasserfall, in dem sich ein Regenbogen brach und gelangte am Spätnachmittag an den Sheshnag-See, der noch zur Hälfte von meterdicken Eisschollen bedeckt war. Ich kampierte zwei Tage am See, kletterte in den Bergen und im Tal des Gletschers herum, genoß den unvorstellbar klaren Sternenhimmel. Ich hätte nie gedacht, daß ich die Höhe so gut vertragen würde und selbst der Anstieg zum 4500 Meter hohen Mahagunas-Paß, durch teilweise meterhohen Schnee, schien mich eher zu erfrischen. Im schon völlig abgetauten Panchtarni-Tal schlugen wir unser nächstes Camp auf. Überall sprießte das Grün, die Bergwiesen erblühten zu einem gelb-weißen Teppich aus Himalaja-Buschwindröschen, mittendrin stand zart und dunkelblau eine Akelei. Ich erklomm einen der ca. 5000 Meter hohen Berge und hätte dort oben gern mit einer Geliebten gelegen. Mangels Masse meditierte ich eben. Am nächsten Tag ritt ich an den Fuß eines ungeheuren Gletschers, dessen Seitenmoränen schon einige hundert Meter hoch waren und ich mir wie eine Ameise vorkam.

Dann machte ich mich auf den Weg zur drei Stunden entfernt liegenden Amarnath-Höhle. Da das Amarnath-Tal noch völlig zugeschneit war, mußte ich meinen Diener mit den Pferden zurücklassen und betrat als einsamer Pilger die Höhle. Vor dem heiligen, von der Natur aus Eis geschaffenem Shiva Linga und dem daneben stehenden rundlichen Eisblock, der Parvati repräsentiert, verneigte ich mich in selbstverständlicher Ehrfurcht. Ich schloß die Augen und ließ die mystische Atmosphäre und die Vibrationen Shivas und Parvatis auf mich einwirken. Es war unvorstellbar, daß die Existenz mir kleinem Mönch das Privileg geschenkt hatte, an diesem heiligen Platz sitzen zu dürfen. Hier waren vor fünftausend Jahren die 112 Meditationstechniken der Hindus entstanden und schienen auch jetzt noch fast greifbar in der Luft zu liegen. Überglücklich machte ich mich auf den Rückweg.

Drei Tage später hatte mich die Zivilisation im kleinen Dorf Chandanwari wieder. Die auf dem Hinweg so freundlichen Menschen wirkten ängstlich und verstört, im Kolonialwarenladen saßen ein Dutzend finstere Gestalten mit stechenden Augen, die wie Nomaden gekleidet waren. Dann geschah etwas sehr Merkwürdiges, ich verspürte einen stechenden Schmerz im linken Fuß, konnte von einem Moment zum anderen nicht mehr laufen. Die finsteren Gestalten schienen sich enttäuscht anzublicken, während meine Pferdetreiber mich in das kleine Rest-House trugen. Am Spätnachmittag tauchte, unter der Last seines Vierzigkilorucksackes ächzend, ein Norweger auf, der sich in den Kopf gesetzt hatte, ganz allein über die 5000 Meter hohen Pässe nach Zanskar zu trecken. Da er mit seiner Last nicht einmal den arg steilen Aufstieg zum Pishu-Paß geschafft hätte, riet ich ihm sofort nach Pahalgam zurückzukehren. Er verließ mich eher wütend und schlug trotzig sein Zelt fünfhundert Meter flußaufwärts auf. In der Nacht tat ich vor Angst kein Auge zu, betete ununterbrochen die magischen Schutzformeln, die mich Marietta gelehrt hatte. Draußen wieherten die Pferde, es war große Unruhe im Dorf. Ich hörte Schritte und Stimmengemurmel und machte mir fast in die Hosen. Im Morgengrauen rüttelte ich meinen Dolmetscher wach, mein Fuß war wieder völlig gesund und wir brachen sofort in Richtung Pahalgam auf. Durchs Fernglas sah ich die Eingangsklappe vom Zelt des Norwegers offen im Wind flattern, mir schwante nichts Gutes. Wir waren kaum einen Kilometer gelaufen, als uns auch schon das indische Militär entgegen kam. Der Offizier fragte mich lapidar, warum ich nicht entführt worden sei, wie alle anderen Touristen in diesem Gebiet. Ich erzählte ihm die Geschichte von meinem Fuß, woraufhin er ausrief: „Das war der Schutz Lord Shivas!" Da erst wurde mir klar, in welcher Gefahr ich geschwebt hatte.

In Srinagar ging ich noch zweimal zum Grab Jesu und bedankte mich auch im Schrein der Rozbal-Moschee, daß dieser Kelch an mir vorbeigegangen war. Erst Monate später erfuhr ich aus der Zeitung von der Ermordung des Norwegers durch die Terroristen.

Ich nahm mir ein Taxi für die mehrtägige Fahrt von Srinagar nach Leh. Bis Mittag waren wir in Sonamarg, wo der riesige Konvoi zusammengestellt wurde. Denn den berüchtigten Zozila-Paß nach Ladhak konnte man nur zwei bis drei Mal die Woche im Konvoi überwinden. Da standen hunderte von Militärfahrzeugen, Lastwagen und vielleicht ein Dutzend Ambassador-Taxis. Wenn der Konvoi zusammengestellt war, an der Spitze offene Jeeps mit Maschinengewehrschützen, konnten die Personenwagen in die Wildnis lospreschen.

Auf der Paßhöhe, nach unendlichen, atemberaubenden Serpentinen, stand das Schmelzwasser fast kniehoch auf der Fahrbahn. Links und rechts türmte sich der zu Eis gefrorene Schneeabraum. Der Paß war seit drei Tagen wieder offen. Es war Spaß und es war hart.

Im Personenwagen hast du dann den großen Freiraum, weil keiner deiner Mitreisenden weiter als Dras oder Kargil fährt und du die absolut freie Strecke hast bis Leh. Langsam gewöhnt man sich an die Höhe, an die Stille, die auf einmal auftauchenden buddhistischen Dörfer mit ihren wunderschönen Tempeln, gigantischen Felsreliefs und ihren, von malerischen uralten Walnußbäumen gesäumten Dorfstraßen. Dann lösten sich von gelbblühenden Wildrosen umrankte Felder mit den bizarrsten Steinformationen ab, die man sich nur vorstellen kann. Das Gestein leuchtete in Regenbogenfarben, die Menschen waren weich.

Wir waren wirklich in Ladhak!

Ich befand mich auf dem uralten Pilgerweg, auf dem nach Volksglauben der extrem antijüdisch und antichristlich eingestellten Mosleme, Jesus, Salomon und Moses gewandert waren. Und ich erinnerte mich beim Anblick der wilden Rosenbüsche, daß die Einwohner Kashmirs den Hausberg Srinagars „Sitz des Salomon" nennen. Ich erinnerte mich auch, daß die Kashmiris in der Nähe von Pahalgam, auf deutsch: "das Dorf des Schäfers", ein wirklich urzeitliches Heiligtum als „Grab Mose" verehren.

Mosleme, außer den lebendigen Sufi-Orden, sind so arrogant in ihrem pseudoreligiösem Gefängnis, daß sie es nicht nötig haben Geschichten von Moses, Salomon und Jesus in Kashmir zu erfinden. Und vielleicht gerade deswegen enthüllte sich mir auf dieser mysteriösen Reise das weitere Leben Hazrat Isa`s, Salomon und Mose. Ist Jesus von Nazareth einer der Begründer des tibetanischen Buddhismus? Ist der Dalai Lama der wirkliche Papst?

Ich fuhr weiter auf den Spuren Jesu, er auf dem Pferd, ich im Ambassador-Taxi und landete, nach unbeschreiblichen Freu- und Fahrt-Erlebnissen, irrwitzigsten Straßenkurven und zwei Tagen Fahrt, in der Nähe des Klosters Lama Yuru.

Mein Fahrer hatte, als Moslem und Nicht-Sufi, natürlich kein Zugang zum Kloster. Wahrscheinlich hatte ich deswegen den „armseligen" Mönch getroffen, der sich später als stellvertretender Abt herausstellte und mich über einen kilometerlangen Bergziegenpfad zum Kloster runterführte.

Kaum war ich mit ihm in seinem Heimatkloster angelangt, entschwand er. Ich fand mich wieder in einem zehn mal acht Meter großem Andachtsraum, in dem drei pyramidenförmige, etwa 1,50 m hohe Grab-Tschörten standen und das Ganze in eine wundervolle Stille und Freude tauchten. Außer mir befand sich in diesem Raum ein uralter Mönch, der von Zeit zu Zeit mit einem gebogenen Klöppel den Gong schlug, Gebete rezitierte und einfach still war, zwischendurch aus einer Thermoskanne Tee trank und herzlich lachte.

Ich blieb zwei Tage in Lama Yuru und genoß die Jahrtausende alte Pilgerroute, die mich über das schwer erreichbare Rinzong nach Alchi führte, das etwas so ungemein liebliches an sich hatte. Im Gegensatz zu anderen west-tibetischen Klöstern ist es eine einstöckige und ur-, ur-alt, an einem Flußlauf gelegene Anlage. Da gibt es Ölbäume, Pappeln und Klostergärten. Eine Oase!

Kindermönche tollten herum, während im Haupttempel eine größere Anzahl Mönche, begleitet von Trommeln und Hörnern, heilige Schriften rezitierte. Eine andere Gruppe war damit beschäftigt Töpfe zu waschen, Gemüse zu putzen, zu kochen.

In einem der Klosterhöfe gibt es mehrere, ganz besondere, ca. 4 Meter hohe Tschörten, die innen hohl sind und an den zwei gegenüberliegenden Seiten türgroße Öffnungen haben. Als ich mich im Innern genau unter die Mitte der Kuppel stellte, wie der Stellvertreter des Abtes mir empfohlen hatte, begann nach kurzer Zeit mein Kronenchakra ekstatisch zu kribbeln. Das gefiel mir so gut, daß ich einige Tage in einem nahegelegenen Gasthof blieb und mehrfach in den Tschörten zurückkehrte. Jedesmal stellte sich prompt dieses wundervolle Gefühl ein.

Jedes der Klöster in Ladhak hat eine ganz eigene Atmosphäre, die jeweils eine bestimmten Aspekt unserer Buddhanatur durch verschiedene Hilfsmittel besonders stark fördert oder heraushebt.

In der majestätischen Klosterburg Tikse war es ein Tempel, der von einer dämonenhaften, mehrere Stockwerke hohen, dunklen Statue mit einem riesigen errigierten Penis beherrscht wurde. Hier bedeutete mir der anwesende Mönch mich mit geschlossenen Augen auf den Boden zu setzen. Ein ungeheures Beben von Energie umgab mich.

Im Haupttempel von Hemis Gompa herrschte, hervorgerufen durch die silbernen, edelsteinbesetzten Grabtschörten verstorbener Meister, eine so tiefe Stille, daß irgendwie Nichts von einem übrigblieb.

Es sollen in der Klosterbibliothek von Hemis Aufzeichnungen existieren, wonach Jesus, nach seiner Kreuzigung, bis hierhin gepilgert sei und bis ins biblische Alter in Kashmir gelebt habe.

Stokma Gompa, mit der ungeheure Liebe ausstrahlenden Maske der Weißen Tara, betonte eindeutig die Qualität des Herzens.

Auch die Hauptstadt Leh genoß ich sehr. Auf dem Dach meiner kleinen Pension flatterten Gebetsfahnen im Wind, von der Veranda aus schaute ich auf die wunderbare Gomang-Stupa, das Industal und schneebedeckte Berge.

So auf Tibet eingestimmt, war es kein Wunder, daß ich einen Österreicher traf, der mir die Telefonnummer eines deutschen Expeditionsunternehmens gab, das in Kürze eine Rundreise durch Tibet organisieren wollte. Ich rief sofort an und der einzig noch verbliebene Platz ging an mich. Drei Tage vor dem Abreisetermin traf ich in Kathmandu, der Hauptstadt Nepals ein. Feierte Wiedersehen mit der großen Stupa von Baudanath, besuchte den Grab-Schrein von Shivapuri Baba, einem Hindu-Mystiker, von dem Osho oft mit großer Hochachtung gesprochen hatte. Meine acht Mitreisenden trudelten ein und es ging los!

Nach zweistündigem Flug stand ich auf dem Dach der Welt. Vom ersten Moment an fühle ich mich wie auf einem anderen Planeten. Endlich taucht in der Ferne der Potala, die Residenz der Dalai Lamas, auf. Es ist wie nach Hause kommen, uns allen laufen Freudentränen die Gesichter herunter, ich jubele innerlich: Hallo Potala, da bin ich wieder, geliebtes, geliebtes Tibet. Am Nachmittag stehe ich dann ehrfurchtsvoll an seinem Fuß und umrunde ihn nach Mönchsitte dreimal im Urzeigersinn. Das gewaltige Gebäude hat die Ausstrahlung eines riesenhaften Buddhas.

Die häßliche Chinesenstadt und die von den Invasoren hervorgerufenen Zerstörungen belasten mich erstaunlicherweise kaum. Es scheint so, als würde die ewige Welt des tibetanische Buddhismus über die lächerlich vergängliche Welt der Chinesen schmunzeln, in dem Wissen, daß ihre Spuren in wenigen Jahren vergangen sein werden.

Das Innere des Potala ist ebenso beeindruckend. Die Ausstrahlung der Gräber der Vorgänger des Dalai Lama in den schummrigen Hallen ist zugleich majestätisch und fröhlich.

Später am Tag besuche ich das gegenüberliegende Felsenkloster, wo die Mönche mir erlauben, für eine Weile an genau dem Platz die Augen zu schließen, wo Padma Sambhava, der Guru Rinpoche vor vielen Jahrhunderten meditierte.

Die Altstadt Lhasas, um den Yokhang genannten Tempel, ist erfüllt von aberhunderten, traditionell gekleideten Tibetern, die Rosenkranz zählend und Om mani padme hum betend den Tempel umrunden. Das Tempelinnere widerhallt vom Singsang der Mönche, die eine Puja zelebrieren. An den Statuen sind allenthalben verbotenerweise Fotos des Dalai Lamas angebracht. Der Buddhismus lebt, und wie er lebt.

Wir fahren nach Ganden, einer der drei großen ehemaligen Klosteruniversitäten Tibets, die malerisch, etwa anderthalb Stunden Fahrt von Lhasa entfernt gelegen ist. Ich umrunde erst einmal den noch zu zwei Dritteln zerstörten Klosterkomplex, treffe einen Mönch, der hingebungsvoll lächelnd abwechselnd mit Gebeten beschriebene Papierschnipsel in den Wind wirft und Niederwerfungen macht. In der Nähe einer kleinen Stupa zeigt sich mir die magische Blume, der Blaue Mohn. Ich setze mich eine Weile zu ihm, kann zwar noch nicht verstehen, was er mir sagen will, aber erinnere mich an die Himalaja-Buschwindröschen bei Amarnath. Später im Haupttempel des Klosters zeigt der Abt uns eine Reliquie des Buddha Zongkapa und fragt uns bescheiden, ob wir Zongkapas Segen haben wollen. Ich lege demütig meine Hände zusammen, der Abt hält die Reliquie auf meinen Scheitel und ich bin mal wieder im zeitlosen Wunderland. Auch meine Mitreisenden weinen vor Glück.

Die nächsten vier Wochen wollten wir in der tibetanischen Hochebene, dem Chang Tang zubringen und den heiligen Berg Kailash umwandern.

Auf dem Weg zum Kloster Giantse meditierten wir, sehr zum Unwillen des chinesischen Reiseleiters, am Grab des Heiligen Atisha, meines persönlichen Schutzheiligen, gruppiert sich doch die ganze „Kunst des Besprechens", wie ich sie von Marietta geerbt hatte, um Atisha.

Der chinesische Reiseleiter war von der Regierung instruiert worden, unsere Expedition so früh wie möglich zum Scheitern zu bringen. Immer fiel ihm etwas Neues ein, dies oder jenes Kloster sei geschlossen, der Fährbetrieb über den Brahma Putra eingestellt, die Straßen unpassierbar oder andere Lügenmärchen. Er gab mir Gelegenheit zu unzähligen herrlichen Wutanfällen, worauf die tibetanischen Fahrer mir den Ehrentitel „Vajrapani" gaben, was soviel bedeutet, wie der Heilige Zorn. Ich bin dem Reiseleiter noch heute dankbar, daß er mir die Möglichkeit zu solchem Zorn gab.

Kloster Giantse und die danebenliegende Kumbum Stupa sprühten vor Leben. Aberhunderte von Tibetern waren auf Pferdekarren aus den umliegenden Dörfern zum Gottesdienst gekommen, eine Unzahl großer Hunde durfte sich auf dem Klostergelände rekeln, denn man sagt, daß Hunde die Wiedergeburten unbotmäßiger Mönche seien. In einem Schrein des Haupttempels saßen lebensgroße Statuen mit so individuellen Gesichtern und einer solchen Ausstrahlung, daß ich mir sicher war, daß es mit Metall überzogene Mumien großer Meister waren. Kloster Shigatse hingegen, die Residenz des Tashi- oder Pantchen Lama war ein böser und toter Platz, mit seinen goldüberzogenen Dächern und aufwendig restaurierten Tempeln. Dienten doch die Pantchen Lamas schon seit Generationen dem chinesischen Drachen. Große Portraits der gekauften Würdenträger hingen dort, mißmutig mit verkniffenem Mund. Welch trauriger Gegensatz zum Dalai Lama! Ich machte drei Kreuze nach Verlassen dieses „Schweine Tempels".

Auf einer klapprigen Fähre setzte unsere kleine Karawane, bestehend aus drei Jeeps und einem Lastwagen, der unsere gesamte Ausrüstung, inklusive Benzinfässer und Lebensmittel trug, über den reißenden Brahma Putra. Drei nepalesische Sherpas sorgten für unser leibliches Wohl, sowie für Auf- und Abbau des Zeltlagers. Die unendlichen Weiten des tibetischen Hochlandes erstreckten sich vor uns, wir würden die nächsten drei Wochen in diesem Niemandsland, in einer Minimalhöhe von 4300 Metern verbringen. Das Wetter wechselte ständig und von einer Minute auf die andere. Mal schwitzten wir bei 30°C unter tiefblauem Himmel, zehn Minuten später hagelte es und die Temperatur sank auf den Gefrierpunkt. Salzseen, Grassteppen, abenteuerliche Pässe, buntfarbige Berge und riesige Wanderdünen rissen uns von einem „Aah" in das nächste. Wiesen erstrahlten im Tiefblau des Zwerg-Rittersporns, Edelweiß und Enzian wuchsen wie Unkraut. Unzählige Wiedehopfe kreuzten unseren Weg, kleine hamsterartige Wesen schauten scheu aus ihren Löchern. Antilopen und Gazellen weideten auf den Steppen, Kraniche und Himalaja-Brandgänse erfreuten uns. Das anmutigste Tier jedoch, was ich je gesehen habe, ist der Kiang, eine Art Mischung aus Zebra, Pferd und Wildesel, die ausschließlich in Tibet beheimatet ist. Einmal, zu Beginn eines Gewitters, stürmte eine Herde dieser scheuen Wesen in nur wenigen Metern Entfernung an unserer Karawane vorbei.

Das Land war so weit, daß man ausschließlich mit dem Teleobjektiv fotografieren konnte. Das Spiel der Wolken erzeugte ungeheuer psychedelische Lichteffekte. In der klaren Höhenluft konnten wir hunderte von Kilometern weit sehen.

Meine Mitreisenden waren fabelhafte Menschen. Nicht ein einziges Mal kam, trotz aller Strapazen, Streit auf. Natürlich blieben Durchfall, Kopfschmerzen und bei einer Teilnehmerin auch eine beginnende Höhenpsychose nicht aus, was sich aber dank der „Kunst des Besprechens" schnell beheben ließ.

Auf den Spuren Lama Anagarika Govindas erreichten wir Tholing und Tsaparang, die legendären Hauptstädte des alten Königreiches Guge. Diese liegen in einer so grandiosen Canyon-Landschaft, die selbst den Grand Canyon zum Spielzeug werden läßt. Ich stieg zum alten Zong von Tholing auf, gerade weil mir der Reiseleiter versichert hatte, dort oben gäbe es nichts zu sehen. Mit noch vom Anstieg furchtbar klopfendem Herzen fand ich mich in einem Inferno geköpfter Statuen, zerstörter Tempel und geplünderter Stupas wieder. Aber immer noch strahlte dieser Ort eine ungeheure Schönheit aus. Eine schreckliche Schönheit zwar und die Erkenntnis, wieviel Geschick und Geduld es erfordert etwas zu erschaffen und wie wenige Momente psychotischer Raserei ausreichen, alles zu zerstören. Unendlich berührt meditierte ich, im Angesicht einer noch in der Zerstörung wunderschönen Frauenstatue, auf Tod und Vergänglichkeit.

Über abenteuerliche Pässe und Pisten fuhren wir weiter nach Darchen, dem kleinen Dorf am Fuße des Kailash, von dem aus die Pilger die Wallfahrt um den heiligen Berg beginnen.

Da wir ein bißchen getrödelt hatten, mußten wir die Strecke in zwei Tagen schaffen, sonst wäre die Kailash-Tour ins Wasser gefallen.

Theoretisch wäre ja auch alles ganz leicht zu schaffen gewesen, aber eben nur theoretisch. Es begann in Strömen zu regnen, was die regenbogenfarbigen Berge und die türkisfarbigen Bergseen noch malerischer wirken ließ, aber für unsere Piste verheerende Folgen hatte. Mal wurde sie durch Erdrutsche versperrt, mal war sie so tief ausgewaschen, daß wir an einer besonders schönen Stelle an einem viele hundert Meter tiefen Abgrund um ein Haar unseren Lastwagen verloren hätten. Da wir aber eine Verabredung mit dem Heiligen Berg hatten, konnten wir den Laster mit Hilfe von Wagenhebern und Füllmaterial langsam, langsam wieder aufrichten. An einer anderen, noch viel schöneren Stelle war die Piste so weit weggebrochen, daß unsere Fahrer sich weigerten weiterzufahren. Nur mein Fahrer Yeshe, ein wahres Lenkrad- und Suffgenie, erklärte sich bereit, die Wagen leer über die furchtbare Stelle zu fahren. Ich konnte gar nicht hinhgucken, so gruselig war es. Aber er schaffte es.

Am zweiten Abend waren wir noch meilenweit vom Kailash entfernt. Es wurde stockdunkel auf der Hochebene und trotz der Proteste der anderen Fahrer führte Yeshe uns, bestochen durch meine letzte Flasche Cognac, die wir beiden genüßlich verspeisten, sicher durch jede Furt, obwohl die Jeeps manchmal für kurze Zeit den Boden unter den Füßen verloren. Mit untrügerischem Sinn fand er immer wieder auf die Piste zurück, ergötzte sich und uns an den vom Scheinwerferlicht aufgescheuchten Gazellen und Antilopen, bis weit nach Mitternacht die elektrischen Lampen im Hof der Karawanserei von Darchen erstrahlten.

Während die Hirten am nächsten Tag die Yak-Karawane für unsere Wallfahrt zusammenstellten, besuchten wir die Felsenklöster am heiligen Mansarova-See. Meditierten und waren gleichzeitig gespannt in Vorfreude auf unsere Wallfahrt.

Sagenumwobener Kailash! Mystischer Thron Lord Shivas, geheimnisvoller Versammlungsort der „Fünfhundert Buddhas", Sitz der verstorbenen Jaina Meister, ist er das Mekka oder Rom der Hindus, Buddhisten, Jainas und Bön. Nie würde ein Mensch es wagen ihn zu erklimmen. Er ist launisch, versteckt sich oft wochenlang hinter Wolken und gibt Audienz, wenn es ihm gefällt. Auch uns wollte er noch nicht sehen, als wir frühmorgens die Wallfahrt begannen. Andächtig wanderte ich durch das nördliche Tal, unsere kleine Karawane hatte sich so weit auseinandergezogen, daß jeder von uns ganz für sich allein war. Mir hatte sich ein großer weißer Hund angeschlossen. Zuerst versuchte ich noch ihn zu verscheuchen, erinnerte mich dann aber an den tibetischen Glauben über Hunde und fing an seine Gegenwart zu genießen. Wir teilten das Mittagessen, er ging wenn ich ging, er saß, wenn ich saß. Die Sherpas waren vorausgeeilt, zwischen unseren Zelten grasten friedlich die Yaks. Es war später Nachmittag und Kang Rinpoche, wie die Tibeter den heiligen Berg liebevoll nennen, verhüllte noch immer sein Haupt. Plötzlich rissen die Wolken auf und ich stand gebannt in der Gegenwart seines gewaltigen, von ewigem Eis bedeckten Doms, vor dem ich mich spontan verneigte. Gegen Mitternacht erwachte ich, silbrig glänzte der Dom im Mondlicht. Es war so unvorstellbar schön, daß ich nicht fotografieren konnte. Kurz nach Sonnenaufgang entschwand er wieder in den Wolken, während wir den mühsamen Aufstieg zum 5600 Meter hohen Dolma-Paß begannen. Es war lausig kalt und wahnsinnig anstrengend.

Die Pilger umrunden den Kailash im Uhrzeigersinn. Nur die Schamanen und Zauberer der fast verschwundenen mysteriösen Bön-Religion gehen immer gegen den Uhrzeiger um ihre Heiligtümer. Eben so ein Zauberer kam mir auf dem furchtbar steilen Abstieg ins liebliche südliche Tal entgegen. Scheinbar mühelos und in ungeheurer Geschwindigkeit stieg er hoch, eilte wortlos an mir vorbei, wie ein Geist. Meine Mit-Pilger schworen, niemanden gesehen zu haben.

Vom Abstieg völlig erschöpft, lehnte ich mich an einen Felsen in der Nähe des Lagers - mein Hund lag mit hängender Zunge neben mir - als ein Adler über uns hinwegstrich. Dieser Adler erscheint mir noch heute oft nach der Ekstase der Liebe und nimmt mich mit auf magische Reisen.

In der nächsten Nacht hatte ich sehr lebendige Träume. Zuerst träumte mir, daß ich einen alten tibetanischen Rosenkranz mit braunen Holzperlen trug. Worüber ich mich wunderte, da mein eigener Rosenkranz aus weißen Yakhornperlen bestand. Dann sprach im Traum ein alter Mönch zu mir: „Du mußt all das Wissen, das wir dir schenken mit allen Menschen teilen und aufschreiben". Ich versprach dies und wachte erfüllt und beglückt auf.

Am Nachmittag erreichten wir zum Ende der Wallfahrt wieder Darchen, wo wir die Jeeps bestiegen, um ein paar Stunden entfernt an einem idyllischen Bach zu kampieren. Wir hatten uns seit vierzehn Tagen nicht gewaschen und ein Bad sehr nötig. Als ich aus dem Wasser stieg, lag vor mir am Ufer ein alter tibetischer Rosenkranz mit braunen Perlen. Zuerst dachte ich, ich würde halluzinieren. Es konnte doch in dieser Einöde, wo im Umkreis von hundert Kilometern nicht ein einziges Nomadenzelt stand, nicht plötzlich und aus dem Nichts eine Mala auftauchen. Ich faßte mir ein Herz und nahm die Kette in die Hand. Sie war wirklich da! Da wußte ich, daß ich die Kette mitnehmen sollte, um sie später demjenigen zu übergeben, für den sie bestimmt war. Zwei Monate später hängte ich sie meinem Freund Dheeraj um den Hals. Dem schien das ganz selbstverständlich. Ich sei halt ein Finder von Schätzen und Geheimnissen. Solche Leute werden im tibetanischen Buddhismus Tertön genannt und so müßten mir einfach die ver-rücktesten Sachen passieren. Hatte Osho mir etwa deshalb des Namen „Göttliches Geheimnis" gegeben? Ich weiß es nicht.

Wir genossen unsere letzten Tage in Tibet aus vollen Zügen und dann war die Zeit gekommen, wieder vom Dach der Welt herabzusteigen. Mit dem Abstieg ging meine neunzehnjährige Reisezeit zu Ende, ich hatte mit den Buddhas gesessen, hatte an den für mich wichtigen Plätzen der Welt meditieren dürfen und war dankbar für alles.

Die Heimkehr

Über New Delhi wollte ich nach Poona fliegen und von dort nach Deutschland, um seßhaft zu werden. Da ich in Delhi keinen Anschlußflug bekam, hatte ich Zeit mich von meinen Hindu-Freunden zu verabschieden. Besuchte noch einmal den buckligen Buddha, der zum Abschied auf eine tiefrot blühende Sternwinde zeigte und sagte: „Schau genau hin!" Ich hatte keine Ahnung, was das mit den Blüten bedeuten sollte, wußte noch nichts damit anzufangen, aus welchen Gründen sie mir gezeigt wurden.

Heilige zu fotografieren ist eine Sache für sich. Von den vier Buddhas, die ich in Haridwar traf, forderten mich drei auf, sie abzulichten, Der vierte lachte nur und wollte weiterhin im Geheimen wirken. Als ich versuchte, ihn heimlich mit dem Teleobjektiv zu erwischen, wurden die Fotos nichts und auf dem einzigen, wo er drauf ist, versteckt sich sein Kopf hinter einem Zweig. Und trotzdem kommt seine Liebe rüber.

Auf dem Durbar Square in Kathmandu schaute mir ein Mönch so durchdringend in die Augen, daß mir die Glückstränen liefen, deutete auf meine Kamera, ließ sich porträtieren und verschwand. Meine Begleiter wehrte er ab.

Ebenso magisch war eine Begegnung an meiner geliebten Baudanath Stupa. Ein buddhistischer Mönch saß meditierend am Fuße der Kuppel, vor ihm Khanna-Blumen in den Farben seines Gewandes, so still und sanft und zeitlos, daß sein Frieden auf mich überging und ich ebenfalls die Augen schloß. Dann erklang es wie ein lautloser Befehl von ihm in meinem Kopf, diese Harmonie abzulichten.

Woran erkennt man überhaupt einen Buddha? Voraussetzung ist, daß wir mit beiden Beinen auf der Erde stehen, ein liebevolles offenes Herz haben und nicht so gefangen in unseren Ängsten, Wünschen und Gedanken durch die Welt taumeln. Jeden Buddha umgibt so etwas, wie der Duft einer Rose, etwas, daß uns aufhorchen läßt, plötzlich bewußt macht, in eine andere Dimension hebt. Es ist ein 'Duft', eine Aura von unendlicher Stille, ewigem Frieden und Glückseeligkeit.

Ungeheuer weich, zeitlos, jenseits aller Worte. Bedingungslose Liebe, ein Wiedererkennen. Die Erfüllung der großen Sehnsucht... Treffen wir auf unseren eigenen Meister, ist da noch mehr: ein unzerstörbares Band, ein Wissen, eine Gewißheit, daß von jetzt an alles gut ist, ein nach Hause kommen. Ein neues Leben beginnt. Mögen alle Lebewesen diese Erfahrung machen!

Die nächsten drei Monate verbrachte ich in Oshos Ashram. Arbeitete als Heilpraktiker im Medical Centre der Kommune mit einem irischen Psychiater, einer indischen Ayurveda-Ärztin, einem kolumbianischen Schulmediziner und einer italienischen Chiropraktikerin. So konnten wir unseren Patienten eine ganzheitliche Behandlung zukommen lassen und jeder von jedem lernen. Nachmittags forschte ich zu Hause auf dem Gebiet der Freien oder auch Orgon genannten Energie weiter und entwickelte eine Vielzahl genial-einfacher Geräte zu ihrer medizinischen Nutzung. Auch bestätigte sich mein Ansatz zur Psychosomatik und zur Entstehung von Krankheiten überhaupt, durch das Behandeln hunderter Patienten unterschiedlichen Alters und aus allen Teilen der Welt. Ebenso konnte ich die Geräte zur Auflösung von Elektrosmog und zur Belebung des Wassers erfolgreich erproben. Ich nannte das Ganze „Spirituelle Orgonomie".

Um herauszubekommen, ob die „Kunst des Besprechens" sich in andere Sprachen übersetzen läßt, ohne ihre Wirkung zu verlieren, wandte ich die Sprüche einige Wochen lang in Englisch an. Mit gleichem Erfolg!

Außerdem ließ ich meine Freunde, die bislang kein Reiki praktiziert hatten, sich nach den Anweisungen Serge Goldbergs gegenseitig einweihen. Und auch das funktionierte!

Kurz vor meiner Abreise lernte ich Sambhavia aus Israel kennen, die ein neuartiges Blütenessenzensystem entwickelt hatte und gerade anfing, mit ihrer letzten und wichtigsten Blüte zu experimentieren. Ich sagte ihr auf den Kopf zu, daß ich wüßte, welche Blüte das sei und zeigte ihr ein Foto der Sternwinde aus Haridwar. Sambhavia war völlig von den Socken, ich auch. Hatte ich etwa die Blumen gesehen, um selbst ein System zu entwickeln? Völliger Quatsch! Ich war Magnetiseur und nicht Wässerchenmischer.

Ich hatte seit anderthalb Jahren abstinent gelebt und benutzte die Zeit im Ashram, mir intensiv meine Beziehung zu Frauen anzuschauen. Warum fühlte ich mich noch immer von Frauen angezogen, die mich gar nicht wirklich liebten. Ein Liebesbrief von Ruthie gab mir sehr zu denken. Hatte ich irgendwo in der Tiefe meines Herzens immer noch Angst davor geliebt zu werden?

Ich nahm Abschied von diesem wunderbaren Platz, an dem ich insgesamt fast sieben Jahre gelebt hatte und flog an Mariä Empfängnis zurück nach Deutschland. Die ersten Stunden des Fluges schlief ich, wachte urplötzlich auf, griff mehrere der Kotztüten, da ich sonst kein Papier hatte und es schrieben sich mir die Namen der drei Blumen und ihre Anwendung auf. Teilweise verballhornt, wie Dipatam statt Diptam oder Anemona namonema statt Anemona nemorosa, und die Sternwinde. Auf irrwitzige Weise machte mal wieder alles Sinn und ich versuchte mich sowenig wie möglich zu sträuben. So landete ich, ohnehin reichlich beschenkt, mit dem besten Blütenessenzensystem in Frankfurt.

Zuerst enthüllten mir Erna und Henri die wahre biblische Geschichte des Diptam.

Dann besuchte ich meinen alten Freund und Mentor Pastor Brumm. Fast neunzigjährig und nach einem Schlaganfall an den Rollstuhl gefesselt, hatte er noch immer den Schalk in den Augen. „Hallo Pater", sagte er, denn er nannte mich nach wie vor bei meinem Spitznamen, „ich weiß gar nicht, was aus mir noch werden soll". Ich antwortete: „Ein Buddha Hochwürden" und wir lachten herzlich miteinander. Ich erzählte ihm an drei Abenden von meinen Erlebnissen und dem Versprechen alles in Buchform aufzuschreiben. Er war begeistert und gab mir den Segen seiner Kirche. Er ermahnte mich, meine Frau zu finden, da es ohne Partner keine Erleuchtung für uns gewöhnliche Sterbliche gäbe.

Wie immer passierten die verrücktesten Geschichten. Obwohl niemand wußte, daß ich in Europa war, klingelte das Telefon und ich zog noch am nächsten Tag zu Ruthie nach Zürich.

...denn ein jegliches hat seine Zeit und alles Vorhaben unter dem Himmel hat seine Stunde...

Ich bin das Tor,
Komm folge mir.
Ich bin das Tor,
Geh durch mich hindurch.
(Jesus von Nazareth)

Der Stein der Weisen

Erfahrungen mit diesem Buch:

Die beiden Autoren arbeiten seit sieben Jahren sehr erfolgreich mit den beschriebenen Methoden. Seit dieser Zeit weisen sie ihre Patienten in diese Techniken ein und ehemalige Studenten haben auf ihre Anregung hin die Reiki Bestseller „Das Herz des Reiki" und „Reiki Feuer" geschrieben. Mit diesen Büchern wurde die Öffnung des Reiki für jedermann angestoßen und vorbereitet.

Wir möchten Sie nun bitten, Ihre Erfahrungen mitzuteilen. Wir sind überzeugt, daß Ihre ganz persönlichen Gefühle, Gedanken und Erfolge für all die anderen Anwender dieser Techniken interessant sind.

Die Erfahrungsberichte geben wir als Buch heraus. Bitte unterstützen Sie dieses Buch mit Ihrem Beitrag.

Musik zum Buch „Der Stein der Weisen"

eine wunderschöne Musik, fein und liebevoll abgestimmt auf die Einweihung und die Christusmeditation.

Best. Nr. SA 270   DM 38,00

SATORI-Verlag Regensburg
Postfach 10 04 54
D - 93063 Regensburg
Tel. 0941/ 799 45 70
Fax. 0941 799 45 72